APHASIE ET NEUROPSYCHOLOGIE
approches thérapeutiques

PSYCHOLOGIE ET SCIENCES HUMAINES

Xavier Seron

aphasie et neuropsychologie

approches thérapeutiques

Préface de Henry HECAEN

PIERRE MARDAGA, EDITEUR
2, GALERIE DES PRINCES, BRUXELLES

© by Pierre Mardaga, Bruxelles, 1979
2, Galerie des Princes, 1000 Bruxelles
37, rue de la Province, 4020 Liège
D. 1980-0024-7

A Claudine, Eléonore, Emilie

Préface

Je suis particulièrement heureux de présenter le livre de Xavier Seron. Cet ouvrage va assurément combler un vide par les réflexions qu'il introduit sur ces questions complexes et controversées de la récupération du langage après les lésions corticales. Il m'apparait à ce titre remarquable que les problèmes de la rééducation aient été ainsi présentés avec une telle objectivité dans l'analyse des pratiques et dans la recherche de leurs corrélats théoriques.

Sans doute l'appréciation que l'on peut porter sur l'efficience de la rééducation du langage chez les malades aphasiques est-elle finalement bien difficile à fonder. La diversité des facteurs impliqués et la difficulté de les contrôler dans un paradigme expérimental, l'absence d'une théorie rendant compte de la génération du langage sont autant d'éléments qui contrarient la réflexion sur les pratiques de la thérapie du langage.

La première étape d'une véritable approche scientifique consiste dans la description minutieuse des méthodes que la thérapie du langage met en oeuvre, dans la présentation rigoureuse des résultats qu'elles permettent d'observer, dans la caractérisation des comportements linguistiques restaurés. Cette première étape implique comme condition nécessaire une étude comparative de l'évolution spontanée des désordres aphasiques selon leur type clinique et en fonction de la symptomatologie associée, en fonction du siège, de l'étendue et de la nature de la lésion, en fonction de l'âge auquel le malade a été affecté, en fonction de la prévalence manuelle, en fonction du niveau socio-culturel, en fonction de l'état «intellectuel» du malade, en fonction de son milieu familial.

Xavier Seron nous présente les quelques analyses où ces diverses variables ont été envisagées. Ces études confortent, quoique de manière encore insuffisamment certaine, le rôle de la rééducation dans la restauration fonctionnelle du langage. A mes yeux, les travaux de l'Ecole de Milan dans ce domaine sont les premiers à apporter des arguments aptes à surmonter le scepticisme qui a longtemps fait douter non pas des effets de la rééducation, bénéfique dans pratiquement tous les cas, mais de la spécificité des procédures utilisées et de leur action sur les déficits phasiques.

C'est un des mérites de Xavier Seron que d'avoir sorti le problème de la thérapie du langage de son isolement pour le situer dans le cadre général de la restauration fonctionnelle.

Fort justement, il rappelle les données anatomophysiologiques récentes qui ont montré que les faits de régénérescence n'étaient pas uniquement limités au système nerveux périphérique mais qu'ils étaient aussi rencontrés dans le système nerveux central. Certes, il s'agit le plus souvent, tout au moins chez l'adulte, d'une réinnervation hétérotypique, de bourgeonnement collatéral. Et l'on voit difficilement comment un tel processus pourrait supporter les faits de récupération comportementale puisque les sites synaptiques libérés par la destruction des fibres d'un système donné sont réoccupés par celles d'un autre système. Toutefois, ce bourgeonnement collatéral peut obéir à une règle de spécificité relative qui verrait les fibres homologues de celles détruites ou possédant le même médiateur chimique, réoccuper les sites synaptiques vacants.

Il faut également évoquer lors des évolutions spontanées, le rôle de l'hypersensibilité de dénervation qui pourrait favoriser le bourgeonnement collatéral et la dérepression synaptique (Wall et Egger, 1971); la mise en jeu de synapses excédentaires, sans rôle physiologique jusqu'à l'apparition de la lésion, pourrait rendre compte des faits de restauration fonctionnelle d'apparition précoce. Toutefois, cette mise en jeu des synapses jusqu'alors latentes ne pourrait permettre que des performances d'un niveau inférieur à celles de l'état pré-lésionnel.

Cet exposé, qui me semble indispensable pour resituer la thérapie du langage dans le cadre des processus anatomophysiologiques, sert d'introduction à une revue critique des méthodes utilisées dans la rééducation du langage et des résultats auxquels elles aboutissent. On lira cette revue avec le plus grand intérêt car elle est faite par un esprit ouvert qui ne cherche pas à voiler la nature des manques ni leur ampleur.

Xavier Seron nous présente un tableau bien ordonné des différentes tendances entre lesquelles se partage actuellement la réhabilitation du langage. Il précise clairement les postulats théoriques, explicites ou implicites, sur lesquels s'appuient les rééducateurs, même ceux qui se veulent les plus immédiatement empiriques. Dans cette perspective, il démontre avec beaucoup de fermeté combien il est nécessaire de recourir à des procédures systématiques qui ne tiennent pas seulement à l'intuition du thérapeute. Il affirme ainsi la condition indispensable d'une recherche scientifique en ce domaine : le recours à des épreuves permettant de recueillir des résultats mesurables tant sur l'évolution des déficits du langage que sur l'évolution des désordres qui leur sont associés dans le domaine des gnosies, des praxies et de l'état « intellectuel ».

Dans ce sens, j'ai été tout spécialement intéressé par la présentation que Xavier Seron fait de méthodologies s'inspirant des thèses du conditionnement opérant. Malgré la naïveté de certaines de ces applications et le caractère quelque peu décevant des résultats, il me semble que la rigueur et l'effort de précision qu'elles impliquent débouchent sur un renouvellement certain de la réhabilitation du langage. C'est d'ailleurs vers ces méthodologies qu'incline personnellement Xavier Seron. Il ne les oppose pas de manière antithétique aux procédures proprement linguistiques. Il considère, de manière très raisonnable, me semble-t-il, que les deux approches doivent être complémentaires.

Seuls en effet les modèles neurolinguistiques peuvent conduire à des hypothèses sur le niveau des dysfonctionnements du langage. Seules les techniques de conditionnement opérant permettront que soient prises en considération les diverses variables contribuant au comportement linguistique.

Certes, et Xavier Seron le souligne fort justement, la réussite ou l'échec des stratégies de rééducation du langage ne permettront pas, ipso facto, de refuter ou de corroborer les hypothèses qui avaient présidé à leur élaboration. Il n'en demeure pas moins qu'engagée dans cette voie la rééducation s'introduit dans une pratique qui a fait preuve de sa vitalité dans un domaine voisin, la neuropsychologie. Des analyses précises, limitant le caractère subjectif d'une évaluation des résultats, permettraient d'établir la possibilité et le degré de compensation des déficits du langage et d'étudier le niveau, global ou partiel, où la perturbation fonctionnelle a porté.

On peut donc espérer, et je le crois sincèrement, que la publication du livre de Xavier Seron initiera une phase nouvelle dans l'histoire de la rééducation du langage. Il y va tout autant de l'intérêt pratique de cette activité thérapeutique que de son intérêt et de son fondement scientifique.

Henry HECAEN
Professeur à l'Ecole Pratique des Hautes Etudes
Directeur de l'Unité de Recherches Neuropsychologiques
et Neurolinguistiques Paris

Introduction

Chaque année, la route tue, le travail tue, les accidents vasculaires cérébraux tuent. Mais ce que l'on oublie parfois, c'est qu'ils blessent aussi et que parmi ces blessés un grand nombre présentent des lésions qui affectent le fonctionnement du cerveau. Les conséquences comportementales des lésions cérébrales sont souvent dramatiques et cela même lorsque les séquelles motrices ou sensorielles élémentaires ne paraissent pas importantes : un tel par exemple ne peut plus parler ou parle mal, un autre ne reconnaît plus le visage de ses proches, un autre encore devient incapable de mémoriser des informations nouvelles. Chaque fois qu'une lésion cérébrale atteint les aires corticales d'intégration supérieure ce sont les aspects les plus élaborés des conduites humaines qui se trouvent altérés. Les hommes et les femmes atteints de lésions de ce type se sentent donc menacés dans ce qu'ils ont de plus spécifiquement humain.

Bien sûr, toute une organisation médicolégale existe qui établit des responsabilités et attribue des pourcentages d'invalidité. Une jambe vaut tel pourcentage, un oeil tel autre. L'homo économicus qui domine notre société sait par exemple que les jambes d'un Eddy Merckx ou celles d'une Brigitte Bardot n'ont pas la même valeur commerciale que celles qui portent un grutier ou un professeur d'Université; ces deux derniers n'assureront d'ailleurs pas à grand frais cet indispensable outil de travail ! Les pourcentages accordés pour les atteintes cérébrales sont variables, et experts et contre-experts dans un ballet juridique aux règles soigneusement édictées établissent après négociations un pourcentage définitif d'invalidité. La société a ainsi rempli ses devoirs, la boucle est fermée. Dans l'ordre économique les choses ont retrouvé leur place. Cet ouvrage voudrait traiter de ce qui se passe après ou à côté de ces règlements médicolégaux, de ce qu'il y a moyen d'entreprendre pour tenter de rendre aux blessés du cerveau une existence la plus proche possible de la normale.

La neuropsychologie scientifique qui s'efforce de comprendre le fonctionnement du cerveau dans ses rapports avec le comportement a souvent négligé le problème de la rééducation et a plus régulièrement encore émis des constats sceptiques voire négatifs à l'égard des efforts thérapeutiques. Cette négligence ou cette ignorance ont quelque chose de profondément amoral. Après tout c'est sur ces cerveaux blessés que se sont construites la plupart des théories actuelles, c'est sur la maladie que déjà deux à trois générations de chercheurs ont petit à petit établi leur renommée. La neuropsychologie contemporaine se doit bien de payer un juste tribu à ces malades sans qui elle n'aurait pas ou guère existé.

Cela dit, il faut, en matière de thérapie, se garder de tout militantisme aveugle. Au scepticisme du chercheur il est vain d'opposer la foi du praticien. La rééducation doit se baser sur des faits et non sur des croyances. Dans cet ouvrage nous tenterons sur la base des recherches menées en rééducation neuropsychologique de dresser un bilan provisoire de ce qui a été fait, de ce qui en a été déduit et de la quantité énorme des choses qui restent encore à entreprendre. En aucun cas il ne s'agira donc d'un plaidoyer, mais d'un constat sans complaisance. Il ne sert à rien de se leurrer sur les « prodigieuses victoires » de telle ou telle méthode thérapeutique. A nos yeux le meilleur service à rendre à une entreprise thérapeutique quelle qu'elle soit c'est de tenter d'objectiver au mieux son efficacité actuelle.

Dans ce but, nous examinerons en premier les problèmes liés aux variables qui conditionnent la récupération comportementale; variables d'ordre neurologique, psychologique mais aussi sociologique. Nous tenterons ensuite de répondre à la question fondamentale de l'utilité de la rééducation neuropsychologique; il s'agira à cet endroit d'indiquer quelles méthodes peuvent être mises en place pour mieux affirmer son utilité car comme nous le verrons celle-ci est aujourd'hui loin d'être clairement démontrée. Ensuite, nous conduirons le lecteur au coeur des méthodes et des postulats théoriques qui animent les principales écoles de rééducation existantes et nous dresserons le bilan des résultats positifs dont elles peuvent faire état. Enfin, nous terminerons ce petit ouvrage par quelques suggestions plus personnelles sur les perspectives nouvelles de recherches thérapeutiques qui s'ouvrent aujourd'hui dans ce domaine encore trop négligé de la pathologie humaine.

Il est encore nécessaire de préciser à qui s'adresse cet ouvrage; bien sûr en premier aux logopèdes, psychologues, assistants sociaux, ergothérapeutes et médecins engagés de près ou de loin dans une pratique quotidienne de revalidation neuropsychologique. Mais aussi à ceux ou à celles qui ont parmi leurs proches quelqu'un qui a subi une lésion cérébrale; j'espère qu'ils trouveront dans ces quelques pages l'une ou l'autre idée qui leur permettra d'être plus utiles qu'ils ne le sont déjà. Enfin l'espace d'un petit livre ne permet pas de développer le détail des méthodes, nous avons donc réservé l'essentiel du texte au raisonnement, à la logique des démarches; mais, chaque fois que cela nous a semblé nécessaire nous avons indiqué en bibliographie les textes plus spécialisés où des informations plus complètes peuvent être obtenues.

Enfin, cet ouvrage s'inscrit dans une ligne de pensée qui se refuse à entériner une distinction trop souvent établie en sciences humaines entre les fondamentalistes et les praticiens (surtout lorsqu'ils sont thérapeutes). De mauvais esprits voudraient maintenir cette différence; elle apporte à chacun, chercheur et clinicien, une auréole particulière: le premier, coupé des contingences matérielles, pourrait s'occuper de problèmes fondamentaux; le second connaîtrait par la grâce d'une intuition (nulle part définie) des tas de choses savantes mais qui ne se prêtent pas au contrôle de la méthode scientifique! Notre vision des choses est à l'exact opposé de cette conception dichotomique, nous pensons que la neuropsychologie rééducative n'existera pleinement que lorsque les cliniciens se donneront des critères les plus scientifiques possibles d'évaluation de leur travail, l'aventure thérapeutique est une recherche comme une autre; se refuser à accepter celà c'est ne pas prendre au sérieux son travail, c'est dépenser en vain beaucoup d'énergie et c'est oublier que l'intuition est souvent le refuge commode de l'ignorance.

Remerciements

Nous remercions tous ceux qui nous ont sensibilisés aux problèmes rééducatifs, les thérapeutes de l'Hôpital Cantonal de Genève et ceux de la Salpétrière à Paris. Nous remercions aussi les chercheurs et les cliniciens des équipes neuropsychologiques de l'Université de Liège et de l'Université de Louvain; bien des thèmes abordés dans cet ouvrage sont issus de discussions parfois passionnées mais toujours intéressantes que nous avons eues avec eux. Nous remercions enfin plus particulièrement Martial Van Der Linden, Christian Laterre, Raymond Bruyer, Kirsten Gotfredsen et Claudine Magos qui ont bien voulu relire certains chapitres de cet ouvrage et les enrichir de leurs suggestions. Il va de soi cependant que nous assumons seul la responsabilité du texte écrit.

Iʳᵉ PARTIE
AVANT LA REEDUCATION

Chapitre 1
Atteinte cérébrale et récupération fonctionnelle

Introduction

Il n'est pas rare d'entendre aujourd'hui telle ou telle autorité déclarer que la rééducation des fonctions supérieures (mémoire, langage, intelligence, etc ...) bien qu'étant une démarche généreuse n'en est pas moins une entreprise inutile. Face à cette évaluation pessimiste et sans appel, les thérapeutes ont souvent commis l'erreur de répondre au nom de leur expérience, de leurs intuitions ou encore dans le meilleur des cas en citant «ce patient-exemplaire-pris-en-rééducation-et-qui-manifeste-d'*évidents*-progrès». L'homme de science a raison de douter. On ne le convaincra ni avec des mots ni avec une observation exemplaire, mais souvent mal contrôlée. Pour gagner son adhésion il faudra lui présenter des faits, contrôlables et répétables. Il faudra lui démontrer que telle méthode a régulièrement dans tel cas conduit à tel résultat, et que ce résultat est bien dû à la méthode utilisée et non à l'intervention de variables étrangères à la thérapie. Répondre à la question de l'utilité de la rééducation revient donc à s'interroger sur les moyens dont on dispose pour objectiver ses effets. Le problème serait relativement simple si après une atteinte cérébrale un patient présentait des séquelles immédiates et définitives; il suffirait alors d'entreprendre une démarche thérapeutique et d'en évaluer les effets. Dans la réalité les choses se présentent autrement: un patient atteint d'une lésion cérébrale présente des déficits mais ceux-ci sont évolutifs. Et cette évolution post-lésionnelle dépend de facteurs multiples dont l'incidence est encore assez largement incomprise. Il en résulte que pour prouver l'efficacité d'une rééducation il ne suffit pas de montrer que le patient évolue, il faut encore montrer qu'il n'aurait pas évolué de la même manière sans l'intervention thérapeutique [1]. Donc ce qu'il faut démontrer c'est l'existence d'une différence entre *la récupération spontanée* et celle qui survient au cours d'une *rééducation*. Avant d'aller plus avant dans ce problème, il nous faut donc d'abord examiner ce que l'on sait de la récupération spontanée après une atteinte cérébrale.

Modèles théoriques de la récupération « spontanée »

Il n'est pas possible aujourd'hui de définir avec précision le rôle des variables influençant la nature, l'intensité et l'évolution des troubles post-lésionnels. Au mieux, ce que l'on est en mesure de proposer c'est un inventaire des variables en jeu, mais on ne peut ni apprécier leur importance relative ni définir la nature de leurs interactions. Avant de procéder à un examen exhaustif de ces variables, il est utile d'examiner brièvement quelques modèles théoriques généraux élaborés dans le but de rendre compte de la récupération fonctionnelle.

L'apparition d'une récupération fonctionnelle à décours temporel variable suscite en effet une série de questions. Quelles modifications se produisent à l'intérieur du S.N.C. [2] susceptibles d'expliquer l'évolution du tableau pathologique ? Quelles sont les variables lésionnelles, pré- et post-lésionnelles qui peuvent influencer une évolution positive ? Au niveau théorique diverses hypothèses ont été avancées et si certaines semblent contradictoires, d'autres sont au contraire simplement complémentaires. Par ailleurs, le lecteur se souviendra que ces hypothèses théoriques sont toujours à situer dans le cadre plus général des conceptions des auteurs sur le fonctionnement et les localisations cérébrales.

Dans la mesure où on considérait qu'une fois lésées les cellules et les fibres nerveuses ne possédaient pas de propriétés régénératrices (théorie qui n'est plus entièrement acceptée aujourd'hui, cfr. infra) les premiers modèles ont généralement fait appel à divers schémas de réorganisation du fonctionnement cérébral. A la fin du dix-neuvième siècle et au début du vingtième trois théories sont proposées :

Le modèle hiérarchique de Jackson suggère que dans le cas d'une lésion destructive, plus le centre cérébral atteint est élevé dans la hiérarchie fonctionnelle du S.N.C. et plus les possibilités de prise en charge de la fonction perturbée sont importantes. Le paradigme inverse se produisant pour les lésions déchargeantes (épilepsies).

Schéma de la théorie de Jackson

Pour Jackson, une fonction donnée (par exemple le langage) est représentée plusieurs fois (c.à.d. à différents niveaux) dans le S.N.C. Une fonction n'est donc pas localisable dans une seule région. Suivant Jackson, les niveaux supérieurs d'intégration (qui sont les parties du S.N.C. apparaissant le plus tardivement dans l'échelle phylogénétique des espèces) contrôlent une fonction donnée d'une manière plus fine et plus différenciée que les niveaux inférieurs. Ces niveaux supérieurs seraient d'une part plus excitables et d'autre part inhiberaient les niveaux inférieurs d'intégration.

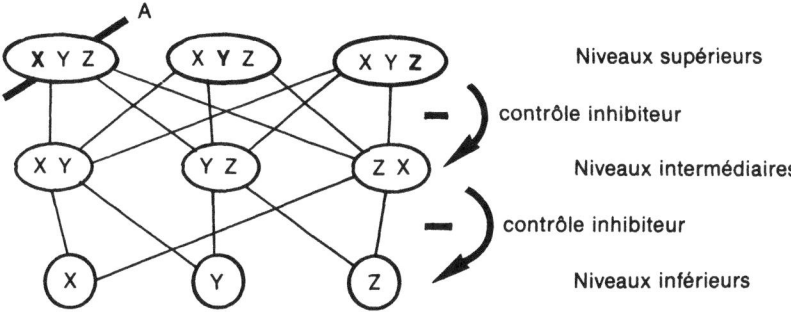

Soit la représentation corticale et hiérarchique de trois fonctions, X, Y, Z; au niveau supérieur X est re-représenté. En cas de destruction A, les centres restants où la fonction X est représentée également peuvent assurer la fonction, c'est le principe de *compensation fonctionnelle*.

En cas d'atteinte déchargeante, l'atteinte d'un niveau supérieur est plus grave car il y a :
1° une désorganisation fonctionnelle du centre supérieur,
2° une désinhibition parallèle et une désorganisation des centres inférieurs.

Le principe de substitution de Munck et l'équipotentialité fonctionnelle de Lashley

Munck suggère que des régions cérébrales non engagées dans une autre activité au moment de l'atteinte peuvent se substituer à la zone lésée. C'est le principe de *substitution*. Une variante de la théorie de Munck considère que toute zone cérébrale peut en cas d'atteinte prendre en charge une fonction ordinairement accomplie par une autre, c'est la théorie de la récupération due à l'*équipotentialité fonctionnelle* des aires cérébrales avancée par Lashley (1928).

Schémas des théories de Munck et de Lashley

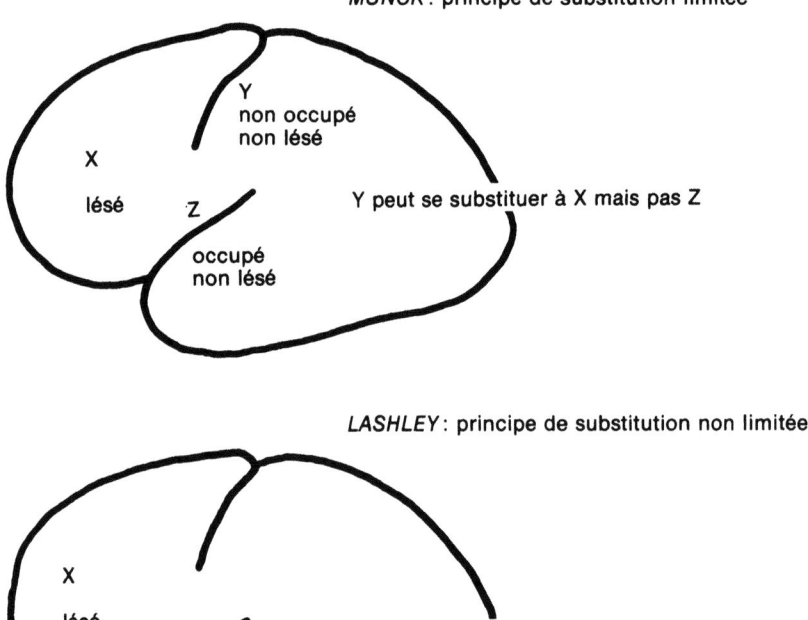

La diaschisie de von Monakov

On met l'accent sur les effets à distance résultant d'une atteinte du S.N.C. Selon cet auteur, une lésion a un effet sur des aires cérébrales éloignées du centre lésé, mais en liaison fonctionnelle avec ce centre. En effet, la lésion entraîne une modification et une diminution des afférences de ces centres connexes et il en résulte un état de choc. Cette inhibition provisoire disparaîtrait progressivement et un tableau d'amélioration en résulterait.

Schéma de la diaschisie de von Monakov

Soit X, Y et Z des centres en relation les uns avec les autres. Lorsque X est lésé, il y a une diminution des afférences vers Y et Z en provenance de X. Le fonctionnement des zones Y et Z est ralenti et désorganisé, ce dysfonctionnement provoque des symptômes par inhibition. Lorsque l'état initial de choc sur Y et Z disparait, les régions intactes retrouvent leurs modes de fonctionnements antérieurs et seuls les troubles comportementaux résultant de la lésion de X subsistent.

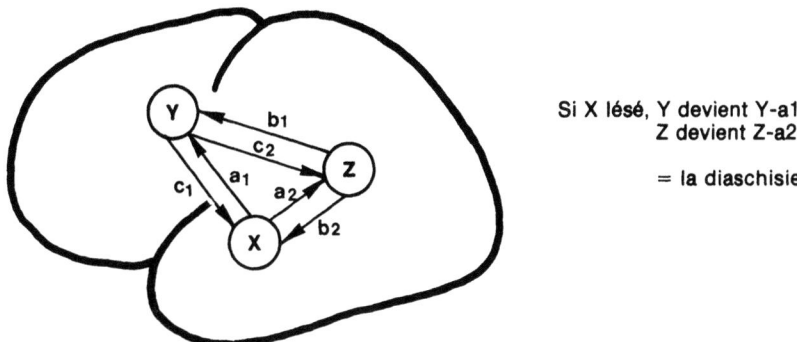

Certaines conceptions modernes peuvent être ramenées à ces thèses anciennes soit qu'elles les nuancent, soit qu'elles les intègrent. Ainsi les propositions de Penfield et Roberts (1963) sur la récupération des conduites verbales peuvent être considérées dans la lignée de la théorie hiérarchique de Jackson. En effet, selon ces auteurs, il faut distinguer trois aires cérébrales du langage qui sont, dans l'ordre décroissant de leur importance fonctionnelle: la région temporopariétale postérieure, l'aire de Broca et l'aire motrice supplémentaire (A.M.S.). Lors de l'atteinte d'une de ces aires, les deux régions restées intactes participeraient à la récupération fonctionnelle. Les troubles seraient d'autant plus importants que l'aire touchée est élevée dans l'organisation cérébrale des conduites langagières. La théorie de Lashley de l'équipotentialité des aires corticales associatives ne sera, en fait, jamais confirmée dans les faits. Mais les suggestions de Mishkin (1957) en sont une adaptation moderne. Cet auteur propose la distinction, au sein d'un centre fonctionnel, d'un foyer central et d'un champ périphérique. Selon cette conception la récupération survient pour autant que le foyer fonctionnel ne soit pas gravement touché et elle est meilleure lorsque l'atteinte est limitée à une partie du champ fonctionnel. Outre le fait que cette conception prend appui sur des travaux expérimentaux (Gross, 1963; Moffet et al., 1967), elle s'accorde également avec les observations recueillies en clinique humaine par Luria (1970) qui a montré que la gravité du tableau aphasique lors de lésions traumatiques était variable selon la localisation de la lésion dans ou en dehors de la zone du langage. Le point de vue développé par Goldstein (1939) doit également être rappelé: pour cet auteur, la récupération comportementale est en fait surtout une *réorganisation* de la fonction et cette réorganisation (résultat de la mise en oeuvre de stratégies différentes) n'apparaît que pour autant que la fonction ne puisse en aucun cas s'exercer selon la voie traditionnelle. Certains travaux concernant les effets des déconnections callosales et montrant l'existence possible d'une compétition entre les hémisphères cérébraux dans certaines tâches pourraient entraîner une reprise en considération positive de cette hypothèse.

Luria enfin, a souvent discuté du problème de la récupération fonctionnelle et présente une théorie composite qui reprend: le principe de diaschisie de von Monakov, la reprise fonctionnelle par transfert hémisphérique (que nous discuterons plus loin), la prise en charge de la fonction perturbée par les aires avoisinantes (surtout lorsqu'il s'agit des niveaux supérieurs d'intégration) enfin la théorie de la réorganisation fonctionnelle. C'est essentiellement la théorie de la réorganisation fonctionnelle intra et intersystémique qui fait l'originalité des travaux de Luria. Nous examinerons cette théorie lors de l'analyse des méthodes thérapeutiques de cet auteur, car cette réorganisation serait le résultat non d'une récupération spontanée mais d'un effort rééducatif orienté (Luria, 1970, Luria et al., 1969).

Si toutes ces théories sont en accord partiel avec les faits, l'éclairage définitif de cette question appartient sans conteste à l'expérimentation neurophysiologique consacrée à la plasticité cérébrale. Un certain nombre de faits récents trouvent ici leur place. Deux phénomènes neurophysiologiques post-lésionnels font aujourd'hui l'objet de recherches expérimentales précises: *L'hypersensitivité de dénervation* et le *bourgeonnement axonal collatéral*. L'hypersensitivité de dénervation correspond à une augmentation de la réactivité neuronale d'un neurone partiellement isolé suite à la rupture d'une partie de ses connexions. Le bourgeonnement axonal collatéral (dit aussi « sprouting ») implique soit l'existence d'une régénération des terminaisons axonales du neurone lésé lui-même, soit la possibilité pour les neurones non lésés de remplir par bourgeonnement axonal l'espace laissé libre suite à la lésion. L'efficacité fonctionnelle de ces réorganisations neuro-anatomiques n'est cependant pas clairement établie. Ainsi par exemple, si l'existence du bourgeonnement axonal collatéral est certaine, il n'est pas sûr que ces expansions neuronales soient efficaces, et si les nouveaux bourgeonnement axonaux fonctionnent, il n'est pas démontré qu'ils soustendent la récupération plutôt que la persistance de certains désordres comportementaux (cfr Raisman, 1969; Moore et al., 1971; Johnson et Almli, 1978). Enfin, il semble que dans certains cas la réorganisation neurophysiologique post-lésionnelle se traduise par la mise en fonction de synapses silencieuses avant l'atteinte cérébrale (Wall et Egges, 1971; Merril et Wall, 1972).

Par ailleurs, à côté de ces modèles théoriques généraux et de ces mécanismes neurophysiologiques, différentes variables exerçant une influence sur la récupération postlésionnelle doivent retenir l'attention. Ces variables présentent tantôt un caractère général comme l'âge du sujet, son sexe, sa latéralisation cérébrale et l'environnement postlésionnel, tantôt un caractère plus spécifique comme la lésion cérébrale et la sémiologie comportementale. Nous examinerons brièvement l'essentiel des données relatives à ces variables, car nous pensons que tout thérapeute doit être conscient de leur rôle possible sur la récupération post-lésionnelle et dans un second temps de leur effet probable sur la rééducation qu'il souhaite entreprendre.

Les variables pré- per- et post-lésionnelles

L'âge

L'influence de la variable âge sur la récupération a surtout été, en neuropsychologie humaine, analysée dans le cadre des atteintes cérébrales provoquant des troubles du langage (aphasie). La prise en considération de la variable âge demande l'établissement d'une distinction entre la récupération fonctionnelle et le retard d'installation d'un comportement. En effet, on parlera de récupération si le comportement concerné est présent au moment de l'atteinte cérébrale. Par contre, si une lésion touche une aire cérébrale qui soustend habituellement chez l'adulte une conduite donnée *avant que* cette conduite n'ait fait son apparition, ce que l'on mesure c'est l'absence ou le retard dans l'installation d'un comportement. En prenant le cas du langage un sujet peut, par exemple, présenter une atteinte hémisphérique gauche à la naissance ou avant l'apparition des premières conduites langagières, ou une atteinte entre ± 16 mois et 10 ans, période d'installation de ces conduites langagières, ou encore une atteinte à l'âge adulte lorsque les conduites verbales sont pour l'essentiel définitivement installées (cf. fig. 1).

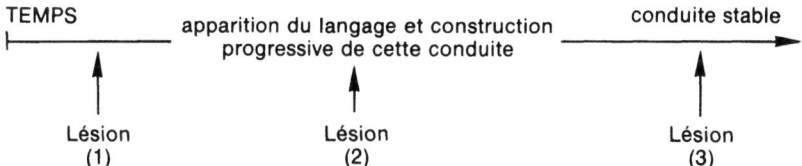

Figure 1. En (1) on mesure un effet différé de la lésion par un retard ou par une non-apparition des conduites langagières; en (2) on mesure la récupération fonctionnelle et la poursuite de la séquence développementale; en (3) la mesure se limite à la récupération fonctionnelle.

Concernant les effets de lésions cérébrales sur le langage en fonction de l'âge on dispose pour l'enfant du modèle général de Lenneberg (1968) qui propose les étapes suivantes :

- *de 18 mois à 3 ans*, la récupération serait caractérisée par un « redémarrage » des conduites langagières au stade préverbal, c'est-à-dire d'abord des lallations ensuite des mots et enfin des holophrases. Cependant, cette nouvelle séquence développementale serait plus rapide que la séquence normale antérieure à la lésion ;
- *entre 3 et 4 ans*, un désordre aphasique apparaît, mais il est très rapidement résorbé ;
- *au delà de 10 ans*, le tableau clinique se rapproche des différentes formes d'aphasie de l'adulte et il n'est pas rare qu'il reste des séquelles définitives.

En résumé, il semble que la récupération soit plus rapide et plus complète chez le jeune enfant, pour devenir plus lente et incomplète au fur et à mesure qu'on avance en âge. Vers 14 ans, les séquelles et la durée de la récupération deviendraient analogues à celles de l'adulte. Les choses sont cependant un peu plus compliquées et d'autres variables, comme la nature de la lésion et sa localisation, doivent nuancer ce tableau général (Hécaen, 1976 ; Seron, 1977 ; Woods et Teuber, 1978). Comment par ailleurs expliquer cette meilleure récupération observée chez l'enfant ? Une des hypothèses la plus fréquemment avancée consiste à postuler que l'hémisphère droit prend en charge le langage en cas de lésion du gauche [3]. Cette hypothèse repose par ailleurs sur l'affirmation qu'au début de la vie les deux hémisphères cérébraux sont conjointement impliqués dans le contrôle des activités langagières. C'est la thèse de « l'équipotentialité initiale » des hémisphères cérébraux. Selon cette hypothèse, en cas de lésion hémisphérique gauche, l'hémisphère droit continuerait seul à assumer une fonction qu'ils soustendait encore, au moins partiellement, au moment de l'atteinte cérébrale. Bien que la thèse de l'équipotentialité initiale des hémisphères cérébraux soit aujourd'hui contestée par certains (Kinsbourne, 1976 ; Seron, 1977 ; Woods et Teuber, 1978), l'existence d'une prise en charge des fonctions langagières par l'hémisphère droit chez l'enfant lorsque l'hémisphère gauche est lésé n'est guère contestable. Cette prise en charge se produit sans doute jusqu'à l'âge de cinq ans (Krashen, 1973 ; Hécaen, 1976). Mais il semble aussi que ce transfert n'ait lieu que pour autant que la lésion hémisphérique gauche touche la région postérieure de la zone du langage (Milner, 1974). Ce mécanisme de transfert hémisphérique serait ainsi un phénomène plutôt limité dans le temps et lié à la localisation de la lésion dans l'hémisphère gauche. La récupération post-lésionnelle observée chez l'enfant dépend donc aussi de facteurs liés à la plasticité fonctionnelle propre à l'hémisphère lésé.

Enfin, l'efficacité du transfert interhémisphérique effectué pose une double question : d'un côté on peut se demander, lorsque l'hémisphère droit prend le relais du gauche, s'il est capable de contrôler et d'assurer l'acquisition de toutes les conduites verbales ou si au contraire sa compétence est limitée à un certain niveau de complexité; d'un autre côté, on peut aussi se demander si cette prise en charge hémisphérique droite ne se fait pas au détriment des déterminismes habituels de cet hémisphère? En ce qui concerne les limites de la compétence linguistique de l'hémisphère droit, le travail de Dennis et Whitaker (1976) mérite attention (cfr. aussi Dennis et Kohn, 1975). Ces auteurs ont examiné trois sujets âgés de 8 à 10 ans ayant subi une hémisphérectomie [4] complète entre 1 et 4,5 mois. Dans un cas, c'est l'hémisphère droit qui a été ôté, dans les deux autres, c'est le gauche. Les sujets ont été examinés à différents tests verbaux afin d'apprécier leur niveau de développement verbal. Des nombreuses analyses effectuées il ressort qu'il n'y a pas de différences interhémisphérique en ce qui concerne l'agilité articulatoire, la discrimination phonémique, l'étendue du lexique et les performances à diverses épreuves de classifications et de discriminations sémantiques; par contre, des différences apparaissent au niveau syntaxique puisque l'hémisphère droit se montre inférieur au gauche dans des épreuves de production de phrases, de compréhension de structure syntaxiques complexes, de détection d'anomalies syntaxiques etc. Ce travail, qui demande confirmation car il repose sur un nombre limité de cas, suggère que l'hémisphère droit, lorsqu'il prend le relais du gauche quasi dès la naissance, ne peut en assurer parfaitement toutes les fonctions. Il est donc probable qu'il existe une limite à la plasticité fonctionnelle interhémisphérique. Un constat symétrique a d'ailleurs été obtenu par Kohn et Dennis (1974) qui ont montré lors d'une hémisphérectomie droite que certaines activités spatiales (orientation extra-personnelle, orientation sur une carte, épreuves de labyrinthes) étaient moins bien réussies qu'après une hémisphérectomie gauche.

D'autres faits sont en faveur d'une limite dans l'efficacité de la récupération post-lésionnelle par transfert interhémisphérique. Ainsi, Landsell (1969) compare les performances verbales et non verbales obtenues à la Weschler-Bellevue de sujets ayant leur langage latéralisé à droite suite à une lésion gauche survenue précocement. Il obtient les résultats suivants: pour les sujets qui ont leur langage à droite, plus la lésion est précoce et moins le QI verbal est atteint. Une lésion survenant avant l'âge de cinq ans donne un score verbal supérieur au score non verbal, ce dernier étant lui-même inférieur aux normes. Par contre, une lésion gauche identifiée après l'âge de cinq ans donne un score non verbal supérieur au score verbal. Il semble donc possible de suggérer à partir de ce travail que si l'hémisphère droit prend très tôt le relais il le fait avec efficacité, mais au détriment de ses propres déterminismes fonctionnels. Par contre, s'il prend le relais plus tardivement son efficacité de substitution n'est que partielle, cet hémisphère étant sans doute déjà lui-même partiellement spécifié.

Par ailleurs, il ne faut sans doute pas négliger les effets différés possibles d'une lésion cérébrale survenant dans l'enfance, effets non immédiatement observables, mais apparaissant au cours du développement ultérieur. On rappellera à cet égard que dans leurs examens différés d'enfants aphasiques Alajouanine et Lhermitte (1965) notent qu'un nombre très élevé de ces enfants sont incapables de reprendre une scolarité normale et que bien qu'ils récupèrent un langage quasi normal, ils présentent des difficultés relativement générales d'apprentissage. Bien qu'il manque à ce jour chez l'homme d'études à long terme suffisamment documentées, l'existence de difficultés générales d'apprentissage ou de troubles comportementaux différés n'est donc pas une hypothèse à exclure. Certaines données de la neuropsychologie expérimentale animale vont d'ailleurs dans ce sens (Goldman, 1974).

Il faut encore, à propos de l'aphasie de l'enfant, dresser l'inventaire des travaux ayant examiné le rôle de quelques variables susceptibles de rendre compte de l'étendue et de la rapidité de la récupération. Ainsi, Guttman suggère que lorsque les troubles sont uniquement expressifs, la récupération est meilleure; au contraire, dans le cas de tableaux mixtes où l'expression et la réception du langage sont altérées, des séquelles définitives existeraient. Ces faits sont confirmés par Assal et Campiche (1973) mais non par Collignon et al. (1968). D'autres études mettent l'accent sur la nature du processus morbide. Il semble que les lésions traumatiques récupèrent mieux que les atteintes vasculaires (Guttman, 1942; Alajouanine et Lhermitte, 1968 et Van Dongen et Loonen, 1976). Différents auteurs insistent aussi sur la durée du coma post-traumatique. Pour Lange-Cosak et Tepfer (1973), un coma de plus de 7 jours serait un indice de mauvaise récupération. Ces faits sont confirmés par Assal et Campiche (1973) et partiellement au moins par Collignon et al. (1968) mais contestés par Hécaen (1976). Enfin d'autres variables comme la présence ou l'absence d'hémiplégie et la persistance d'anomalies électroencéphalographiques laissent le même sentiment d'incertitude (voir pour une revue Seron, 1977).

On ne peut quitter la variable âge sans poser la question des sujets âgés. En effet, il n'est pas rare de voir certaines équipes logopédiques renoncer à la rééducation de patients âgés. En fait, s'il semble démontré que l'âge a une influence sur la récupération, cette influence n'est pas constante et les exceptions fréquemment signalées méritent notre attention. Ainsi dans un important travail sur l'évaluation des facteurs de récupération, Vignolo (1964) montre que l'âge influence le degré de récupération et que considérés globalement les sujets jeunes (jeunes = de moins de 40 ans) récupèrent en plus grand nombre que les sujets âgés (âgés = plus de 60 ans). Mais cet auteur fait remarquer que quand un sujet âgé récupère, la récupération peut être excellente, et il décrit le cas d'un sujet de 70 ans ayant présenté une aphasie expressive accompagnée d'une anarthrie qui récupère complètement en quatre mois. Kertesz et McCabe (1977) arrivent à une conclusion analogue; ces auteurs observent en effet une corrélation négative entre le niveau de la récupération spontanée immédiate (les trois premiers mois après la lésion) et l'âge des sujets, mais cette corrélation n'atteint pas un score significatif à cause de la présence de quelques exceptions : sujets âgés récupérant bien et sujets jeunes récupérant peu. Une incursion dans la littérature consacrée à la rééducation apporte par endroit des résultats contradictoires. Ainsi Gloning et al. (1976), sur une population de 109 patients, mettent en évidence un effet significatif de l'âge dans les progrès obtenus après rééducation. Cependant Messerli et al. (1976) sur une population de 36 patients comparables en ce qui concerne les étiologies ne mettent pas d'effet significatif de l'âge en évidence. Dans la première étude les âges s'étalent de 2,6 à 74 ans, avec une moyenne de 39 ans, dans la seconde les âges s'étalent de 17 à 74 ans (la moyenne n'est pas communiquée). Dans ces deux recherches, les résultats sont présentés selon une analyse dichotomique : sujets âgés de plus de 50 ans, contre sujets âgés de moins de 50 ans. Il suffit donc qu'il y ait dans la première étude quelques cas d'aphasie de l'enfant pour modifier les résultats ! Comme on ne connaît ni dans un cas, ni dans l'autre, la manière dont se distribuent les âges, les différences obtenues peuvent simplement résulter de distributions différentes ![5]. Par ailleurs, un travail plus limité de Sarno et Levita (1971) indique l'absence de corrélation entre l'âge et la récupération spontanée sur une population de patients atteints de lésions vasculaires.

Pour conclure, nous rappelerons que les difficultés d'interprétation sont multiples en ce qui concerne les sujets âgés. En effet, la nature des troubles présentés peut aussi être différente et biaiser l'analyse. Dans un travail récent (Obler et al., 1978), on a en effet montré que les patients atteints de lésions vasculaires et présentant une aphasie de Wernicke sont significativement plus âgés que la moyenne des autres sujets aphasiques et, inversement, que ceux présentant une aphasie de Broca sont significativement plus jeunes. La récupération différentielle selon l'âge pourrait donc être due plus au type d'aphasie (et d'une manière plus large au type de trouble) qu'à la variable âge en tant que telle. De plus, divers paramètres sociaux et psychologiques peuvent jouer un rôle différentiel sur la récupération en fonction de l'âge. Artes et Hoops (1976) par exemple ont indiqué que les épouses de patients aphasiques âgés sont surtout sensibles aux problèmes de santé physique posés par l'atteinte cérébrale, tandis que les épouses plus jeunes sont davantage sensibles à l'altération des conduites de communication verbale. Cette attention portée par l'entourage, différente selon les cas, peut donc aussi interférer avec la variable âge et compliquer l'analyse.

Les variables environnementales

L'environnement pré-per- ou post-lésionnel a-t-il un effet sur la récupération ? A nouveau c'est la neuropsychologie expérimentale animale qui suggère une incidence possible de la variable « environnement ». On sait depuis les travaux de Rosenzweig (Rosenzweig et Bennett, 1970, 1976) que des modifications générales de l'environnement peuvent modifier certains aspects anatomiques et biochimiques du cerveau (de rats, de souris) non seulement chez le sujet jeune mais aussi chez l'organisme mature. On sait aussi que la présentation d'environnements enrichis peut faciliter l'acquisition de performances variées et la résolution de problèmes chez diverses espèces animales (Finger, 1978). Ces modifications du S.N.C. dues à l'influence d'environnements différents ont-elles une incidence sur les effets d'une lésion cérébrale ? Deux types de phénomènes doivent retenir l'attention : premièrement l'exposition pré-lésionnelle à un environnement enrichi préserve-t-elle au moins partiellement l'organisme contre les effets de la lésion; deuxièmement, l'exposition post-lésionnelle favorise-t-elle la récupération ? La première question est en quelque sorte de nature préventive, la seconde a une portée davantage thérapeutique. Bien qu'il soit aujourd'hui impossible d'apporter une réponse définitive à ces deux questions, il semble que les variables environnementales jouent un rôle sur la résistance de l'organisme à la lésion et sur ses capacités de récupération (Finger, 1978). Mais de nombreuses variables restent à préciser en relation avec :

- la qualité et la définition des environnements présentés (enrichis, normaux, appauvris, élevage en isolation),
- les mesures comportementales utilisées (réactivité émotionnelle, comportement exploratoire, apprentissage de labyrinthe),
- le type de lésions pratiquées (étendue et zones corticales concernées) et la durée de présentation des environnements testés. Enfin et peut-être surtout, on retiendra que pour l'instant ces recherches se sont limitées à l'étude de rongeurs (rats et souris principalement) et qu'il reste à examiner ce qui se passe chez d'autres espèces.

Par ailleurs, il est intéressant de s'arrêter aux explications avancées pour expliquer la meilleure résistance des organismes placés dans des environnements enrichis. Selon Finger, deux sortes d'interprétations sont proposées, les unes de nature comportementale, les autres de caractère neuro-physiologique. Les tenants des théories comportementales insistent sur le fait que les animaux exposés à un environnement enrichi acquièrent un large répertoire de stratégies et d'hypothèses qui leur permet de faire face de différentes façons à des situations complexes. Il en résulte notamment que la tâche à laquelle l'animal est soumis pour mesurer les effets d'une lésion est capitale en ce sens que si cette tâche est ouverte (c'est-à-dire s'il y a moyen de résoudre le problème posé de différentes façons) l'effet de l'environnement enrichi sera maximal; par contre si la tâche est fermée (c'est-à-dire spécifique: impliquant, par exemple, la mise en jeu d'un système efférent déterminé) cet effet pourrait être moindre, voire nul. Les partisans d'une explication comportementale insistent aussi sur le facteur émotionnel: les animaux placés dans un environnement enrichi réagiraient d'une manière plus adaptée face à des situations nouvelles. Quant aux explications neurophysiologiques, elles mettent l'accent sur les changements structuraux se produisant dans le S.N.C. Une première théorie suggère qu'après une lésion cérébrale une réorganisation fonctionnelle peut avoir lieu et que la capacité de se réorganiser serait en partie au moins dépendante de l'organisation du cerveau au moment de l'atteinte cérébrale, cette organisation étant différente selon la nature de l'environnement pré-lésionnel. La seconde théorie, qui a le plus d'adhérents, suppose qu'un nombre plus important de synapses sont formées dans des conditions d'environnement riche. Cet enrichissement des réseaux neuronaux expliquerait la meilleure résistance à l'atteinte cérébrale. Ces modèles comportementaux et neurophysiologiques ne sont bien sûr pas en contradiction les uns avec les autres, ils représentent simplement deux manières différentes mais complémentaires d'aborder le phénomène de récupération. Par ailleurs, on retiendra qu'ils gardent, à ce jour, un côté spéculatif évident, bien des faits restant encore à explorer dans ce domaine.

Il est bien délicat de transférer ces données au niveau humain, car les notions d'environnement enrichi, normal, appauvri et d'élevage en condition d'isolement sont beaucoup plus difficiles à préciser et les variables dont il faut tenir compte beaucoup plus nombreuses. En ce qui concerne la période pré-lésionnelle, s'il semble évident que la qualité et la diversité des apprentissages dont a été l'objet un individu a un effet sur son répertoire comportemental, il n'a pas été établi à ce jour que cela provoquait chez l'homme des changements structuraux dans le S.N.C.

En ce qui concerne la période de développement des fonctions, on connaît les conséquences dramatiques liées à l'isolement social radical sur l'apparition du langage [cf. les cas des enfants-loups et le cas

« Genie » étudié récemment (Fromkin et al., 1974)], mais ces cas exceptionnels sont souvent malaisés à analyser. Dans la plupart des cas d'enfants-loups ou d'enfants isolés, il y a eu au départ un handicap congénital ou un trauma physique infligé au jeune enfant. Et dans les cas les plus purs, il reste impossible de séparer ce qui est explicable par l'isolement social de ce qui résulte d'un appauvrissement en stimulations verbales. Pour ce qui concerne les individus élevés dans des conditions sociales normales, il n'est pas facile de procéder à une évaluation précise de l'effet d'environnements prélésionnels différents. D'une manière un peu naïve, on peut se demander si un avocat bavard et plaidant souvent récupère mieux son langage qu'un individu peu scolarisé et parlant peu, ou encore si un dessinateur industriel échappe aux troubles du dessin habituellement présents après certaines lésions cérébrales. La difficulté d'analyse réside ici dans le fait que ce qui est à récupérer est différent selon les sujets concernés et qu'il est souvent très hasardeux d'établir avec rigueur un niveau de compétence prélésionnel [6]. Un domaine sans doute plus intéressant à investiguer est celui des polyglottes et des analphabètes. Si beaucoup d'hypothèses existent concernant la récupération chez le bilingue (cf. Paradis, 1977) et si certains auteurs suggèrent que les sujets bilingues ont une organisation différente de la représentation corticale de leur langage (Albert et Obler, 1978, Ojeman et Whitaker, 1978), ces faits manquent encore d'une assise expérimentale suffisante. Par ailleurs, il n'est pas clairement démontré que le bilingue récupère mieux ou plus vite que le monolingue et rien n'indique que le langage de l'analphabète soit plus sensible aux effets d'une lésion cérébrale que celui du sujet scolarisé. Les seules données qui rendent plausibles chez l'homme l'incidence de l'environnement prélésionnel sur la réactivité post-lésionnelle sont sans doute à chercher du côté de la dissociation automatico-volontaire (ou principe de Baillager-Jackson). C'est, en effet, un fait d'observation courante en clinique que certaines conduites bien automatisées et produites dans des contextes particuliers résistent mieux à l'atteinte cérébrale. Ainsi certains patients incapables d'écrire (agraphie) peuvent encore produire une signature, d'autres incapables de parler peuvent émettre des jurons, des formules de politesse, réciter l'alphabet ou une prière. Ces petits segments d'activité verbale qui surnagent à l'atteinte cérébrale sont sans doute l'indication la plus nette que certains *sur*-apprentissages résistent mieux en cas d'atteinte cérébrale. Cette remarque prend plus d'importance si l'on pense qu'il n'existe pas une dichotomie tranchée entre un pôle dit « automatique » et un pôle dit « volontaire », mais un continuum le long duquel s'étale l'ensemble du répertoire comportemental. Concernant par exemple les conduites verbales, une de nos collègues, M.-L. Moreau, suggérait que deux expressions voisines comme « un vieux cadre apathique » et « un jeune cadre dynamique» n'ont sans doute pas le même statut psycholinguistique. La seconde, sur-apprise, existe probablement comme un tout, c'est une formule toute faite lue à des milliers d'exemplaires dans les annonces de demande d'emploi et utilisée à présent avec une discrète connotation péjorative dans le langage quotidien. Il n'est pas interdit de penser que des formules de ce type puissent surnager en cas d'atteinte cérébrale (peut-être d'ailleurs parce que leur émission n'implique pas des procédures syntaxico-sémantiques très élaborées). Mais, même si des faits de ce type étaient établis en pathologie avec régularité, il faudrait encore démontrer que l'épargne partielle d'un répertoire comportemental surappris favorise secondairement une récupération fonctionnelle plus globale.

Nous réexaminerons plus tard le problème de l'environnement post-lésionnel, car il concerne la mise en place de procédés thérapeutiques. Nous nous limiterons à signaler ici que les écoles de rééducation sociothérapeutiques mettent l'accent sur l'environnement global post-lésionnel comme facteur favorable à la rééducation. Mais il s'agit moins, dans l'intention des thérapeutes, d'enrichir l'environnement du sujet que de le rendre plus naturel, c'est-à-dire plus proche de l'environnement pré-lésionnel.

Le sexe

Quelques travaux en neuropsychologie expérimentale animale indiquent une influence du sexe sur la récupération post-lésionnelle (Stein, 1974). En neuropsychologie humaine quelques travaux semblent indiquer l'existence de différences dans l'organisation cérébrale des individus selon leur sexe (cf. pour une revue, Lake et Bryden, 1976). Il est cependant par endroits difficile de séparer ce qui appartient au biologique et ce qui dépend de différences éducatives. Quoiqu'il en soit, ces deux ordres de faits amènent à penser qu'un rôle du sexe est possible sur la récupération post-lésionnelle, mais il n'existe à ce jour quasi aucun travail étendu ayant tenté de contrôler cette variable. On notera cependant une étude de Kertesz et McCabe (1977) qui ne signale pas de différence dans la récupération spontanée de 23 hommes et 13 femmes aphasiques, et un travail de Sarno et Levita (1971) sur 28 patients qui conclut dans le même sens.

Rôle de la latéralité

Une autre variable qui semble intervenir dans la récupération est la dominance manuelle. On sait aujourd'hui que la quasi totalité des sujets droitiers (entre 90 % et 96 %) ont leur langage situé dans l'hémisphère gauche et on pensait jusqu'il y a quelques années que les sujets gauchers manuels avaient, eux, leur langage situé dans l'hémisphère droit. De ce point de vue, les droitiers et les gauchers auraient en quelque sorte présenté une organisation cérébrale identique, mais inversée. Les choses se présentent en fait tout autrement. Comme le suggèrent Goodglass et Quadsafel (1954), il n'existe pas de corrélation stricte entre la dominance manuelle gauche et une dominance hémisphérique droite pour le langage, il n'y aurait en fait que 20 à 30 % des gauchers qui ont leur langage dans l'hémisphère droit. Par ailleurs différents auteurs (Hécaen et Angerlergues, 1964; Subirana, 1969; Luria, 1970) insistent sur le fait qu'après une lésion cérébrale, quel que soit l'hémisphère touché, l'aphasie présentée par les gauchers est plus discrète, les patients récupèrent plus rapidement et de manière plus complète. Gloning et al. (1969) confirment ce fait et montrent sur une vaste population de sujets droitiers et gauchers que chez ces derniers une lésion de l'un quelconque des deux hémisphères peut provoquer une aphasie. Ces faits conduisent bien sûr à penser que chez le gaucher il pourrait y avoir une représentation bihémisphérique de certaines fonctions et notamment du langage. Le gaucher ne serait donc plus un simple droitier inversé mais un sujet ayant une organisation cérébrale particulière. Ce constat régulièrement confirmé par Hécaen et ses collaborateurs (voir pour une revue détaillée de cette question Hécaen et Albert, 1978) serait cependant à nuancer selon que la gaucherie est familiale ou non familiale. Dans un travail récent, Hécaen et Sauguet (1971) distinguent les effets d'une lésion cérébrale selon qu'elle survient chez un gaucher familial ou chez un gaucher non familial. Seul ce dernier groupe aurait une organisation cérébrale bihémisphérique et une organisation corticale moins focalisée. Cette distinction reste cependant à étayer par d'autres études.

Le mode d'installation de la lésion

A côté de certaines tumeurs cérébrales se développant sur plusieurs années et n'entraînant que tardivement des troubles du comportement, un traumatisme ou un accident vasculaire cérébral affectent immédiatement le comportement. On peut poser la question de l'incidence éventuelle de cette variable temporelle sur les troubles présentés et sur la récupération fonctionnelle. Il se peut cependant que cela n'ait guère de sens de comparer entre elles des lésions de nature différente (ex: troubles vasculaires versus tumeurs) et qu'il soit nécessaire, si l'on veut isoler correctement la variable temporelle, de comparer des processus morbides de même nature, mais à décours temporel variable.

La neuropsychologie expérimentale animale semble indiquer que la variable « mode d'installation de la lésion » a une incidence sur la pathologie post-lésionnelle et sur la récupération. La paradigme expérimental utilisé consiste à comparer les effets d'une lésion faite en un seul acte opératoire aux effets de lésions identiques au total, mais réalisées en plusieurs étapes. D'une manière générale, il semble démontré qu'une lésion faite en un temps a des conséquences plus drastiques qu'une lésion identique mais réalisée en plusieurs étapes (voir pour une revue Finger et al., 1973; Hécaen et Albert, 1978). Ce constat général est cependant à nuancer, car plusieurs variables additives semblent jouer un rôle : l'âge auquel les lésions sont effectuées, la nature des apprentissages étudiés (certains seraient sensibles au caractère étalé des lésions, d'autres pas), la localisation de la lésion (l'effet positif de l'étalement serait notamment limité aux structures corticales), l'écart de temps séparant les deux lésions, et l'existence ou non d'apprentissages pendant la période inter-lésions dans le cas de lésions successives (mais cette dernière variable serait sans effet notable selon Hécaen et Albert, 1978). Chez l'homme, l'effet moindre de lésions à décours temporel lent est une affirmation clinique maintes et maintes fois répétée [7]. Mais en dehors de ces quelques impressions cliniques, on ne dispose à peu près d'aucune donnée précise capable d'étayer chez l'homme le rôle de cette variable temporelle. Il existe seulement un travail cité dans Hécaen et Albert (1978) où on a comparé chez des sujets de même âge, des lésions d'étendue et de localisation identiques, mais à décours temporel variable : 3 semaines à 6 mois pour un groupe, 3 à 30 ans pour un autre. D'une manière générale, les auteurs n'observent pas d'importantes différences dans les tableaux sémiologiques en ce qui concerne d'une part les troubles moteurs et sensoriels élémentaires, d'autre part les fonctions supérieures. Deux différences émergent cependant, des phénomènes de compensation apparaissent en cas de lésions situées dans l'aire de Broca, et, dans ce groupe de patients, chez ceux pour qui la lésion remonte à l'enfance. Dans ce cas, on peut penser que deux variables sont en cause : l'âge de l'apparition de la lésion et son décours temporel.

Le type de lésion

Les atteintes du S.N.C. sont multiples : traumatismes, accidents vasculaires cérébraux, tumeurs, maladies infectieuses etc. La nature de la lésion a-t-elle une incidence sur la récupération? Il est bien difficile de répondre clairement à cette question, car la variable « étiologie » n'est séparable ni de la variable « âge » ni de la variable « mode d'installation de la lésion ».

Le problème qui se pose en rapport avec l'étiologie est celui de la nature des troubles et de leur gravité. En prenant par exemple le cas des lésions traumatiques opposées aux lésions vasculaires et tumorales, divers auteurs ont suggéré que dans le cas de lésions traumatiques fermées on rencontre principalement, comme troubles du langage, des aphasies de Wernicke et des aphasies amnésiques, beaucoup plus rarement des aphasies de Broca (Heilman et al., 1971). De même Geschwind (1974) a remarqué que certains syndromes aphasiques n'existaient pas dans le cadre de lésions traumatiques par missiles de guerre. Par exemple, la surdité verbale pure n'apparaît qu'en cas de lésion profonde sans atteinte de la surface du cortex adjacente, l'alexie pure semble liée à une atteinte artérielle limitée à la cérébrale postérieure gauche et l'aphasie transcorticale sensorielle (encore appelée « isolated speech area ») est provoquée par un empoisonnement au monoxyde de carbone. Une abondante littérature existe aussi concernant par exemple les atteintes frontales où les troubles de la personnalité sont plus souvent décrits dans le cadre d'atteinte tumorale. Un certain nombre de faits semblent donc indiquer qu'étiologie et sémiologie ne sont pas des variables indépendantes et si l'on désire investiguer de manière systématique l'influence de la première variable, il est indispensable de comparer des cas à étiologie différente mais à sémiologie égale. Cependant, la variable âge complique aussi l'analyse : les lésions vasculaires sont par exemple beaucoup plus fréquente chez les sujets âgés (et de sexe masculin) que chez les sujets jeunes. Ainsi, la grosse part des aphasies de l'enfant résulte de lésions traumatiques tandis que les atteintes vasculaires touchent une population généralement plus âgée (à l'Université de Liège, en 4 ans sur un peu plus de 100 cas, 80 % des sujets atteints de lésions vasculaires ont entre 35 et 65 ans) [8]. De même dans l'étude de grandes séries de traumatisés de guerre, l'âge moyen des sujets est fort jeune (Luria, 1970, âge moyen : non communiqué [9]; Wepman, 1951, âge moyen : 25,8 ans). Les comparaisons qui portent sur l'étiologie doivent donc tenir compte de trois variables additives : âge des populations, mode d'installation de la lésion et sémiologie considérée. Ces réserves étant faites, différents auteurs ont examinés la récupération chez des patients aphasiques en tenant compte de l'étiologie. Il est généralement admis que les séquelles post-lésionnelles sont moins sévères en cas d'atteintes traumatiques (Butfield et Zangwill, 1946; aussi Isserlin et Goldstein, cités dans Sarno, 1976). On trouve également des indications allant dans le même sens chez Newcombe (1969) et Eisenson (1949, 1973). Luria (1970) suggère même un effet différentiel selon qu'il s'agit d'un trauma ouvert ou d'un trauma fermé; selon cet auteur dans le cas des traumas ouverts, il y aurait dans 68 % des cas une aphasie séquellaire, contre 38 % seulement lors de traumas fermés.

La localisation et l'étendue de la lésion

Il est clair que ces deux variables ont une incidence directe sur la sévérité des troubles et sur le tableau post-lésionnel initial. Nous renvoyons ici le lecteur aux ouvrages classiques de neuropsychologie où ces deux variables sont abondamment discutées en regard de la sémiologie. La question posée est ici un peu différente, la localisation et l'étendue de la lésion ont-elles une incidence sur la récupération post-lésionnelle? La question n'est pas aussi simple qu'il peut sembler à première vue et il est sans doute faux d'affirmer sans plus qu'une lésion étendue a un effet plus dramatique qu'une lésion circonscrite (principe ancien de l'action de Masse). En effet, encore faut-il savoir où se trouve la lésion, quelle est son étiologie et son mode d'installation. En ce qui concerne la localisation de la lésion on dispose de deux recherches portant sur des populations suffisamment homogènes, celle de Penfield et Roberts (1963) sur les exérèses neurochirurgicales et celle de Luria (1970) sur les traumas de guerre. Penfield et Roberts suggèrent un gradient d'importance dans les représentations corticales du langage qui est par ordre décroissant: la région temporo-pariétale postérieure, l'aire de Broca et l'aire motrice supplémentaire. Ce constat ne porte pas que sur les effets immédiats de l'exérèse mais aussi sur ses effets tardifs (mais le nombre de cas

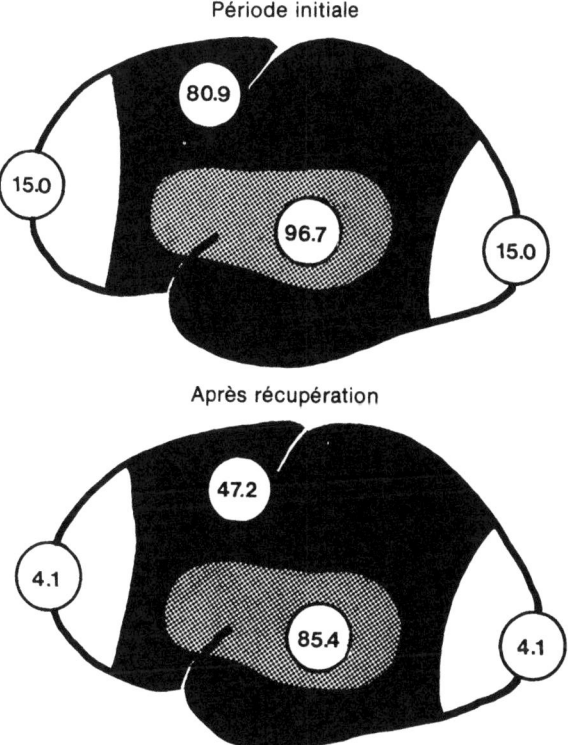

Figure 2. En haut: pourcentage de cas présentant une aphasie selon la localisation de la lésion; en bas: aphasies séquellaires après récupération.
D'après Luria, 1970

opérés n'est pas très élevé). Luria montre également un effet de la localisation lésionnelle sur la récupération du langage. Cet auteur distingue l'effet des troubles selon qu'ils résultent d'une atteinte 1° de l'aire principale du langage qui couvre en gros le quadrilatère de Pierre Marie, 2° des aires adjacentes à cette aire principale et 3° des pôles frontaux et occipitaux du cortex.

Les désordres aphasiques seraient non seulement plus fréquents et plus sérieux lors d'une lésion de l'aire primaire du langage (96,7 % de cas d'aphasies sévères) mais ils présenteraient un caractère plus persistant lors d'un examen différé (85,4 % de cas d'aphasies persistantes). A l'inverse lors d'une atteinte des aires marginales l'aphasie serait moins sévère et la récupération excellente pour à peu près la moitié des cas (on passe ici de 80,9 % de cas d'aphasie en période initiale à 47,2 % en période résiduelle). Lors d'atteintes polaires, les cas rares d'aphasie (15 % des lésions) récupéreraient dans les deux tiers des cas (4,1 % de cas avec aphasie séquellaire).

Cet auteur ne distingue cependant pas avec suffisamment de clarté les atteintes de l'aire de Wernicke de celles touchant l'aire de Broca; ce travail ne peut donc sur ce point précis, ni infirmer ni confirmer la recherche des auteurs canadiens. L'idée d'une hiérarchie fonctionnelle, mise en avant par Penfield et Roberts, reçoit cependant une confirmation indirecte à partir des études réalisées chez l'enfant. En effet, le fait qu'il faille une lésion dans l'aire de Wernicke, chez un enfant de moins de 5 ans pour qu'un transfert inter-hémisphérique se produise, semble indiquer que cette aire est plus indispensable que d'autres dans le contrôle des activités langagières (Milner, 1974). Il est légitime (mais non démontré) de penser qu'une lésion située dans les mêmes aires chez le sujet adulte (c'est-à-dire quand l'hémisphère droit ne peut plus prendre le relais) aura un effet plus durable qu'une lésion située ailleurs [10]. Par ailleurs, ce type de questions est à poser pour l'ensemble du répertoire comportemental (quel est le devenir des troubles praxiques, gnosiques, mnésiques, intellectuels, etc.). On dispose à ce propos de beaucoup moins de données; il existe bien sûr une littérature assez abondante sur la récupération post-lésionnelle dans le cadre des traumas crâniens où divers gradients de récupération ont été proposés, mais ces données ne peuvent être rapportées à des sièges lésionnels précis.

Les variables sémiologiques

Si, jusqu'à présent, nous avons examiné l'influence de variables neurologiques, il va de soi que le problème de la récupération post-lésionnelle peut tout autant être examiné sous un angle strictement comportemental. Il est clair cependant que ce nouvel abord du problème n'est pas sans relation plus ou moins étroite avec la localisation et l'étendue des lésions responsables. Cette relation n'est cependant pas univoque puisque deux lésions de même importance mais survenant de manière différente peuvent avoir un effet variable sur le comportement. L'abord du problème sous l'angle comportemental se justifie donc parfaitement. De plus, dans bien des cas, c'est l'approche la plus aisée à entreprendre : en effet, on peut toujours affiner ou compléter un examen neuropsychologique, ce qui est moins vrai des examens neuroradiologiques qui peuvent faire courir des risques inutiles au patient.

Deux types de variables semblent importantes à considérer : la nature des troubles et leur gravité.

- Influence de la gravité du trouble

En premier, il paraît utile de rappeler combien la mesure de la gravité d'un trouble n'est pas aisée à établir. D'abord au niveau conceptuel, dans certains cas la gravité se rapporte à des troubles identiques mais d'intensité différente, dans d'autres cas le critère de gravité rassemble au sein d'une même échelle des troubles de natures différentes. C'est la seconde solution qui est la plus souvent choisie. Considérons par exemple, parmi les échelles de gravité existantes, l'une des plus connues et se rapportant aux troubles du langage : celle de Goodglass et Kaplan (1972). Cette échelle comporte six degrés : au niveau de gravité le plus faible, une conversation normale peut avoir lieu avec le patient, tandis qu'au niveau le plus grave aucune communication verbale n'est possible. Les critères proposés concernent le niveau de communication, ils sont donc indépendants du type d'aphasie considéré et, un patient présentant une aphasie de Broca peut obtenir à l'échelle de gravité un score identique à un patient présentant une aphasie de Wernicke. Dans d'autres travaux où l'échelle de gravité est également établie sur la capacité à communiquer, l'évaluation concerne non seulement les conduites verbales mais aussi l'ensemble des moyens non verbaux de communication (c'est le cas par exemple du Profil de Communication Fonctionnelle de Sarno (1969). Dans les deux exemples repris ci-dessus, ce qui est mesuré ce n'est donc pas la gravité de l'aphasie en tant que telle mais les conséquences du trouble aphasique (et éventuellement de troubles associés) sur les conduites de communication. De plus, si dans certains cas (Goodglass et Kaplan, 1972) la sévérité du trouble est appréciée en fonction du comportement actuel du patient, dans d'autres (plus rares) la sévérité est établie en tenant compte du niveau verbal antérieur (Sarno, 1969). Enfin, dans d'autres recherches, la gravité des troubles est analysée uniquement sous l'angle des résultats obtenus à un test standard d'examen de l'aphasie. Mais, on sait par ailleurs que, d'une batterie à l'autre et donc d'une recherche à l'autre, la sensibilité des épreuves est différente.

Il ne nous paraît pas indispensable d'ouvrir ici un débat nous obligeant à choisir entre les échelles de gravité de communication et les échelles de gravité établies sur la base de tests classiques d'aphasie. La question du choix des méthodes d'évaluation nous paraît surtout liée aux objectifs poursuivis. Si le problème que l'on désire résoudre est celui de l'influence de la gravité du trouble aphasique sur la récupération post-lésionnelle, un examen standard (le plus complet possible) des troubles aphasiques est nécessaire; cet examen peut conduire non seulement à une notion de gravité des troubles, mais il permet aussi de comparer entre eux des patients présentant le même type de trouble. Au contraire, si la question centrale est l'amélioration des conduites de communication en cours de et après thérapie, il semble évident que l'examen standard de l'aphasie est une mesure insuffisante de la capacité à communiquer, et de son actualisation effective dans des situations sociales variées.

On peut, sans grand risque d'erreurs, suggérer que plus le trouble est sévère moins les chances de récupération totale sont élevées. Cela ne revient pas à dire que les troubles sévères récupèrent moins bien que les troubles légers, mais seulement à rappeler que le chemin à parcourir pour récupérer totalement est beaucoup plus important dans le cas de troubles sévères. Ce constat d'une moins bonne récupération des troubles sévères se retrouve dans différents travaux. Mais une interprétation claire des résultats est souvent difficile, car les critères de sévérité utilisés sont le plus souvent mixtes, c'est-à-dire renvoient à la fois à des données de l'examen standard de l'aphasie et à des données de type diagnostique [11]. Luria (1970) par exemple constitue trois groupes distincts, les aphasies totales (altération sévère de l'ensemble des activités d'expression et de réception), les aphasies d'un type particulier (correspondant à sa classification des aphasies, où une partie seulement des conduites langagières est altérée) et les désordres légers du langage (perte du langage automatique, difficultés à prononcer des mots inusités, aphasie amnésique résiduelle, etc.). Pour cet auteur, le tableau initial n'est pas déterminant, la sévérité du trouble est à mettre en relation avec les localisations lésionnelles. Ainsi, l'importance de la récupération spontanée d'une aphasie sévère dépendra de la localisation de l'atteinte cérébrale : les aphasies sévères par atteinte de la zone principale du langage récupèrent en moins grand nombre que les aphasies sévères par atteinte d'une zone marginale. Butfield et Zangwill (1946) sur un groupe de 70 patients et au moyen d'un critère de sévérité en trois points (sévère, modéré, léger) calculé pour quatre activités (calcul, parole, écriture, lecture), montrent que le pronostic est moins bon pour les tableaux initiaux sévères. Mais ce constat porte sur des cas de patients rééduqués et non rééduqués. Les résultats obtenus par Vignolo (1964) sont différents; cet auteur établit des catégories mixtes: aphasiques globaux, troubles expressifs sévères et modérés, troubles mixtes (réceptifs et expressifs) sévères, et troubles légers (mild aphasic symptoms). Les pôles extrêmes de l'échelle de sévérité établis ne sont pas comparables, car il n'y a lors de l'examen initial aucun patient avec des troubles légers. Par contre, les auteurs observent une meilleure récupération des troubles expressifs comparés aux troubles réceptifs mais ce constat ne porte pas sur la gravité initiale des troubles. Le travail de Gloning et al. (1976) est intéressant mais est à nouveau différent des précédents en ce qui concerne les critères utilisés pour la détermination de la sévérité des troubles. Les auteurs retiennent comme catégories pertinentes : 1° l'aphasie sévère (critère de communication entre patient et examinateur), 2° la dysarthrie sévère, 3° la sévérité de l'apraxie buccolingofaciale (si 50 % des émissions au moins sont inaudibles), 4° le jargon sévère (production jargonnée d'au moins deux minutes), 5° les paraphasies sévères (50 % ou plus de substitutions paraphasiques), 6° les troubles sévères de la répétition (incapacité de répéter correctement des combinaisons d'au moins deux syllabes) et 7° les troubles sévères de la compréhension verbale (si difficultés sur les ordres semi complexes). L'analyse porte sur 107 patients, certains rééduqués et d'autres pas. La sévérité de l'aphasie et la sévérité de la dysarthrie ont une influence significativement négative sur la récupération, de même que, mais à un degré moindre, l'importance des troubles de répétition. Les autres variables ne sont pas corrélées aux progrès observés.

Un autre facteur en faveur d'une influence probable de la sévérité des troubles initiaux est le fait maintes fois remarqué des limites évidentes rencontrées dans la rééducation des aphasiques sévères, cela même si l'on utilise des techniques de conditionnement (Sarno et al., 1970) ou des méthodes rééducatives s'inspirant des travaux de Premack (Glass et al., 1973).

On remarquera cependant une note opposée à ce qui précède puisque Sarno et Lévita (1971) ne trouvent pas de relation entre le degré de sévérité de l'aphasie mesuré au moyen d'un test de communication verbal et non verbal et la récupération du langage. Mais cette étude porte sur des patients relativement âgés (66,5 ans de moyenne), et parmi les patients avec un score initial très bas certains sont décédés; il y a donc un biais possible dans l'analyse.

Comme l'indique ce bref survol des principales études ayant pris en considération le critère de gravité, celui-ci semble jouer un rôle sur la récupération mais bien des points demeurent obscurs. La difficulté essentielle réside dans la notion même de gravité selon qu'elle est analysée sous l'angle général de la communication ou selon qu'elle concerne soit un type défini d'aphasie, soit un test particulier de langage. Si l'on veut un jour obtenir une vision claire des problèmes liés à la gravité des troubles, il faudra nécessairement homogénéiser quelque peu nos instruments de mesure afin de rendre les observations comparables entre elles. Les trois critères couramment utilisés, bien que non indépendants les uns des autres, se justifient tous les trois parfaitement, encore faudrait-il qu'ils soient utilisés ensemble et analysés au moyen de méthodes comparables.

- La nature des troubles

A ce niveau aussi, les données dont on dispose concernent les troubles du langage. Deux types de critères ont été utilisés, soit diagnostiques soit sémiologiques. Dans le premier cas on s'est demandé si telle ou telle forme d'aphasie récupérait mieux qu'une autre, dans le second cas on a par exemple comparé la récupération de la compréhension orale et celle de l'expression orale.

En ce qui concerne le type d'aphasie, il semble que la récupération soit meilleure en cas d'atteinte antérieure provoquant une aphasie de Broca. C'est en ce sens que concluent Weisenburg et McBride (1935), Butfield et Zangwill (1946), Wepman (1951), Marks et al. (1957), Godfrey et Douglass (1959), Kohlmeyer (1976), Messerli et al. (1976), Kertesz et McCabe (1977).

Par ailleurs, comme nous l'avons signalé plus haut, les aphasies globales semblent récupérer moins bien que les autres. Ces conclusions générales sont cependant à nuancer et à compléter par d'autres données. Ainsi Basso et al. (1975) sur une population de 131 aphasiques rééduqués et non rééduqués ne trouvent pas de différence selon le type d'aphasie (Broca ou Wernicke), mais la mesure des progrès effectués se limite à un examen de l'expression orale (description et dénomination). De même il est curieux que Gloning et al. (1976) trouvent qu'une dysarthrie sévère soit d'un mauvais pronostic pour la récupération et pas la présence du jargon sévère ou de troubles sévères de compréhension: les faits qu'ils mettent en évidence iraient, en effet, plutôt dans le sens d'une meilleure récupération des aphasies sensorielles.

Conclusions générales et limites temporelles de la récupération

Comme certains auteurs l'ont clairement pressenti (Goodfrey et Douglass, 1959; Messerli et al., 1976; Sarno, 1976), l'analyse des variables intervenant dans la récupération post-lésionnelle est extrêmement délicate à entreprendre. Nous reprenons la plupart d'entre elles dans le tableau.

Variables intervenant dans la récupération post-lésionnelle

variables générales	variables spécifiques	
	neurologiques	comportementales
1. âge du sujet	1. type de lésion	1. gravité des troubles
2. état de santé général	2. mode d'installation	2. nature des troubles
3. dominance cérébrale	de la lésion	
4. sexe	3. étendue et	
5. environnement pré-, per- et post-lésionnel	localisation	

A ces variables principales s'en ajoutent encore quelques-unes, comme, par exemple, la présence ou l'absence de troubles associés, la personnalité antérieure du patient, sa motivation à récupérer, la prise de conscience des troubles, etc. Ces variables seront évoquées lors de la présentation des travaux rééducatifs, mais il est utile de rappeler ici leur existence et leur influence probable sur la récupération. Non seulement ces variables sont nombreuses mais de plus elles ne sont pas indépendantes. En effet, nous avons à plusieurs reprises indiqué quelques-unes de ces interactions et un simple parcours des rubriques présentées au tableau I suffira à convaincre le lecteur. Ainsi en considérant la première variable « âge du sujet » on rappelera qu'elle n'est sans liaison ni avec l'environnement pré-, per- et post-lésionnel, ni avec le type de lésion, et des interactions de cet ordre existent entre *toutes* les variables. Il y a donc un réseau complexe d'interdépendance et la solution au problème du pronostic ne pourra être trouvée que lorsque ces interactions seront quelque peu éclaircies. Il reste ici un travail énorme à accomplir. Par ailleurs, des difficultés méthodologiques s'ajoutent encore à ce constat un peu négatif, il s'agit des critères utilisés dans l'appréciation de quasi toutes les variables énoncées (le sexe excepté!). Même la variable âge, pourtant appréciable de façon objective par chacun, fait problème et d'une recherche à l'autre les groupes constitués se dispersent de façon variable autour de moyennes différentes. Enfin une difficulté méthodologique supplémentaire oblige à reconsidérer tous les résultats présentés jusqu'ici, c'est la variable temporelle. Nous allons nous y arrêter un instant. Quand on parle de récupération spontanée ou de progrès obtenus en rééducation, il est une information essentielle à fournir: c'est le moment où l'on a mesuré l'étendue des déficits et le moment où l'on a évalué la récupération. A ce propos aussi on rencontre une assez importante diversité dans la littérature. Si l'on suggère à titre hypothétique que la récupération spontanée est un processus à vitesse variable dans le temps et qui s'amortit progressivement, le moment où le premier tableau pathologique est enregistré doit évidemment être clairement précisé.

En consultant la figure 3, on se rend immédiatement compte que plus l'examen a été pratiqué tôt plus les chances de voir apparaître un progrès lors d'un contrôle ultérieur sont élevées. L'amplitude de la récupération spontanée est donc liée à la date où s'effectue le premier bilan post-lésionnel.

Une autre question est de savoir quand s'arrête la récupération spontanée. Ce deuxième repère temporel est essentiel car, comme nous le verrons plus loin, il permet de différencier les bénéfices comportementaux dus à la rééducation en tant que telle et ceux à mettre sur le compte d'une réorganisation neurophysiologique «quasi-endogène». Nous n'analyserons pas ici dans le détail cette question des limites temporelles de la récupération spontanée, car nous réexaminerons le problème plus en détail au chapitre suivant. Nous nous limiterons à rappeler qu'il semble acquis, en ce qui concerne le langage, que la récupération spontanée s'installe pendant une période d'environ six mois et qu'ensuite les progrès obtenus ne sont plus évidents (Vignolo, 1964). A certains égards ce constat est à considérer avec prudence, car d'autres faits cliniques ne vont pas dans le même sens. Ainsi par exemple, dans le cadre des troubles post-lésionnels des activités mnésiques, plusieurs cas, non rééduqués, examinés à Liège, témoignent de périodes de récupération spontanée beaucoup plus longues s'étalant parfois sur plusieurs années (voir aussi à ce propos un travail récent de Lezak, 1979). La question soulevée par les limites de la récupération spontanée est en fait double: méthodologique et théorique. Sur son versant méthodologique la question la plus délicate est celle de la sensibilité des tests de langage. En effet, ceux-ci sont certes capables de diagnostiquer un type d'aphasie déterminée et d'en indiquer grossièrement le degré de gra-

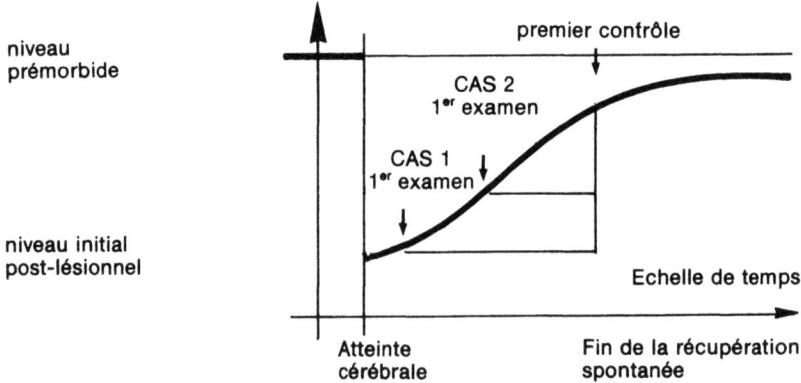

Figure 3. Limites temporelles de la récupération, le problème du moment du bilan initial.

vité, mais il n'est pas évident qu'ils soient en mesure d'évaluer avec suffisamment de finesse des modifications plus subtiles de l'activité verbale (comme la fluidité, le tempo d'énonciation, la richesse lexicale, etc.). Les progrès plus étalés dans le temps de la récupération des activités mnésiques tiennent peut être au fait que les tests de mémoire auxquels on soumet les patients sont difficiles aussi pour des sujets normaux. Ce sont en fait des tests d'efficience et leur sensibilité est de ce fait plus grande. Ainsi on observe fréquemment chez des aphasiques ayant bien récupérés des difficultés résiduelles s'exprimant par exemple aux épreuves de mémoire verbale ou à la partie verbale de la WAIS*. On ne dispose aujourd'hui d'aucune étude à long terme portant sur 4 ou 5 ans chez des sujets aphasiques à des épreuves verbales de haut niveau. La période de six mois marquant la fin de la récupération spontanée n'est donc peut-être qu'un indice d'insensibilité relative de nos examens du langage.

Le second problème est d'ordre théorique et concerne la définition de la récupération spontanée et son opposition à la rééducation. Nous consacrerons le chapitre suivant à cette question et aux moyens qu'il est possible de mettre en oeuvre pour comparer ces deux processus considérés un peu trop rapidement comme distincts.

* (Echelle d'Intelligence pour Adultes de Weschler).

Notes

[1] Nous verrons au chapitre II qu'on a développé en psychologie de l'apprentissage des méthodes permettant d'indiquer si un progrès observé est dû à une thérapie ou s'il en est indépendant.

[2] S.N.C. = Système Nerveux Central.

[3] On rappelera que chez la très grande majorité des sujets adultes c'est l'hémisphère gauche qui soustend l'essentiel des activités langagières.

[4] Hémisphérectomie : opération neurochirurgicale consistant à ôter tout un hémisphère cérébral.

[5] Ces remarques visent moins à indiquer la qualité inconstestable de ces deux recherches qu'à indiquer combien chaque variable est difficile à cerner avec précision et combien aussi l'analyse statistique si elle est trop élémentaire peut fournir de mauvaises réponses à de bonnes questions.

[6] On ajoutera encore que définir un milieu prélésionnel comme étant « normal » est une chose bien délicate et non exempte de jugements de valeur plus ou moins explicites.

[7] Selon Finger (1978), Dax aurait déjà signalé ce fait dans son célèbre autant que discuté mémoire. Von Monakov a rapporté le cas de lésions tumorales à décours lent occupant la zone de Broca sans provoquer d'aphasie et Riese a apporté quelques observations allant dans le même sens d'un effet diminué des lésions lentement progressives.

[8] Certains auteurs se demandent d'ailleurs si la meilleure récupération observée pour les cas d'aphasies de l'enfant n'est pas liée au caractère traumatique des lésions. Et plusieurs auteurs signalent la mauvaise récupération des aphasies de l'enfant par lésions vasculaires.

[9] Luria ne précise pas l'âge moyen de sa population, mais l'examen des nombreux cas cliniques présentés semble indiquer qu'il s'agit en grande majorité de sujets jeunes (20 à 35 ans).

[10] Des travaux récents utilisant l'Emiscanner soulignent également le rôle de l'étendue de la lésion sur la sévérité de l'aphasie. Mohr et al. (1978) indiquent que des lésions importantes de la division supérieure du territoire de l'artère cérébrale moyenne entraînent des troubles plus persistants que des lésions plus petites à la localisation identique. Kertesz et al. (1979) confirment ce résultat et montrent l'existence d'une corrélation significative entre l'étendue de la lésion et la sévérité de l'aphasie; par contre, la récupération du langage mesurée trois et six mois après l'atteinte n'est corrélée avec la taille de la lésion que pour la compréhension auditive. Ces résultats seront à apprécier sur une plus grande population de patients et sont limités aux atteintes vasculaires.

[11] Ce mélange au niveau des critères est quasi inévitable car une forme d'aphasie comme l'aphasie globale (ou totale) altère nécessairement plus la communication qu'une aphasie amnésique.

Chapitre 2
Récupération « spontanée »
ou « rééducation » ?

Préambule

Une manière classique de poser la question des relations entre la « récupération spontanée » et la « rééducation » consiste à dire de la première qu'elle dépend de réajustements neurophysiologiques endogènes et de la seconde qu'elle est le résultat d'une intervention thérapeutique plus ou moins organisée. Cependant, l'utilisation d'une dichotomie endogène/exogène masque la réalité plus complexe des faits. En effet, dès après une atteinte cérébrale le patient se trouve placé dans un environnement déterminé, et cet environnement est constitué d'un ensemble de stimulations qui influencent le fonctionnement de son S.N.C. La récupération spontanée n'est donc pas un processus strictement endogène, qui se produirait dans un environnement vide en stimulations de toutes sortes [1]. A la limite, si l'on voulait mettre en évidence l'existence d'une récupération spontanée strictement endogène chez un sujet aphasique, il faudrait placer le patient dans un environnement vide de toutes stimulations verbales ! Personne bien sûr n'oserait entreprendre une telle expérience de déafférentation. Il résulte de ceci que, dans la plupart des travaux, la comparaison se fait entre la récupération qui apparaît sans rééducation et celle qui survient lorsqu'une rééducation est entreprise. De ce fait, ce qui est à démontrer c'est qu'un *environnement rééducatif* (i.e. avec des exercices précis, des mobilisations provoquées, des stimulations soigneusement agencées, etc.) est plus profitable au patient qu'un environnement non contrôlé et non organisé dans un but rééducatif par des spécialistes. De plus, dans nombre de recherches, ce que l'on compare quand on tente de prouver l'efficacité de la rééducation c'est un environnement rééducatif particulier à des environnements non-organisés (le plus souvent non-précisés). Souvent aussi les chercheurs généralisent abusivement au terme d'une recherche en concluant à l'utilité ou à la non utilité de la rééducation, comme si la rééducation particulière pratiquée par leur équipe pouvait constituer un prototype acceptable de toutes les rééducations ! Enfin, et nous reviendrons sur ce point plus tard, lorsqu'on tente une comparaison entre récupération spontanée et rééducation, la nature des groupes constitués (rééduqués versus non-rééduqués) est à examiner avec soin et nous verrons qu'il est difficile à ce propos d'échapper à toute critique. Ces réserves en mémoire, nous pouvons aborder le problème capital de l'utilité ou non de la rééducation et les réponses qu'il est possible d'apporter concrètement à cette question.

Considérée du point de vue de l'action thérapeutique, la question que nous soulevons dans ce chapitre est simple : les progrès observés en cours de thérapie sont-ils dus à la rééducation entreprise ou à la récupération spontanée ? Le risque existe, en effet, d'accepter un patient en rééducation, d'observer les progrès qu'il accomplit et d'en attribuer sans plus les mérites à la méthode rééducative utilisée [2]. Cette question est d'autant plus pertinente qu'il n'est sans doute pas très indiqué d'attendre qu'un patient n'accomplisse plus « spontanément » de progrès pour commencer le travail thérapeutique. En période initiale, le thérapeute n'a donc guère la possibilité de déceler dans les progrès qu'il observe ce qui est dû à son intervention et ce qui en est indépendant. Comment alors établir l'utilité et l'efficacité de la rééducation ? Plusieurs paradigmes sont théoriquement praticables. Nous les examinerons brièvement en soulignant leurs limites de praticabilité et en indiquant au passage l'existence de travaux inspirés de ces paradigmes.

Comparaison groupe rééduqué - groupe non-rééduqué

La méthode la plus directe et la plus banale consiste à comparer des patients rééduqués et des patients non rééduqués. Cette comparaison n'est bien sûr légitime que si les deux groupes constitués sont comparables à tous égards (âge, sexe, niveaux socio-culturels, type, nature et étendue de la lésion, type et nature des troubles, etc.)

Cependant, dans la pratique clinique courante, une démarche de ce type est souvent difficile à entreprendre. D'une part au niveau éthique, il existe aujourd'hui un fait sociologique évident : l'attente du public face aux thérapeutes. Tant qu'il n'aura pas été démontré que la rééducation est inefficace, il semble difficile de s'opposer à cette attente et de priver certains patients de rééducation [3]. De plus quand

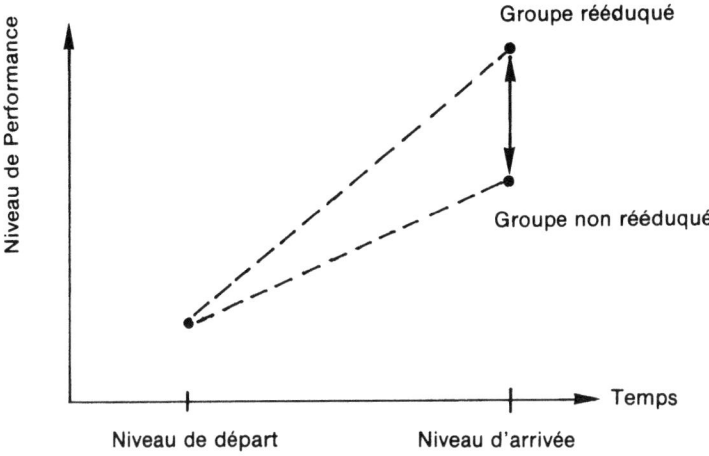

Figure 4. La comparaison entre un groupe rééduqué et un groupe non rééduqué. La différence entre les deux niveaux de performance en fin de rééducation serait un indice de son efficacité.

certains auteurs ont tenté cette démarche de façon un peu autoritaire ils ont éprouvés quelque difficulté à la mener à son terme correctement. Ainsi Newcombe (1976) signale que lorsqu'on a tenté dans un hôpital anglais de constituer, dans un but de recherches thérapeutiques, deux groupes - un de patients à rééduquer et un de patients soustraits à la rééducation - certaines infirmières ont été indignées par la réalisation d'une telle dichotomie, et elles ont tenté de remédier au mieux à cette «injustice» en stimulant davantage le groupe des patients non rééduqués! Cette remarque de Newcombe peut sans doute s'étendre à toutes les situations où deux groupes rééduqués/ non rééduqués sont constitués et où les milieux familiaux sont impliqués. Il n'est en effet pas interdit de penser que, quand aucune rééducation n'est proposée, le milieu familial se sente seul responsable des progrès du patient et que dans certains cas au moins il soit plus actif que lorsqu'il peut se «reposer» sur l'action d'un thérapeute spécialisé.

Une autre solution pour constituer ces deux groupes est celle pratiquée par Vignolo (1964) et Gloning et al. (1976); elle consiste à laisser se constituer de tels groupes sur des bases en quelque sorte géographiques: les patients non rééduqués sont ceux pour lesquels il a été impossible de mettre en place une thérapie pour des raisons d'éloignement géographique et/ou de difficultés à utiliser des moyens de transport pour amener le patient au centre où se pratiquent les traitements rééducatifs. C'est encore Newcombe (1976) qui indique les limites de ce procédé, car, souligne cet auteur, le groupe des patients non rééduqués est alors différent du point de vue socio-économique puisqu'il contient une majorité de patients habitant à la campagne ou d'origine urbaine mais ne disposant pas de moyens financiers suffisants pour assurer leur déplacement. Si ces deux éléments jouent un rôle important dans la sélection des deux groupes, on comparerait alors des patients rééduqués citadins à des patients non rééduqués d'origine rurale ou économiquement faible. Et ces variables additives non contrôlées pourraient expliquer les différences observées.

A ces réserves, il convient encore d'ajouter que dans la plupart des cas (dans les centres bien organisés en tout cas!) on propose aux proches parents d'un patient qui ne pourra se rendre aux séances de rééducation un certain nombre de conseils pratiques permettant de réaliser une rééducation minimale « at home », les « non-rééduqués » ne sont donc pas laissés complètement sans programme rééducatif.

Mais ces remarques ne conduisent pas d'office au rejet des conclusions de Butfield et Zangwill (1946), Vignolo (1964) et Gloning et al. (1976) qui observent un effet positif de la rééducation. Il reste en effet à démontrer qu'appartenir à un milieu économiquement faible ou à un milieu rural est d'office un indice de mauvais environnement sociolinguistique. On peut tout aussi bien penser par exemple que les structures familiales sont plus solides dans les milieux ruraux, que les échanges verbaux y sont plus simples, de caractère plus répétitifs et qu'ils sont peut-être de ce fait plus efficaces. Les remarques de Newcombe indiquent cependant que ce paradigme n'est pas le plus adéquat pour différencier les effets dus à la rééducation de ceux à mettre sur le compte de la récupération spontanée, la constitution des deux sous-groupes présentant un biais dont on ne peut actuellement mesurer ni l'importance, ni la direction.

Comparaison de deux méthodes de rééducation différentes ou paradigme inter-groupes

Cette technique, bien que banale en soi, a été très peu pratiquée jusqu'à présent au moins dans un même centre. Et ici, à nouveau, il est utile d'avoir au départ deux groupes correctement constitués. La comparaison de deux (ou plusieurs) méthodes différentes peut être soit quantitative, — on compare alors un niveau d'efficience atteint, — soit (et c'est souvent plus intéressant) qualitative : après la rééducation on analyse le répertoire comportemental des patients et on en décrit le plus fidèlement possible les caractéristiques. Il est clair que si des différences qualitatives sont observées après l'application de deux rééducations différentes on ne peut attribuer ces différences à la seule récupération spontanée. Les paramètres à bien contrôler dans ce type de comparaison sont évidemment la durée, la fréquence et le nombre de séances de rééducation (à moins bien sûr qu'un de ces paramètres ne fasse l'objet de l'analyse comparative). D'un point de vue pratique, l'obstacle habituellement rencontré est ici le fait que chaque centre est convaincu du bien fondé de ses méthodes et ne ressent (hélas) pas le besoin d'en essayer d'autres. La comparaison de différentes méthodes de rééducation passe alors souvent par l'obligation de comparer entre eux des travaux réalisés par des équipes thérapeutiques différentes. Mais, ces comparaisons sont soit impossibles, soit extrêmement périlleuses, car deux recherches thérapeutiques menées dans deux centres différents diffèrent souvent à de nombreux points de vue et il devient de ce fait très difficile d'isoler le rôle causal des variables pertinentes.

Quelques recherches cependant ont utilisé ce paradigme ou ont été réalisées auprès de patients suffisamment proches pour en permettre l'application. Un modèle de ce type de recherche est le travail de Beyn et Shokkor-Trotskaya (1966). Ces auteurs, dans une recherche déjà ancienne, proposent de distinguer dans la sémiologie aphasique les troubles primaires - c'est-à-dire apparaissant immédiatement après l'atteinte cérébrale - et les troubles secondaires - c'est-à-dire apparaissant en cours d'évolution -. Selon ces auteurs les troubles secondaires seraient en relation causale avec les troubles primaires. Si tel est le cas, les auteurs suggèrent qu'il est utile d'installer des procédures rééducatives tenant compte des troubles secondaires *avant que ceux-ci n'aient fait leur apparition*. Ils proposent donc l'utilisation d'une méthode *rééducative préventive*. Cette méthode consiste à mettre en place des procédures de rééducation qui tiennent compte non seulement des troubles présents, mais aussi des troubles à venir. Pour démontrer le bien fondé de cette hypothèse les auteurs administrent, à des sujets atteints d'une aphasie de Broca, deux rééducations différentes: l'une habituelle qui ne s'occupe que du répertoire actuel du patient, l'autre préventive qui anticipe sur les troubles à venir. L'anticipation porte ici sur l'agrammatisme (4) qui se présente souvent comme une caractéristique évolutive de l'aphasie de Broca. Dans la rééducation classique d'une aphasie de Broca, l'effort thérapeutique porte d'abord sur des activités comme la dénomination d'images, ensuite on familiarise le patient avec les verbes, on passe enfin à l'émission de courtes phrases, etc. Dans la méthode préventive, recommandée par les auteurs, dès avant l'apparition de tout langage (donc quand le patient est encore mutique) on veille à administrer des énoncés qui présentent à une très haute fréquence les éléments absents dans le langage agrammatique. Ainsi, on évite les substantifs sous forme nominative, on utilise des mots ayant valeur de sentence (Oh! Non, Ici, Ceci, Donne, Prends, Merci, etc.), les verbes sont immédiatement présentés conjugués et les pronoms sont préférés aux substantifs. Cette méthode a été administrée à quelque 25 patients aphasiques pendant 2 à 6 mois pour 22 d'entre eux et pendant 1 à 2 ans pour les 3 autres. Chez aucun des malades rééduqués par la méthode préventive on n'observe l'apparition d'un style télégraphique, mais 64 % des patients présentent encore de discrets signes d'agrammatisme, tandis que 36 % n'ont de difficultés que dans l'utilisation des prépositions. Les données les plus intéressantes sont représentées à la figure 5 où les auteurs comparent qualitativement les performances de 4 patients - 2 rééduqués par la méthode traditionnelle et 2 par la méthode préventive. L'analyse des énoncés émis par les patients rééduqués au moyen de la méthode préventive montre l'apparition à plus haute fréquence des petits mots « outils » de la phrase (adverbe, adjectif, pronom, etc.) tandis que les énoncés des patients rééduqués par la méthode classique gardent un caractère nominatif [5] évident.

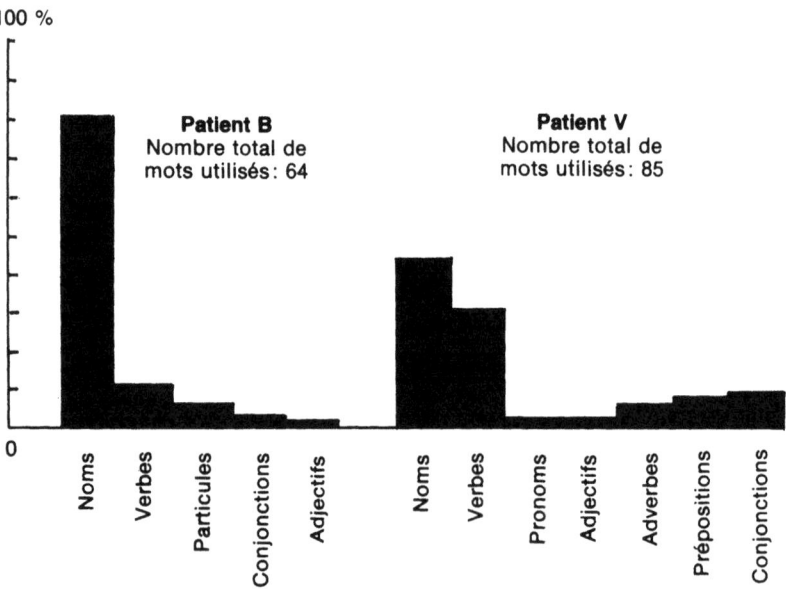

Figure 5. Analyse morphologique des unités lexicales produites par deux patients agrammatiques 4 mois après l'accident cérébral. Le patient B est rééduqué par une méthode traditionnelle: il émet très peu d'autres éléments que les noms. Le patient V, rééduqué par la méthode préventive, émet davantage de verbes, de conjonctions, de prépositions et d'adverbes. La structure morphologique de ses phrases est proche de celle des sujets normaux. (D'après Beyn et Shokkor-Trotskaya, 1966.)

D'autres travaux (Sarno et al., 1970; Seron et al., 1979) ont utilisé le même paradigme avec d'ailleurs plus ou moins de succès dans la démonstration de l'efficacité de la méthode rééducative utilisée. A maints égards, pour autant qu'il soit pratiqué dans le même centre, ce paradigme nous paraît le meilleur; il a en outre l'avantage de stimuler la recherche de rééducations plus efficaces. Il comporte cependant certains pièges à éviter. D'abord, il semble utile que les thérapeutes pratiquant la rééducation classique, c'est-à-dire celle habituellement utilisée dans le centre, ne soient pas trop au courant de la nouvelle rééducation entreprise : ils risquent autrement de modifier leurs pratiques rééducatives et de les rapprocher inconsciemment du nouveau programme en cours (cf. à ce propos Sarno et al., 1970). Par ailleurs, il faut s'assurer que les thérapeutes pratiquant la nouvelle méthode ne dépassent pas par enthousiasme inconsidéré les critères temporels qui leur ont été prescrits, autrement on attribuera à des différences de méthodes des résultats simplement dus à une différence dans la durée ou la fréquence des exercices !

La comparaison de deux méthodes différentes appliquées en succession sur le même patient (paradigme temporel successif)

Cette pratique est extrêmement courante mais elle est rarement systématisée. Un thérapeute commence avec ses méthodes habituelles la rééducation d'un patient. Après un certain temps, il n'observe plus aucun progrès; il change alors selon son intuition du moment certains aspects de la thérapie; de nouveaux progrès peuvent résulter de ce changement. Si la période de récupération spontanée a pris fin et s'il est démontré que le patient stagnait depuis un certain temps à un certain niveau de performance, les nouveaux progrès ainsi obtenus sont à attribuer à la nouvelle méthode rééducative appliquée. Nous avons dans différents centres rencontrés des thérapeutes s'avérant incapables de démutiser un patient atteint d'une aphasie de Broca par des moyens traditionnels et entamant alors une thérapie mélodique [6] ou des thérapeutes incapables de faire progresser un patient atteint d'une aphasie totale et pratiquant une méthode d'apprentissage s'inspirant des travaux de Premack [7]. Cette pratique est donc courante.

Ce paradigme est intéressant, mais pas plus que les précédents il n'est à l'abri d'erreurs méthodologiques. En premier, il semble important que ce soit le même thérapeute qui administre la seconde méthode. En effet, c'est un fait clinique courant (mais peu étudié) qu'un changement de thérapeute peut avoir dans certains cas un effet bénéfique. Par exemple, le nouveau thérapeute peut être plus motivé que l'ancien, ou utiliser à l'intérieur d'une même méthode des moyens d'approches plus efficaces, etc. On risque donc, si on ne

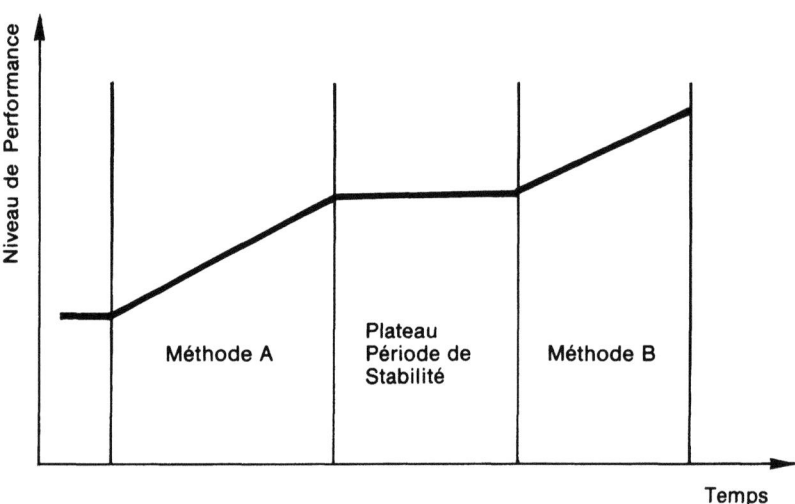

Figure 6. Paradigme Temporel successif

prend pas garde à cette donnée, d'attribuer à la nouvelle méthode des effets simplement dus au changement de thérapeute. De plus, la fiabilité de ce paradigme dépend bien sûr de la consistance de la période de stabilité qui précède l'application d'une seconde méthode de rééducation. Certains patients peuvent présenter une courbe instable de progrès et la courbe positive des progrès obtenus lors de l'application de la seconde méthode devient alors ininterprétable. Enfin, et c'est un truisme : l'application d'une seconde méthode doit nécessairement se faire après la période des 6 mois de récupération spontanée.

Le paradigme ABA et ABAB (technique du reversal)

Classiquement, en psychologie de l'apprentissage, ce paradigme consiste à suspendre à un moment donné l'intervention et à voir si on observe un arrêt des progrès, à reprendre ensuite la thérapie et à voir si on assiste à une reprise des progrès. Bien que d'utilisation courante dans la recherche expérimentale sur les apprentissages animaux et bien que largement utilisé en réadaptation humaine par les anglo-saxons (Sidman, 1960), ce paradigme a été fort peu utilisé en rééducation neuropsychologique. Comme le souligne à juste titre La Pointe (1978), l'application de ce paradigme exige l'établissement préalable d'une « ligne de base comportementale ». La ligne de base consiste à établir avant le traitement un niveau d'efficience (A) dans la tâche considérée (c'est le pré-test) ensuite à effectuer en cours de traitement une deuxième évaluation (B). La comparaison A - B nous indique si le traitement est efficace. Mais pour démontrer que les progrès obtenus sont bien dus au traitement on suspend la rééducation pendant un certain laps de temps et on procède à une troisième mesure (A). Si le niveau de performance indique un retour à la ligne de base ou se stabilise (plateau) on a une indication beaucoup plus nette de l'influence exercée par le traitement (figure 7).

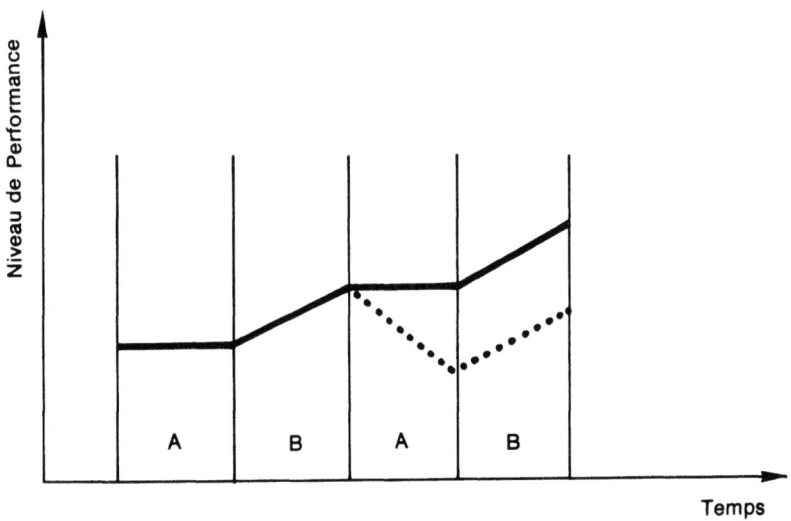

Figure 7. Paradigme ABA ..., en pointillé le niveau de performance se péjore pendant la suspension du traitement.

On peut bien sûr reprendre à nouveau le traitement et si la seconde mesure faite pendant la reprise du traitement indique de nouveaux progrès la démonstration de l'effet du traitement peut-être considérée comme établie. Cependant, deux remarques s'imposent :

1. l'application de ce paradigme exige au départ une ligne de base stable. La première mesure (A) pré-traitement ne peut donc être faite ni pendant la période de récupération spontanée, ni d'une manière générale en une seule occasion.

2. l'utilisation de ce paradigme pose un problème déontologique évident : la suspension de la thérapie peut avoir pour effet un retour à la ligne de base et cela peut décourager le patient et rendre les réacquisitions ultérieures beaucoup plus difficiles. Cette deuxième remarque devrait faire réfléchir tous les thérapeutes car le paradigme ABA est en fait pratiqué par tous non intentionnellement en période de vacances. Dans certains cas, il y aurait sans doute intérêt à maintenir une thérapie même minimale pour empêcher que ne s'installe une régression comportementale. L'influence de l'arrêt de la théra-

pie pendant la période de vacances a été jusqu'à présent négligée et aucune recherche précise n'a à ce jour analysé cette question.

Pour pallier les inconvénients liés à l'utilisation d'un paradigme global ABA, La Pointe (1977, 1978) suggère l'établissement de lignes de base multiples. La logique de la méthode peut se résumer comme suit : on établit des lignes de base se rapportant à des comportements distincts. Par exemple chez un sujet aphasique on peut avoir des lignes de base concernant la répétition orale, la lecture, la dénomination, etc. Lorsque ces lignes de base paraissent stables on entreprend le travail thérapeutique sur un des comportements et on analyse l'évolution des différentes lignes de base. Ensuite, quand on suspend le premier traitement thérapeutique, on en entame un autre. De cette manière l'effet de sous-programmes thérapeutiques peut être évalué. La thérapie n'est pas interrompue et ces lignes de base multiples peuvent également nous renseigner utilement sur les transferts d'apprentissage d'une tâche à une autre. Nous reviendrons plus en détail sur l'établissement de ces lignes de base multiples lorsque nous examinerons les principes méthodologiques mis en avant par les thérapeutes s'inspirant du conditionnement opérant.

En conclusion donc, il existe diverses manières de prouver l'efficacité de la rééducation, soit en comparant des patients rééduqués à des patients non-rééduqués, soit en comparant entre eux des patients semblables mais ayant subi différents traitements, soit encore en utilisant le patient comme son propre contrôle. Chacune de ces méthodes a ses contraintes propres, les deux premières présentant surtout des contraintes dans la sélection de groupes homogènes. Avant d'aborder le problème de l'évaluation pré-rééducation, il nous semble aussi utile de rappeler combien peu on a aujourd'hui de recherches en neuropsychologie sur l'effet différé des rééducations. Dans la plupart des recherches les contrôles visant à démontrer l'efficacité de la rééducation sont réalisés soit immédiatement soit au mieux 1 ou 2 mois après la rééducation. Or toute la littérature sur l'effet des thérapies psychologiques nous indique combien les mesures différées sont importantes car il est très rare de voir une méthode thérapeutique compter, deux ans plus tard, encore autant de pourcentages de réussite que ceux présents lors d'un contrôle immédiat. Ce problème de l'évaluation différée pose d'ailleurs la question plus générale du moment de l'arrêt d'une rééducation. Il est possible en effet qu'en poursuivant une rééducation au-delà de la période de progrès (c'est-à-dire quand le patient plafonne à un niveau) on consolide néanmoins les acquis; cela, seule une évaluation différée est en mesure de l'indiquer.

Notes

[1] Voir en outre, au chapitre 1, ce que nous avons dit du rôle de l'environnement prélésionnel.

[2] Ce problème ne se pose pas qu'en neuropsychologie et tout thérapeute, quel que soit son domaine d'intervention, doit résoudre cette question. En ce qui concerne, par exemple, les troubles du langage en période de développement, dans bien des cas on traite des dyslexies ou des retards simples de langage et on s'attribue les mérites des progrès observés alors que ces troubles se seraient résorbés d'eux-mêmes sans intervention.

[3] A partir du moment où le public connaît l'existence de procédés thérapeutiques, il a droit à y avoir accès. Par ailleurs, il ne faut pas négliger les aspects supportifs de la rééducation neuropsychologique, aspects souvent négligés dans les évaluations comportementales des progrès, mais dont l'existence est plus que probable. Une rééducation peut donc être inefficace du point de vue de son objectif cible - le comportement à traiter - et présenter tout de même de l'intérêt pour le patient (ne pas se sentir seul, éviter une réaction dépressive, apprendre à accepter son handicap, etc.).

[4] L'agrammatisme décrit des énoncés où l'ordre d'apparition des mots dans la phrase est respecté mais où la structure grammaticale est simplifiée, notamment par la suppression des articles, l'absence de monème fonctionnel, la non conjugaison des verbes, etc. On a parfois par analogie parlé de style télégraphique.

[5] La langue russe connaît des flexions du mot, dans le parlé agrammatique, il y a une tendance à utiliser le cas nominatif et à ne pas utiliser les flexions des 5 cas obliques.

[6] Cf. chapitre 8 pour un exposé succint de ces méthodes.

[7] Cf. chapitre 6 pour un exposé succint de ces méthodes.

Chapitre 3
L'évaluation prérééducation

Dans l'analyse des troubles neuropsychologiques, il règne encore aujourd'hui une assez grande hétérogénéité. Celle-ci se manifeste surtout dans la diversité des méthodes utilisées pour l'évaluation des désordres comportementaux. Ce constat ne s'applique pas qu'aux troubles du langage, il concerne aussi l'examen des troubles praxiques, gnosiques, mnésiques, intellectuels et attentionnels. En effet, chaque centre neuropsychologique important utilise sa propre batterie de tests, dont la composition est le résultat de conventions locales, des intérêts théoriques de l'équipe de recherche en place et du temps variable dont disposent les cliniciens pour pratiquer leurs examens. En ce qui concerne les troubles du langage, le problème se complique encore du fait que d'un pays à l'autre les langues concernées sont différentes et, par exemple, l'utilisation dans les pays francophones d'épreuves de langage s'inspirant de tests anglosaxons exige un travail de traduction souvent délicat à entreprendre [1]. Cet état de désordre relatif n'est sans doute pas modifiable à brève échéance, car la plupart des instruments de mesure utilisés en neuropsychologie ont un caractère extrêmement précaire. Le plus souvent construits sur ce que l'on sait actuellement de la sémiologie et de la logique des troubles neuropsychologiques, ces tests font l'objet de révisions et d'adaptations fréquentes. C'est donc l'évolution rapide de la recherche en neuropsychologie qui s'oppose à une standardisation trop rapide des examens neuropsychologiques. A trop vite standardiser l'examen neuropsychologique, on court le risque de le figer dans un cadre étroit et rapidement désuet.

A ces différences qui concernent les instruments de mesure des troubles, il faut encore ajouter celles qui se rapportent aux diagnostics posés. Ceux-ci varient souvent d'un centre à un autre et il faut une connaissance approfondie de la neuropsychologie pour savoir à quoi par exemple, fait référence l'aphasie efférente motrice de Luria dans la classification des aphasies en usage à Boston ou à Paris ! On pourrait sans difficulté multiplier des exemples de ce type.

Cette hétérogénéité n'est cependant que relative et tout le monde accepte aujourd'hui l'idée qu'un examen sérieux des troubles aphasiques doit comporter une analyse du langage écrit et oral sur les plans expressif et réceptif, étudier les différentes transpositions (audiographique, audiarticulatoire, visuographique, etc.) et analyser les différents niveaux de l'activité langagière (phonologie, syntaxe, sémantique lexicale et structurale). De même, tout examen de la mémoire pratiqué en neuropsychologie établit des distinctions selon le caractère échoïque, à court terme ou à long terme de l'activité mnésique, distingue l'évocation de la reconnaissance et contient des épreuves verbales et non verbales (sur toutes ces questions voir Lezak, 1976). En outre, la variabilité des diagnostics n'interdit pas toutes possibilités de rapprochement entre des travaux différents, la plupart des auteurs définissant avec précision leur classification, et explicitant leurs critères sémiologiques. Le libellé des troubles est cependant une information largement insuffisante et beaucoup trop de recherches rééducatives se contentent encore de donner le diagnostic de départ sans indiquer en même temps les moyens utilisés pour y parvenir. On peut en effet penser que tant qu'une classification universelle des troubles neuropsychologiques n'existera pas, les travaux rééducatifs auront intérêt à indiquer le plus soigneusement possible les bases comportementales sur lesquelles le diagnostic a été posé.

Mais l'évaluation pré-rééducation ne porte pas que sur la nature des troubles, elle concerne aussi leur gravité. Nous avons déjà signalé au premier chapitre (p. 37) l'ambiguïté actuelle de ce concept qui porte, en ce qui concerne le langage, tantôt sur la gravité de l'aphasie, tantôt sur des conduites verbales d'un type particulier, tantôt sur des activités de communication (verbales et non verbales) recueillies dans des situations naturelles plus ou moins standardisées. Nous allons à présent aborder en détail quelques-uns de ces problèmes en limitant notre analyse aux troubles du langage, car c'est le seul domaine pour lequel nous disposons aujourd'hui d'assez d'informations.

Test de diagnostic et/ou test pré-rééducatif: le problème de la sensibilité des épreuves

Il ne nous paraît pas évident que l'examen d'un patient dans le but d'établir le diagnostic de ses troubles, et l'examen qui précède une rééducation doivent être confondus. En fait, l'examen ayant pour objet de diagnostiquer un type précis d'aphasie est surtout orienté vers l'établissement d'un profil général de l'activité langagière. Et si l'on se place dans la grille d'analyse suggérée par quelques auteurs anglosaxons contemporains (Benson et Geschwind, 1971; Goodglass et Kaplan, 1972; Boller et al., 1977, etc.), il s'agit en premier d'établir le caractère fluent ou non de l'aphasie et d'effectuer ensuite une seconde démarche classificatoire en comparant entre eux les différents systèmes afférents et efférents, les codes écrits et oraux et les niveaux linguistiques où se manifestent le mieux les perturbations. On diagnostique par exemple, l'aphasie amnésique sur la présence d'un manque du mot quasi isolé, et c'est la comparaison des performances en répétition orale et en compréhension auditive qui conduit soit au diagnostic d'aphasie de conduction, soit à celui d'aphasie transcorticale sensorielle. Si cette étape diagnostique est indispensable avant la mise en place d'une rééducation, car elle nous renseigne sur la structure des troubles, il n'est pas sûr que les comportements verbaux enregistrés dans ce cadre d'analyse le soient avec suffisamment de sensibilité pour qu'un progrès apparaissant après quelques mois de thérapie, puisse être enregistré. Cependant, certains tests davantage orientés vers l'établissement d'un niveau de performance quantifié au moyen d'échelles à plusieurs degrés ont été élaborés. Ces tests paraissent en meilleure position pour évaluer les progrès obtenus en cours de thérapie. Parmi eux, le plus connu est sans conteste le Porch Index of Communicative Ability[2], en abrégé PICA (Porch, 1967, 1971, 1973).

L'intérêt essentiel de ce test réside moins dans la nature des conduites verbales et non verbales sélectionnées que dans le système de cotation mis en place. En effet, dans ce test, toute conduite est évaluée au moyen d'une échelle de cotation à 15 points, qui prend en compte l'exactitude de la réponse, sa rapidité, son caractère complet ou partiel, et le fait qu'elle est ou non émise avec une aide extérieure. Prenons, (en suivant Martin, 1977), le cas d'une réponse orale émise à une épreuve de dénomination. Selon la réponse fournie au PICA, les cotes suivantes peuvent être attribuées:

15. dire *plume* devant l'image d'une plume, avec rapidité, carté et sans déformation (c'est la conduite normale)
14. si la réponse est déformée
13. si la réponse est correcte mais émise avec un délai
12. si la réponse est incomplète

11. en cas de réponse différée et incomplète
10. s'il y a une autocorection
9. si la réponse est correcte après répétition
8. si le patient a besoin d'informations complémentaires pour donner la bonne réponse
7. si le patient produit une réponse fausse mais en liaison avec le stimulus
6. pour une réponse erronée
5. pour une réponse intelligible
4. pour une réponse inintelligible
3. pour une réponse minimale (une émission verbale courte)
2. le patient essaie d'émettre quelque chose
1. le patient n'émet rien

Cette échelle d'évaluation est bien sûr très différente des cotations en tout (réussite) ou rien (échec) et un éventail assez large de conduites peut ainsi être recueilli. La sensibilité de cette épreuve à des changements comportementaux même lorsqu'ils sont de faible amplitude en indique donc tout particulièrement l'utilisation dans le contexte thérapeutique (voir Darley, 1972; Rosenbeck, 1978; Lapointe, 1978, etc.). Martin (1977) souligne cependant les limites du PICA en indiquant que, dans bien des cas, le patient émet non l'une des 15 réponses possibles, à l'exclusion de toutes les autres, mais un mélange de celles-ci. Cet auteur donne un exemple limite de cette éventualité: «supposons que le patient devant donner le mot plume, au début ne donne pas de réponse et qu'une répétition des instructions soit nécessaire (cote = 9); qu'il décrive ensuite l'objet (cote = 5); qu'une information additionnelle soit présentée (cote = 8); que le patient réagisse en donnant une réponse déformée (cote = 14) qui est un mot en liaison avec l'item cible, ex.: «encre» (cote = 7) et finalement que le patient émette une réponse incomplète (cote = 12)». Le score final sera, toujours selon Martin, 8, puisqu'une réponse a été donnée avec une aide. Mais poursuit cet auteur, en attribuant une cote unique, on a perdu dans l'enregistrement des résultats la gamme des conduites émises et qui allaient de 5 à 14. Par ailleurs, dans le même article, cet auteur met en question la prétention de ce test à mesurer des conduites réelles de communication. Il fait notamment remarquer qu'en standardisant les interventions de l'examinateur, on canalise le comportement du patient et la situation ainsi créée devient artificielle. Sans être aussi sévère que cet auteur qui propose l'abandon pur et simple du PICA, il faut cependant reconnaître que ses remarques critiques soulèvent quelques questions importantes en relation avec l'évaluation nuancée des déficits. La question essentielle doit selon nous se résumer comme suit: comment élaborer des épreuves sensibles aux changements même de faible amplitude, sans pour autant créer des tests soit d'une trop grande longueur d'administration, soit d'une telle sophistication au niveau de la cotation, que leur interprétation en devient fastidieuse. Le travail de réflexion le plus important à accomplir est sans doute d'une part celui de la sélection des items pertinents et d'autre part, celui de la sélection des changements que l'on décide d'enregistrer de manière différentielle. Martin suggère, par exemple, l'élaboration d'épreuves s'inspirant des travaux récents sur la communication verbale et non verbale humaine (Birdwhistell, 1970; Scheflen, 1970) afin de mieux saisir dans le détail les activités communicatives des patients. Nous reviendrons au paragraphe suivant sur les retombées possibles d'un tel projet. Pour l'instant, nous retiendrons à titre provisoire que les examens standards de l'aphasie qui utilisent le plus souvent des systèmes de cotation en tout ou rien sont trop peu sensibles pour apprécier, lors de retests successifs, l'existence de progrès en rééducation; le PICA, malgré ses limites évidentes, paraît à ce jour un candidat des plus valables. Et, si l'on désire élaborer d'autres systèmes de mesure plus sophistiqués, il faudra rester sensibles aux contraintes inhérentes au travail clinique, contraintes qui impliquent d'*aller à l'essentiel dans un temps raisonnable!*

Evaluation des conduites de communication: le PCF de Sarno

Le problème posé par des tests comme le PICA, c'est peut-être de vouloir courir deux lièvres à la fois: l'examen de l'aphasie dans le but de conclure à un diagnostic et l'examen des conduites de communication dans le but de cerner les effets du trouble du langage sur les échanges communicatifs. Certains travaux ont dissocié les deux pôles de l'analyse. C'est le cas notamment du Profil de Communication Fonctionnel de Sarno, qui mérite un commentaire détaillé. Ce test créé en 1965 par Sarno-Taylor (Taylor, 1965, Sarno, 1969) n'a pas pour objectif de se substituer aux tests cliniques classiques à visée diagnostique. Son objectif avoué est d'identifier et si possible de quantifier la communication (verbale et non verbale) résiduelle des patients aphasiques dans la vie de tous les jours. Dans ce but, Sarno élabore une échelle constituée de 45 comportements de communication jugés représentatifs des activités quotidiennes de communication. Chaque comportement sélectionné est évalué sur une échelle à neuf degrés allant du niveau «o» au niveau «normal». L'évaluation se réalise au cours d'une conversation non structurée. L'objectif du thérapeute est de comparer les comportements obtenus ou inventoriés dans cette situation à ceux que le patient était jugé présenter auparavant. Ainsi, un patient se voit attribuer un score «normal» si le thérapeute estime que son comportement actuel est identique à celui qu'il aurait émis antérieurement à la lésion. Chaque patient est donc son propre référent. Pour estimer le niveau pré-morbide, on interroge les proches du patient et Sarno insiste sur la prise en considération de facteurs tels que l'origine sociale, le niveau de scolarisation, la profession, l'origine géographique, etc. Dans l'évaluation directe du niveau actuel des comportements verbaux, Sarno recommande la prise en compte de différents critères : occurence ou non-occurence du comportement, la consistance du comportement (c'est-à-dire sa stabilité, sa disponibilité), la vitesse de réponse et la fréquence d'usage de chaque comportement. Enfin, pour les comportements verbaux oraux, Sarno ajoute deux critères : la fluence et l'intelligibilité. Les items de la batterie du PCF sont regroupés en 5 catégories sur la base d'une analyse factorielle. Il y a les mouvements, la parole, la compréhension, la lecture et une catégorie «divers». On trouve par exemple dans la catégorie *mouvement* 5 items : imitation de mouvements oraux, essai de communication, capacité d'indiquer oui ou non, indication de l'étage dans l'ascenseur et utilisation de gestes intentionnels. Cette énumération suffit à révéler le caractère orienté de cette batterie vers les activités de communication quotidienne [3].

Si l'objectif poursuivi par cette échelle, établir un niveau de performance communicative dans la vie de tous les jours, nous paraît fondamental, il reste à se demander si les moyens mis en oeuvre sont adéquats. Comme le signale justement Monsel (1977), il faut à cette fin examiner l'échantillon des comportements repris dans le test et considérer avec soin la situation de recueil afin de voir dans quelle mesure on peut légitimement transférer ce qui est recueilli dans le test à ce qui se produit dans la vie quotidienne. Si l'échantillonage des comportements proposés paraît adéquat, les items sont cependant définis beaucoup trop largement. Comme le souligne Monsel : « Le problème est d'importance car chaque item de la PCF est sélectionné à titre de représentant d'un ensemble de comportements. L'item «parler au téléphone» par exemple est considéré comme représentatif de l'ensemble des comportements mettant en jeu le téléphone. Mais cet ensemble est en fait constitué d'une série de comportements fonctionnellement différents : appeler ou répondre, le locuteur est un familier, une personne connue ou inconnue, le téléphone est utilisé lorsque le patient est seul ou non, etc.». En fait, l'item «parler au téléphone» repris dans le PCF couvre une gamme trop vaste de comportements, car la question que l'on se pose n'est pas assez précise. Mais les critiques de Monsel (1977) sont encore plus nettes en ce qui concerne les conditions de recueil des faits : «En ce qui concerne l'item "Attempt to communicate" que Sarno définit dans les termes suivants : 'Patients may attempt to communicate through speaking, gesture, pantomime or writing. This item does not refer to skill or success in communicating but should rate efforts to communicate', l'examinateur sait ce qu'il doit observer, il ne sait pas dans quelles conditions. Est-ce une tentative pour communiquer à la suite d'une question? Est-ce après une période de silence, alors que l'examinateur ne stimule pas le patient? Est-ce pour communiquer un état interne? Est-ce pour obtenir un objet présent ou absent dans l'environnement? ...» (Monsel, p. 56-57). Les consignes générales concernant l'administration du test sont donc relativement vagues, comme est floue la définition des comportements à enregistrer. Au mieux, on conseille de ne pas prendre de notes en cours d'interview afin de ne pas retomber dans un test standard et on suggère un certain nombre de thèmes à aborder. En bref, Sarno suggère qu'il s'agisse d'une conversation aussi «naturelle» que possible entre le thérapeute et le patient. Le test de Sarno affronte ici un problème délicat et classique en psycholinguistique, et que l'on peut résumer ainsi : plus on se rapproche des conditions naturelles d'émission des conduites verbales et plus il devient difficile de faire un inventaire adéquat des variables en jeu. D'où les reproches souvent formulés à ce test d'être subjectif, lié à l'appréciation de l'examinateur tant en ce qui concerne le niveau prémorbide inféré qu'en ce qui concerne le répertoire actuel du patient.

Si donc le projet de Sarno nous paraît mériter la plus grande attention, il ne paraît pas évident que le PCF soit ni suffisamment sensible, ni suffisamment précis. Dans un travail exploratoire, Monsel de l'équipe de Neuropsychologie à Liège a tenté d'examiner quelques possibilités d'amélioration de cet examen fonctionnel (Monsel, 1977). L'examen proposé comprenait en fait 3 niveaux: deux questionnaires, l'un mené auprès d'un membre de la famille du patient, l'autre auprès de la logopède, enfin, un examen fonctionnel où toutes les conduites de communication sont directement provoquées (et non inférées). Le caractère exploratoire de ce travail mené sur 8 patients seulement empêche tout commentaire prolongé sur les résultats obtenus; nous nous limiterons donc à décrire les améliorations méthodologiques proposées. Les items de la batterie-questionnaire de Monsel ne sont pas très différents de ceux du PCF, mais le détail des questions fait la différence. Ainsi, l'item téléphone dans le questionnaire-famille est composé comme suit (voir aussi Seron, 1978):

Y a-t-il un téléphone à la maison?
Le patient répond-il au téléphone quand il sonne?
- Sans savoir qui appelle?
- quand il sait qui appelle?
- (distinguer les familiers des personnes plus vaguement connues).

S'il ne répond pas, accepte-t-il de parler une fois que quelqu'un d'autre a répondu ?
- Est-ce pareil si ce sont des familiers ?
- des personnes connues ?
- des inconnus ?
- Le patient vous a-t-il déjà transmis un message qu'on lui avait communiqué par téléphone ? (un rendez-vous, une visite, des nouvelles de quelqu'un ...)
- Le compte rendu était-il correct ?
- le patient se sert-il lui-même du téléphone pour appeler ? (distinguer familiers, connus, inconnus)
- le patient répond-il au parlophone ou à la porte d'entrée ? (distinguer familiers, connus, inconnus).

L'existence et la comparaison des deux questionnaires sont importantes. On peut en effet comparer deux points de vue sur le patient, celui de ses proches et celui de la logopède. Par ailleurs, la simple administration du questionnaire pourrait avoir une valeur thérapeutique dans ce sens qu'il amène les questionnés à réfléchir dans le détail à la nature de leurs interactions verbales avec le patient. En outre, il n'est pas sans importance de signaler que dans cette enquête exploratoire, certains familiers ne peuvent indiquer aucun détail de la performance du patient parce qu'ils anticipent, par désir de bien faire, avec prévenance ou par commodité, tous leurs comportements. Leur prévenance exagérée aboutit ainsi à la constitution d'un milieu sur-protecteur, qui n'attend plus aucune initiative langagière de la part du patient. De la même manière, en répondant au questionnaire, le thérapeute peut mesurer ce qu'il connaît de l'activité langagière quotidienne de son patient, et cette évaluation peut l'aider à orienter ultérieurement la thérapie, à en définir les objectifs concrets. Quant à l'examen fonctionnel proprement dit, il comporte une mise en situation réelle du téléphone; voici la description de cet item (Monsel, 1977, p. 90).

Usage du téléphone

Vers la fin d'une séance, l'examinateur quitte la pièce en disant : « excusez-moi, je reviens tout de suite ! Si on téléphone, vous décrochez et vous dites que j'arrive, d'accord ? Merci. » Le téléphone a été préalablement placé près du patient. Quelques instants plus tard, une tierce personne téléphone au patient et dit les propos suivants :
- Examinateur étranger : « Allo, Monsieur X ? »
- Patient : « ... »
- Examinateur étranger : « Qui est à l'appareil ? »
- Patient : « ... »
- Examinateur étranger : « Bon, quand il reviendra, vous voulez bien lui dire de descendre au secrétariat ? C'est important. Merci ».

Dans la salle d'examen (où se trouve le patient), la communication téléphonique est enregistrée.

Dans la cotation, on retient le nombre de fois que le patient laisse sonner avant de décrocher, si le patient dit « allo » ou une formule équivalente, s'il dit que la personne demandée est absente, s'il dit son nom ou son statut, s'il emploie une formule pour mettre fin à la communication et enfin s'il y a des manifestations émotionnelles (notamment avant de décrocher) telles que des jurons, des interjections, etc.

Si la batterie de Monsel semble par la conjugaison de 3 niveaux d'analyse (enquête-famille, enquête-logopède et examen fonctionnel) présenter plus de vertus que le PCF, si les situations investiguées sont mieux précisées et si la cotation est plus fine, il faut cependant rappeler que ce travail a gardé jusqu'à présent un caractère exploratoire et qu'il reste des problèmes quant aux possibilités objectives de le pratiquer. Le test de Monsel exige au moins 4 séances d'examen et demande quelques heures de correction. C'est donc un instrument aujourd'hui trop lourd pour une pratique clinique. Mais il n'est pas impensable qu'une formule abrégée utilisant les épreuves jugées les plus sensibles ne puisse être élaborée.

Dans la même direction, mais avec un arrière-plan théorique différent, il faut parler de la tentative récente de Brookshire et al. (1978) qui vise à l'analyse des interactions verbales au sein des pratiques thérapeutiques. Cette démarche, qui s'inspire des travaux de Bales (1950)[4] orientés vers l'analyse des interactions entre un patient et son thérapeute dans une situation de traitement psychologique, est ici adaptée à la situation de rééducation logopédique. Le système d'analyse développé par ces auteurs tente de surmonter les difficultés habituellement rencontrées par les autres méthodes d'observation actuellement existantes. Parmi ces difficultés, la plus importante semble la définition des catégories comportementales à observer. Celles-ci ne sont en effet jamais suffisamment explicites et seul un apprentissage prolongé permet à des observateurs différents d'évaluer de la même manière les conduites présentées [5]. Pour pallier cette difficulté, les auteurs élaborent un système d'analyse des interactions verbales qui obéit aux critères suivants :

- *Une haute constance des mesures* : un observateur face au même évènement se produisant à deux moments différents, l'enregistre dans la même catégorie, et différents observateurs face au même évènement l'enregistrent de la même façon.

- *Tous les évènements à enregistrer sont définis de manière explicite* : c'est-à-dire qu'à aucun moment l'observateur ne doit être en position d'hésiter entre deux catégories différentes. La définition d'une catégorie d'évènements doit donc indiquer clairement ce qui appartient à la catégorie et ce qui en est exclu.

- *L'enregistrement doit être sensible* : toute variation même petite pour autant qu'elle soit pertinente, doit se traduire clairement à l'enregistrement.

- *Le système doit être simple* : cela implique qu'après un apprentissage adéquat il soit praticable par un observateur quelconque. La simplicité ne doit pas se faire au détriment de la sensibilité.

- *Le système doit être pertinent* : c'est-à-dire mesurer les dimensions pertinentes eu égard à l'objectif qu'on s'est fixé : ici, l'analyse des interactions verbales au sein d'une rééducation.

Au niveau du contenu, le système d'analyse des interactions cliniques (le CIAS : *clinical interaction analysis system*) présenté par Brookshire et al. comporte diverses catégories se rapportant

1. Aux types de comportement du thérapeute (commandes, questions par oui ou par non, demandes de complètement, signes non verbaux, autres questions, etc.);
2. A la complexité des questions;
3. Aux modes de questionnements (verbal, gestuel, mélodique);
4. A la nature du matériel (verbal ou non);
5. A certains aspects des réponses attendues (longueur, orale — écrite — mélodique — répétition — caractère différé);
6. Aux aides apportées (verbales ou gestuelles);
7. Aux caractéristiques des réponses produites (essai de réponse, réponse normale, réponse anormale, demande d'information);
8. Enfin, aux types de feedback fourni par l'examinateur (feedback oral, gestuel, positif, négatif, correction, répétition, prolongement, intensité du feedback, etc.).

Pour l'ensemble de ces catégories, un indice de cohérence des mesures pratiquées dans différents centres est donné : la fidélité interjuges n'est jamais inférieure à .80 et excède généralement .90. On peut donc affirmer que ce système fonctionne bien et qu'il est praticable (après apprentissage de critères explicites) par différents observateurs. Une autre question est de savoir si un système de ce type est un reflet adéquat des conduites de communication d'un patient aphasique et si cela peut constituer un pré-test avant la mise en oeuvre d'une rééducation. Il n'est pas possible de répondre à cette question, car le système de Brookshire et al. vise surtout à aider les thérapeutes à prendre conscience de leur *propre* comportement au cours d'une thérapie et en conséquence l'analyse paraît surtout détaillée en ce qui concerne les conduites du thérapeute (nature de ses questions, type de matériel qu'il utilise, feedback qu'il délivre) mais moins sensible en ce qui concerne par exemple la nature des réponses émises par le patient. De plus, cette grille d'analyse a été construite dans le cadre limité d'une situation thérapeutique duelle thérapeute-patient. Il nous semble cependant que l'intérêt d'une analyse détaillée des interactions verbales et non-verbales doive être retenu comme une mesure possible des conduites de communication avant la mise en oeuvre d'une thérapie et il reste à ce niveau des travaux précieux à entreprendre [6]. Mais il nous paraît important de rappeler que le succès d'analyses interactives de ce type dépendra toujours de leur praticabilité. On peut certes faire comme Martin (1977) référence aux travaux de Birdwhistell (1970) et aux recherches du groupe de Palo Alto, mais ces travaux extrêmement minutieux sont impraticables en clinique courante où on ne peut ni tout regarder ni regarder tout le temps. Du point de vue clinique, la question essentielle reste donc celle du choix des critères de pertinence, afin d'engendrer des méthodes sensibles certes mais économiques.

Les autres variables à évaluer

Il va de soi que l'examen prérééducation ne comporte pas qu'une analyse détaillée de la ou des conduites perturbées. Les discussions menées au premier chapitre sur les variables conditionnant la récupération spontanée et la rééducation, indiquent l'étendue des données utiles à recueillir avant d'entreprendre une thérapie. Nous ne nous étendrons pas ici sur l'évaluation de certaines de ces variables soit parce que leur appréciation relève du diagnostic médical courant (étiologie, étendue, localisation des lésions, caractère ou non récidivant, électrogenèse cérébrale, présence de troubles associés: hémiplégie, hémiparesie, hémianopsie, etc.), soit parce que ces variables sont appréciées dans le cadre de l'examen neuropsychologique standard (latéralité, niveau intellectuel, etc.). Quelques variables méritent cependant un commentaire séparé tantôt parce qu'on a tendance à les négliger, tantôt parce que leur analyse pose des problèmes méthodologiques particuliers.

La nosognosie

Une variable dont l'évaluation nuancée nous paraît importante lors d'une prise en charge thérapeutique, c'est le degré de prise de conscience des troubles. En effet, un patient qui ne perçoit pas ses déficits peut purement et simplement refuser d'entrer en thérapie; n'étant à ses yeux, pas malade il ne voit pas de raison de se soigner. Par ailleurs, et bien que ce fait n'ait pas été suffisamment étudié, il semble probable qu'il existe une relation plus ou moins directe entre la prise de conscience des troubles et soit la motivation à récupérer, soit l'installation de conduites dépressives. Il semble donc important de cerner au mieux la nosognosie du patient.

Le concept de nosognosie n'est pas toujours présenté très clairement dans la littérature neuropsychologique [7]. Il nous semble en effet indispensable de distinguer deux types au moins de prise de conscience: la nosognosie en boucle ouverte et la nosognosie en boucle fermée. Dans la nosognosie en boucle fermée, le patient peut prendre conscience de ses troubles en ayant recours à un modèle interne plus ou moins complet de la conduite à émettre; dans la nosognosie en boucle ouverte, la prise de conscience des troubles ne survient que sur la base des conséquences liées à l'émission d'une conduite pathologique. Prenons un exemple dans les activités langagières. Si un patient veut demander un crayon à l'examinateur, et si la conduite qu'il émet est «passez-moi la règle», la réception de l'objet (la règle) peut provoquer un désaccord entre les conséquences attendues (réception d'un crayon) et les conséquences réelles (réception d'une règle). Le désaccord peut provoquer une prise de conscience de l'inadéquation de l'énoncé émis, sans pour autant que le patient sache en quoi son énoncé est inadéquat. Le constat d'inadéquation est provoqué par les conséquences de la conduite. C'est la nosognosie en boucle ouverte. Le patient, s'il émet un énoncé déformé ou inexact mais suivi des conséquences attendues peut ne pas prendre conscience de ses erreurs. Pour qu'un patient émettant un énoncé inadéquat mais suivi des conséquences attendues prenne conscience du caractère inadéquat de son émission, il faut qu'il ait gardé un modèle interne de la conduite à émettre, et qu'il puisse opérer une comparaison entre ce qui est émis et ce qui était à émettre. C'est ce type de prise de conscience non dépendante des conséquences de l'action que nous appellons la nosognosie en boucle fermée.

Nosognosie en boucle ouverte

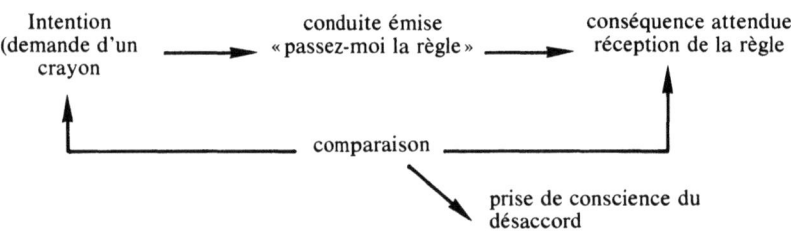

Nosognosie en boucle fermée

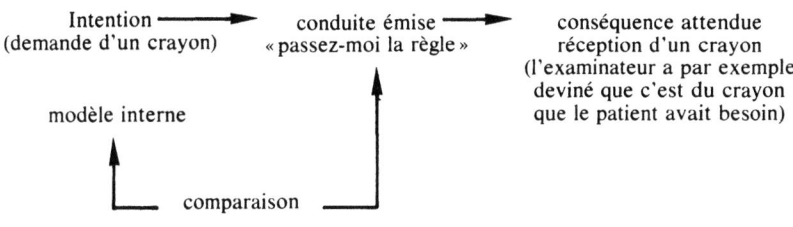

prise de conscience du désaccord

Il semble évident que la nosognosie en boucle fermée conduit à une prise de conscience plus fréquente et plus adéquate des troubles puisque le patient n'a pas besoin d'une conséquence externe à l'activité émise pour prendre conscience de son erreur. C'est sans doute aussi dans ce cas que les conduites d'auto-correction apparaissent. Au contraire, dans le cas de la nosognosie en boucle ouverte, la prise de conscience des troubles peut être très imparfaite; le patient ne se rendra compte de ses erreurs que dans la mesure où il n'obtient pas l'effet escompté, mais même à ce moment il peut être tout à fait incapable d'identifier la nature de l'erreur commise [8].

La prise de conscience des troubles a été fort peu étudiée en neuropsychologie (voir cependant Cutting, 1978; Weinstein et al., 1964 ...) et plus rarement encore en relation avec la rééducation. Wepman (1958), un des rares auteurs à s'être intéressé à ce problème, suggère que la prise de conscience des troubles et les possibilités d'autocorrections s'étalent en fait sur un continuum appréciable selon une échelle en 8 points. Sans entrer dans le détail de l'analyse, on peut résumer la position de Wepman de la façon suivante:

Dans les cas les plus graves, il n'y a pas d'auto-corrections ni de reconnaissance des erreurs et cela même si l'examinateur les indique au patient; ensuite et progressivement, on se déplacerait vers la prise de conscience des erreurs sans aide extérieure et vers des auto-corrections spontanées. Ce continuum est schématiquement représenté au Tableau I. Il pourrait concerner tant le langage écrit que le langage oral.

Echelle de nosognosie et d'auto-correction en ce qui concerne l'aphasie.
(D'après Wepman, 1958) [9].

Reconnaissance avec aide des erreurs	Reconnaissance sans aide des erreurs	Correction avec aide	Auto-corrections
non	non	non	non
oui	non	non	non
oui	oui	non	non
oui	oui	oui	non
oui	oui	oui	oui

Cette échelle n'a pas à ce jour reçu l'attention qu'elle méritait en thérapie, à la fois comme moyen d'évaluation de la gravité des troubles et comme moyen de mesure des progrès. A la suite de ce travail, on a cependant réalisé quelques recherches plus analytiques sur la nature des processus d'auto-correction utilisés, processus dont l'examen pourrait éclairer la nature des troubles sous-jacents. Marshall (1975) analyse par exemple quelles sont les stratégies utilisées par des patients aphasiques quand ils recherchent un mot; il s'intéresse plus spécifiquement aux stratégies d'auto-corrections, c'est-à-dire aux stratégies qui surviennent lorsque le patient reconnaît qu'il ne trouve pas le mot adéquat sans aide extérieure. Cet auteur distingue quatre types principaux de stratégies et il analyse dans quelle mesure elles conduisent au succès. Ces stratégies sont *le délai* — cela consiste à émettre une suite de mots du type «un moment, oui, oui vous allez voir, cela va me revenir, juste une minute, ah oui voilà ...», *l'association* quand le patient produit une suite de mots reliés sémantiquement au mot recherché; ces associations incluent habituellement l'émission de synonymes, d'opposés, de mots associés au mot cible d'un point de vue sonore, etc. *La description* lorsque le patient s'efforce de trouver le mot désiré en décrivant ce dont il veut parler. Enfin, *la généralisation*: le patient utilise des mots génériques («empty words») du type «chose, truc, machin». Selon Marshall, les patients aphasiques utiliseraient dans un ordre décroissant l'association, la description, le délai et enfin la généralisation. En ce qui concerne le succès apporté par chacune de ces stratégies on aurait du plus au moins efficace l'ordre suivant: le délai, l'association, la description et enfin la généralisation. De plus, cet auteur trouve une association entre le degré de gravité de l'aphasie et la stratégie d'auto-correction qui prédomine: les aphasiques les plus graves auraient surtout recours à la généralisation qui est un procédé peu efficace, tandis que les aphasiques les moins sévères utiliseraient davantage le délai qui est la stratégie la plus efficace. A ces différentes stratégies Farmer (1977) trouve utile d'ajouter le « révision sonore » qui décrit les cas où le patient émet une succession de phonèmes avant d'émettre le mot juste [10]; cet auteur compare en outre les stratégies utilisées par des patients aphasiques et par des sujets atteints d'une lésion cérébrale mais ne présentant pas d'aphasie. Il observe ainsi que les stratégies de révision sonore, de description et de généralisation sont surtout propres aux aphasiques. De même, ce travail indique que ces stratégies sont utilisées en pourcentage différent et conduisent au succès de manière un peu différente selon le type d'aphasie (Broca, Wernicke, conduction, amnésique). Ce travail est intéressant du point de vue thérapeutique car, premièrement, il confirme le constat établi par Marshall qui lie la fréquence des auto-corrections à la gravité de l'aphasie et, deuxièmement, indique que certains procédés d'auto-corrections sont selon les cas plus efficaces que d'autres [11].

D'un point de vue pratique, la distinction proposée entre nosognosie en boucle ouverte et nosognosie en boucle fermée nous paraît en mesure d'éclairer certains paradoxes fréquemment rencontrés en clinique. Il n'est pas rare en effet d'entendre certains patients déclarer à un interview qu'ils se trompent parfois de mots (paraphasies sémantiques), mais qui, lorsqu'ils émettent de telles erreurs lexicales en rééducation, ne semblent pas s'en rendre compte. On peut penser que la prise de conscience de l'existence de troubles est due au fait que les patients ont émis des paraphasies sémantiques, que celles-ci ont été suivies d'effets inattendus et que l'entourage leur a signalé leurs erreurs. Ces patients savent donc qu'ils commettent des erreurs mais cette reconnaissance est liée aux conséquences inattendues qui ont suivi les erreurs. Mais, en dehors d'une contradiction fournie par l'environnement (boucle ouverte), il n'y a pas de prise de conscience. Par ailleurs, la distinction boucle ouverte/boucle fermée présente en outre l'avantage de permettre d'examiner l'incidence sur la qualité de la communication des divers troubles du langage rencontrés en pathologie. En effet, un aphasique qui jargonne ne sera compris par personne, les énoncés qu'il émet ne seront donc pas suivis d'effets spécifiques. Par contre, un patient agrammatique émet des énoncés compréhensibles (classiquement dits : « informatifs ») et qui sont suivis de l'effet attendu. On peut donc être agrammatique et communiquer quasi-normalement; dans ce cas, les raisons de se corriger ou de se faire corriger sont moins évidentes et, à ce stade de récupération, les réactions de l'environnement (boucle ouverte) deviennent sans doute moins efficaces [12].

Ces quelques remarques exigeraient bien sûr une articulation théorique plus serrée et demanderaient la réalisation d'investigations précises sur le terrain. Notre commentaire principal se limite ici à souligner que la prise de conscience des troubles est sans doute une variable primordiale à examiner et que ses rapports avec la rééducation ont été jusqu'à ce jour largement négligés.

La motivation

On ne dispose pas aujourd'hui en psychologie d'un concept clair et unitaire de la motivation. Dans la pratique clinique courante, cependant, on entendra régulièrement dire d'un patient qu'il est ou qu'il n'est pas motivé. Lorsqu'un thérapeute utilise ce langage descriptif, il indique souvent par là des choses extrêmement différentes que les quelques remarques qui suivent ont pour objet d'essayer de clarifier un peu. Ainsi, certains patients ne manquent aucune séance de rééducation, ils s'y présentent à l'heure, manifestent leur désir de travailler, sont prêts à prolonger la durée des séances, signalent à tout moment l'existence de progrès, commentent dans le détail les exercices faits à domicile etc. Ces patients-là sont généralement dit motivés. D'autres patients dociles et réguliers aux séances de rééducation semblent beaucoup plus indifférents à leur rééducation, ils la subissent plutôt passivement. Enfin, à l'extrémité de ce continuum, il y a des patients qui viennent de manière irrégulière, qui signalent, quand ils en ont les moyens verbaux, que la rééducation ne sert à rien et qui l'abandonnent assez rapidement. Le problème se complique encore du fait que l'attitude du patient évolue dans le temps et qu'un patient motivé peut en quelques mois l'être beaucoup moins ou inversement, un patient au début indifférent ou opposant peut ensuite devenir un sujet extrêmement zélé! Par ailleurs, le thérapeute est sensible aux réactions affectives du patient et ses propres attitudes d'accueil ou de rejet vont soit changer, soit au contraire renforcer les attitudes du patient. Face à ces problèmes interactifs complexes, on se limite trop souvent à donner au thérapeute quelques consignes humanitaires du type: «Il faut accueillir le patient, lui faire comprendre qu'on le comprend, être empathique, etc.». Ces vertus sont certes fondamentales et nos réserves ne vont qu'au caractère limité des suggestions habituellement faites. Les variables à prendre en considération nous paraissent infiniment plus nombreuses et nous nous bornerons à faire ici l'inventaire de quelques-unes d'entre elles, ceci toujours dans le cadre d'une évaluation prérééducative. A nouveau, il faut regretter qu'à ce jour, peu de travaux aient abordé ce point fondamental de manière systématique.

Inventaire de quelques variables ayant une incidence possible sur la motivation du patient

1. *La nosognosie*. Il semble plausible de suggérer que la motivation à récupérer dépend de la prise de conscience des troubles (à

prise de conscience nulle, motivation nulle également). Dans certains cas cependant une prise de conscience des troubles peut laisser le sujet indifférent voire euphorique (c'est sans doute le cas lors de lésions préfrontales ou de certaines lésions hémisphériques droites).

2. *La situation socioprofessionnelle* au moment de l'atteinte. On peut penser que la motivation à récupérer dépend de l'utilisation actuelle des fonctions altérées. Un représentant de commerce ayant des troubles du langage peut par exemple être plus motivé à récupérer un langage adéquat qu'un sujet retraité et vivant seul.

3. *L'environnement familial* joue, par ses attitudes face au patient et aux conséquences de la maladie, un rôle plus ou moins motivant. Nous reviendrons sur ce problème au chapitre consacré aux rééducations sociothérapeutiques.

4. *La personnalité antérieure du sujet.* Cette question est extrêmement controversée. D'un côté, il semble ne pas faire de doute que certains troubles émotionnels (par exemple l'euphorie frontale) soient plus le résultat d'un effet direct de la lésion que l'exagération des traits de personnalité antérieure. D'un autre côté, certaines recherches récentes (Weinstein et Lyerly, 1966) semblent indiquer une incidence de la personnalité antérieure sur certains aspects de la sémiologie post-lésionnelle. A nouveau, d'un point de vue strictement fonctionnel, il nous semble plausible qu'un patient prolixe, toujours désireux de communiquer avec son environnement, ressentira avec plus d'acuité l'effet d'un trouble du langage handicapant ses conduites de communication qu'un patient habituellement silencieux, bref et concis dans ses échanges. La personnalité antérieure du sujet peut aussi déterminer ses réactions à la maladie, sa patience au cours du long processus de rééducation, ses capacités de s'adapter à des situations nouvelles, etc. Cependant, les difficultés pour apprécier la variable personnalité antérieure sont aujourd'hui quasi insurmontables car, à l'exception des tests projectifs dont la fiabilité est douteuse, on ne dispose que de moyens anamnéstiques rétrospectifs pour s'en faire une idée. On ajoutera encore que les tests projectifs (TAT, Rorschach) et la plupart des inventaires de personnalité sont impraticables dès que les troubles du langage sont importants.

5. *La rééducation.* Ce qui se passe en rééducation a bien sûr un effet sur la motivation des patients. Nous reviendrons sur ce problème lors d'un chapitre ultérieur.

Le milieu familial, professionnel et culturel du patient

Avant toute rééducation, il est indispensable de connaître les milieux habituels de vie du patient et son histoire personnelle dans ces différents milieux. Nous reviendrons sur ce problème en détail lors de la présentation de l'école socio-thérapeutique de rééducation. Car la manière dont on envisage l'enquête socio-familiale et socio-professionnelle nous paraît directement liée au rôle qu'on entend faire jouer par ces milieux dans la rééducation. Nous nous bornerons ici à signaler qu'on se limite trop souvent dans un examen neuropsychologique au recueil de libellés du type: «Agent des postes, fonctionnaire, profession libérale, etc.». Nous pensons que ces libellés sont trop vagues et souvent peu informatifs. Un agent des postes peut depuis des années accomplir des gestes répétitifs qui ne demandent guère d'imagination ni beaucoup de travail cérébral. Un autre sujet aura commencé comme coursier et sera devenu directeur d'une agence importante, il aura des responsabilités et aura dû régulièrement s'adapter à des situations nouvelles; un même libellé peut donc cacher des histoires très différentes.

Notes

[1] Dans plusieurs centres francophones circulent actuellement des versions abrégées du Boston Diagnostic Aphasia Test (de Goodglass et Kaplan, 1972), bien différentes entre elles au niveau de la traduction!

[2] Il n'existe pas à ce jour d'adaptation française de cette épreuve.

[3] On notera cependant que, parmi les 45 items proposés, certains ne font pas l'objet d'une évaluation fonctionnelle. Ce sont ceux qui ne peuvent être obtenus dans le cadre d'une conversation habituelle. C'est le cas de l'«écriture sous dictée», de la «copie», et de l'«aptitude à imiter les mouvements articulatoires». Par ailleurs, certains comportements ne sont évalués qu'à travers l'interview du patient ou simplement inférés d'après la performance générale (ex: «compréhension de la télévision», «compréhension de films», etc.).

[4] Travaux qui ont connu de très nombreux prolongements en psychologie sociale et en pédagogie.

[5] Ceci non parce que les critères explicites de description des conduites sont nombreux et qu'il faille les mémoriser, mais parce que seul un long apprentissage permet d'acquérir des critères de jugement *implicites*. L'existence de critères implicites n'autorise qu'un bon accord entre juges formés à la même école.

[6] Et nous examinerons au chapitre consacré aux sociothérapies un système d'évaluation des interactions verbales entre conjoints, mis au point par Diller et al. (1974).

[7] Initialement, l'anosognosie désigne le comportement de négation ou d'indifférence au trouble moteur présent chez un patient atteint d'une hémiplégie gauche massive (l'anosognosie est un des éléments du syndrome d'Anton-Babinski). Par extension, la nosognosie qualifie la prise de conscience de troubles neuropsychologiques quels qu'ils soient.

[8] Une analyse plus minutieuse conduirait sans doute à distinguer divers degrés de prise de conscience à l'intérieur de ces deux formes principales.

[9] L'échelle proposée par Wepman est un peu plus complexe car cet auteur fait intervenir le langage oral et langage écrit; nous n'avons pas repris cette distinction car le continuum proposé par Wepman entre le langage oral et le langage écrit ne nous semble pas s'adapter à toutes les formes d'aphasie.

[10] Cette stratégie fait penser aux approches phonémiques classiquement décrites dans la sémiologie des aphasies.

[11] Ces recherches sont à mettre en relation avec les travaux expérimentaux consacrés au rôle de l'indicage dans le manque du mot (Berman & Peele, 1967; Whitney, 1975; etc.).

[12] Cette situation est sans doute habituelle dans la pratique (en situation) d'une seconde langue. Au début, le sujet émet des énoncés qui exigent, pour être compris, corrections et demandes de clarification. Après quelque temps, le sujet parle mal la seconde langue. Mais il se fait régulièrement comprendre. L'environnement diminue alors progressivement la fréquence de ses interventions correctrices ou de ses demandes de clarification et l'apprentissage parfait d'une seconde langue en est sans doute retardé. Cette question n'est peut-être pas sans rapport avec la difficulté de récupérer parfaitement des séquelles aphasiques!

IIe PARTIE
LA REEDUCATION

La plupart des ouvrages consacrés à la rééducation neuropsychologique sont écrits par un ou plusieurs thérapeutes expérimentés qui, après quelques 10 ou 20 ans d'expérience, présentent leurs recettes ou méthodes rééducatives. S'appuyant sur la classification des aphasies pratiquée dans leur centre, ces thérapeutes aguerris suggèrent l'application de telle ou telle méthode de rééducation pour tel ou tel type d'aphasie, et ce, avec diverses variantes, selon qu'il s'agit de compréhension ou d'expression, de code oral ou de code écrit. Nous avons décidé de procéder autrement, d'une part parce que nous sommes beaucoup moins expérimentés que nos illustres prédécesseurs, d'autre part, parce que cet ouvrage se veut une réflexion théorique plus critique et moins asservie à une méthodologie particulière. C'est donc une analyse critique des principaux courants thérapeutiques que nous proposerons dans les pages qui suivent.

Nous avons, dans des publications antérieures, divisé les écoles de rééducation en quatre groupes : les écoles empirique, soviétique, operante et sociothérapeutique ; il nous semble utile d'ajouter aujourd'hui une école neuropsychologique ou neurolinguistique de rééducation, d'apparition récente mais présentant déjà des travaux intéressants. Ces divisions sont arbitraires et nous sont personnelles, au moins pour trois de ces cinq écoles. Seuls peut-être les thérapeutes s'inspirant des principes de la modification du comportement et ceux s'inspirant des travaux et principes thérapeutiques de Luria se sentent-ils appartenir à une école théorique spécifique. Ces courants que nous dégageons se différencient par la méthodologie utilisée, les populations concernées et l'importance plus ou moins grande accordée à l'analyse structurale préalable des troubles. Pour situer correctement ces écoles les unes par rapport aux autres, il est donc utile de préciser ce que nous entendons par l'analyse fonctionnelle des troubles d'une part, et par l'analyse structurale d'autre part. Dans une certaine mesure au moins, l'analyse structurale renvoie à la topographie des conduites. Par exemple, en face d'un patient atteint de choréoathétose, on peut décrire l'amplitude, la vitesse ou toute autre caractéristique des mouvements anormaux. L'analyse fonctionnelle s'efforce de déterminer les conditions susceptibles de modifier le décours ou de déterminer l'apparition de ces mouvements. On sait par exemple que certaines situations, comme un évènement inattendu ou la visite d'une personne étrangère accroissent la vitesse, l'amplitude et la fréquence des gestes anormaux. Par contre, ils seront diminués si le patient est au repos et s'arrêteront durant le sommeil. Si l'on transpose cette distinction aux troubles du langage, l'analyse structurale prend en charge une description détaillée des troubles, elle cerne les systèmes afférents et efférents atteints, elle décrit les modifications de l'activité verbale sur la base d'un repérage linguistique, elle dissocie les codes écrits et oraux. L'analyse fonctionnelle peut décrire les conditions d'émission et de réception des messages et les modifications que ces conditions font subir à l'activité verbale. Une analyse fonctionnelle doit par exemple expliciter pourquoi un patient qui a bien récupéré dans le cadre d'une thérapie duelle, peut être incapable de s'exprimer au téléphone ou dans une assemblée comportant plusieurs personnes. On rangerait par exemple dans le cadre d'une analyse fonctionnelle l'ensemble des faits décrits habituellement sous le terme (abusivement unitaire) de dissociation automatico-volontaire ou principe de Baillarger-Jackson. Il va de soi qu'une telle division peut aussi s'appliquer à la méthodologie de la rééducation et nous reviendrons sur ce point en présentant les différentes écoles. Avant d'aller plus loin, il nous faut cependant rappeler que cette distinction n'a qu'une valeur pédagogique, elle nous paraît utile pour présenter les différentes écoles de rééducation et pour indiquer ce sur quoi elles mettent l'accent dans leurs pratiques rééducatives. La distinction fonctionnel/structural n'est cependant pas à considérer comme une distinction ontologique; comme nous l'avons écrit ailleurs, «le comportement, ce n'est pas des structures et des fonctions juxtaposées: c'est, et dans l'ordre qu'on voudra, une structure qui fonctionne ou un fonctionnement structuré». Nous verrons d'ailleurs que certains travaux récents en rééducation s'efforcent de réunir ces deux points de vue dans une approche unitaire.

Chapitre 4
L'école empirique

Dans cette école, nous rangeons des auteurs des deux continents (Europe et U.S.A.), et qui sont pour la plupart les pionniers des pratiques rééducatives actuelles. En Europe de langue française, on a surtout Ducarne, Lhermitte et A. Tissot, et de très nombreux rééducateurs anonymes; aux Etats-Unis, Wepman et Schuell sont les représentants les plus connus de ce courant thérapeutique. *En faisant provisoirement violence aux faits*, on retiendra comme principales caractéristiques de cette école les faits repris au tableau I.

Tableau I
Ecole empirique
(Wepman 1951, Lhermitte et Ducarne,
1962, Schuell, 1974)

lieu d'implantation	France, Allemagne, Suisse, Italie, Belgique, la plupart des pays occidentaux et les USA
troubles envisagés	essentiellement l'aphasie
origine des méthodes	transfert et adaptation de méthodes de rééducation utilisées chez l'enfant

principaux principes thérapeutiques	- analyse structurale préalable des troubles - analyse fonctionnelle rudimentaire - adaptation au cas individuel - prise en compte de la motivation - importance de la stimulation
recherches	- publication d'expériences extrêmement rares - articles fréquents sur l'énoncé des principes rééducatifs généraux
en résumé	bonne analyse structurale faiblesse de l'analyse fonctionnelle

Principes généraux

Si on examine tour à tour les recommandations faites par les divers auteurs appartenant à l'école empirique, on peut dégager un ensemble de traits communs qui seront d'ailleurs repris, mais à un autre degré de précision, par la plupart des autres écoles thérapeutiques; ce sont, en ce qui concerne la rééducation des aphasiques :
- l'importance de la stimulation verbale,
- l'adaptation du rythme de travail et de la complexité des exercices au cas individuel,
- une réflexion générale sur le fait que la rééducation présente des composantes médicales, neurologiques et psychologiques,
- l'utilisation du répertoire des conduites verbales (ou autres) résiduelles,
- l'utilisation systématique de toutes les voies d'entrée (la polystimulation),
- le respect d'une hiérarchie croissante dans les apprentissages proposés,
- le passage de l'automatique au volontaire et du volontaire à l'automatique.

Mais, l'accent mis sur ces principes généraux varie quelque peu selon les auteurs de même que les méthodes rééducatives proposées. Nous examinerons successivement les principes et méthodes de Schuell, Wepman et Ducarne & Lhermitte.

La rééducation par stimulation auditive de Hildred Schuell

(Schuell et al., 1955, Schuell, 1974.)

Présentation :

Pour Hildred Schuell, la rééducation commence dès l'examen standard de l'aphasie; c'est à ce moment qu'a lieu une prise de contact avec le patient, que s'établit une relation personnelle avec lui. C'est aussi lors de cet examen que le thérapeute sait ce qu'il doit faire et à quel niveau de complexité il peut commencer ses exercices.

La rééducation chez Schuell dépend d'une conception à certains égards restrictive de l'aphasie, puisqu'elle est conçue comme « une réduction du langage disponible » (p. 138, Schuell, 1974) sans atteinte des fonctions intellectuelles (« le comportement de ces patients est raisonnable et approprié dans les situations qui ne requièrent pas le langage », pp. 138, ibidem). La thérapie repose essentiellement sur le principe suivant : il faut stimuler les processus langagiers pour qu'ils recommencent à fonctionner », il ne s'agit pas d'enseigner, mais de stimuler. Les stimulations langagières seront avant tout auditives car Schuell considère que ce système perceptif est le plus important en ce qui concerne le langage, d'une part parce qu'il intervient en premier au niveau de l'acquisition chez l'enfant et, d'autre part, parce qu'il continue chez l'adulte à exercer un rôle dans toutes les activités langagières. La base du traitement sera donc la présentation de stimulations auditives soigneusement contrôlées. Les paramètres à contrôler sont, selon Schuell, le temps d'énonciation (ne pas parler trop vite), le nombre d'informations délivrées (au début une à la fois), le caractère significatif des informations (parler de choses présentes visibles ou/et audibles).

D'autres conseils se rapportent à l'utilisation de mots très fréquents dans la langue et à une puissance sonore d'émission verbale un peu plus élevée que la normale. Schuell suggère en outre qu'il est préférable d'utiliser conjointement les stimuli visuels et auditifs (donc présentation orale et écrite du message). Viennent ensuite une série de remarques sur la longueur des stimuli présentés et sur l'importance de répétitions nombreuses régulièrement renforcées. Enfin, cet auteur recommande également l'utilisation permanente de toutes les modalités afin que les mieux préservées renforcent les plus déficitaires.

Au niveau du contenu des exercices, cet auteur est en faveur d'une rééducation faite « sur mesure » (on étudiera Shakespeare avec un professeur de lettres, on parlera moteur avec un mécanicien). Par ailleurs, Schuell demande au thérapeute de ne pas corriger tout le temps toutes les erreurs du patient si l'on veut éviter le découragement ou le repli sur soi. Cet auteur insiste en outre comme tous les cliniciens empiristes sur l'importance d'un contact compréhensif entre le thérapeute et le patient.

La rééducation globale des aphasiques selon Wepman (Wepman, 1951)

Présentation

A certains égards, Wepman peut être considéré comme un des initiateurs du courant socio-thérapeutique. Cet auteur nous semble en effet accorder une importance beaucoup plus grande que les autres empiristes à l'environnement général dans lequel se trouve placé le patient. Tout thérapeute débutant lira avec intérêt les pages qu'il consacre au rôle des infirmières dans la rééducation des aphasiques hospitalisés (Wepman, 1951, chap. 10). Il insiste sur la nécessité de former le personnel hospitalier afin de le sensibiliser aux problèmes généraux rencontrés par les patients atteints de lésions cérébrales (problèmes psychoaffectifs: dépression, sentiment de frustration, diminution des intérêts, présence de comportements compulsifs, etc.). En outre, cet auteur aperçoit avec acuité le rôle langagier de la nurse qui s'adresse au patient et l'écoute dans des situations quotidiennes où sont exprimées des demandes, des états intérieurs, des questions, des salutations, etc. Les mêmes remarques sont adressées au milieu familial que Wepman ne considère pas comme un simple prolongement thérapeutique du travail réalisé dans l'institution rééducative. Par cette attention particulière, d'une part aux thérapeutes non immédiatement impliqués dans la rééducation du langage et d'autre part à la famille du patient, Wepman est en fait le représentant chez les empiristes du courant sociothérapeutique qui recommande la prise en charge globale des problèmes du patient par l'ensemble de ses partenaires sociaux qu'ils soient ou non des thérapeutes chevronnés.

La rééducation directe du langage proposée par Wepman est détaillée différemment selon qu'il s'agit d'aphasie réceptive ou d'aphasie expressive. Dans le cadre des aphasies réceptives, Wepman présente diverses approches thérapeutiques concernant l'agnosie visuelle, l'agnosie des chiffres, l'alexie, l'agnosie des couleurs, l'amnésie, l'agnosie digitale, l'asomatognosie et enfin l'agnosie verbale auditive. Les méthodes sont ici assez peu détaillées et on retrouve à peu près constamment le schéma suivant: évaluation des conduites résiduelles, début de la thérapie par des exercices simples, augmentation progressive de la difficulté, appui sur d'autres modalités que la modalité travaillée. Ces descriptions un peu vagues et cette absence de détail dans les programmes rééducatifs sont en connexion étroite avec la position générale de cet auteur qui défend une approche globale de la rééducation et sur la nécessaire adaptation des exercices à chaque cas. La manière dont Wepman introduit ses méthodes rééducatives illustre clairement ce point de vue: «Ces méthodes sont proposées avec réserve. Elles ne sont pas conçues dans l'intention arrêtée d'être appliquées avec chaque patient, chaque individu représente un problème particulier qui doit être considéré à la lumière de ses besoins spécifiques. Les techniques et méthodes proposées dans les pages qui suivent, sont seulement indicatrices d'un type d'approche qui a été utilisée avec quelque succès auprès de certains patients». La même absence de détails se retrouvera dans les méthodes avancées pour la rééducation du versant expressif; nous n'en dirons donc pas plus ici.

En résumé, Wepman insiste de manière permanente sur les aspects globaux de la thérapie: «Un thérapeute doit reconnaître à tout instant que, quand il s'attaque à un désordre particulier, des activités communicatives, il est au même moment en train d'agir en psychothérapeute sur un réajustement global de personnalité». La communication n'existe qu'au sein d'une structure de besoins. Il en résulte que le succès d'une thérapie n'est pas exclusivement lié aux techniques utilisées, mais dépend de facteurs multiples, entre autres: le diagnostic de départ, le moment d'arrivée dans le centre de revalidation, l'appréciation détaillée des problèmes langagiers et des problèmes non langagiers, la compréhension de la personnalité antérieure du patient, la patience et la continuité d'effort du thérapeute, son empathie, et la coopération de tous les partenaires sociaux en relation avec le patient. Wepman en conclura: «Le thérapeute doit être psychologue, rééducateur du langage (speech therapist) et éducateur». On trouverait en français, dans la lignée de Wepman, mais avec une insistance plus nette encore sur le pôle psychoaffectif de la rééducation, un auteur comme Durieu (1969).

La rééducation sémiologique des aphasiques selon Lhermitte et Ducarne (Lhermitte et Ducarne, 1962, 1965)

Dans les pays de langue française, ce sont incontestablement Ducarne et Lhermitte qui ont le plus influencé les pratiques thérapeutiques. Dans la plupart des centres francophones de rééducation, les thérapeutes sont passés par la Salpétrière à un moment ou à un autre pour apprendre leur métier. Il est plus difficile de se faire une idée précise des pratiques thérapeutiques actuelles préconisées par ces auteurs car ils ont beaucoup moins publié que leurs homologues anglo-saxons. En fait, on ne dispose que de deux textes importants mais anciens, l'un théorique (Lhermitte et Ducarne, 1965) sur lequel nous reviendrons plus loin, l'autre méthodologique (Lhermitte et Ducarne, 1962) et qui retiendra un moment notre attention. Dans la nomenclature des méthodes proposées, une première impression se dégage: les exercices rééducatifs proposés sont différents selon la nature des troubles présentés. On distingue donc les pratiques rééducatives selon qu'elles se rapportent à l'émission ou à la réception des messages et selon qu'elles concernent, à l'intérieur de cette première division, le code oral ou le code écrit. L'attitude commune aux empiristes est respectée puisque la rééducation « doit s'adapter à chaque cas individuel et, chez un même patient, se modifier en fonction des récupérations et des nouvelles acquisitions. Les règles de la rééducation doivent constituer un guide suffisamment large et souple pour laisser aux rééducateurs une liberté que nous croyons féconde ». On trouve aussi le même rejet de la notion de réapprentissage, rejet déjà observé chez Schuell. Lhermitte et Ducarne nous disent en effet que : « rééduquer le langage d'un aphasique, ce n'est pas enseigner une nouvelle langue à un sujet normal. *L'aphasique a su parler*, et son cerveau malade n'a plus ses capacités normales d'apprentissage. La rééducation doit donc être principalement dirigée dans l'intention de faire resurgir ou d'« actualiser » de façon spontanée et propositionnelle des activités psycho-linguistiques troublées ou perdues, plutôt que de faire apprendre les éléments constitutifs d'une langue ». Si on examine à présent les méthodes rééducatives proposées, deux faits frappent immédiatement : l'existence d'une rééducation prélangagière pour les aphasiques graves et de grandes différences dans le souci du détail selon les troubles à rééduquer. Concernant la rééducation prélangagière, les auteurs français insistent beaucoup sur l'existence de liaisons entre l'atteinte cérébrale et les processus dits « opérationnels ». La rééducation prélangagière aura pour objectif d'amener le patient à restructurer ces processus afin qu'il soit capable d'émettre les conduites minimales qui rendent possible la pratique d'une rééducation. Les objectifs de cette prérééducation seront la mise en place de conduites de communication entre le patient et le thérapeute, l'appréciation et le renforcement des conduites d'attention et de concentration, enfin, l'apprentissage du respect des consignes. Les auteurs décrivent ensuite l'essentiel de leurs méthodes rééducatives. Nous ne les décrirons pas ici en détail, chacun pouvant consulter en français cet article de base. Ce qui frappe, c'est que seuls les programmes de rééducation des troubles articulatoires et notamment la rééducation phonétique sont très soigneusement détaillés. On trouve à ce niveau un intéressant schéma de progression, qui va des voyelles au stade verbal en passant successivement par les consonnes, les syllabes simples, les groupes consonantiques, les voyelles nasales et les syllabes implosives. De plus, d'astucieuses remarques additives discutent de l'adaptation de ce programme au type d'anarthie présenté. Ces différences dans le détail des programmes proposés sont justifiées ailleurs par les auteurs (Lhermitte et Ducarne, 1962) qui soulignent que les procédés didactiques et bien programmés sont importants plus on s'approche des pôles expressifs et réceptifs élémentaires du langage, mais perdent de leur intérêt dans les activités langagières plus riches en valeur sémantique. On remarquera en outre, dans l'ensemble des méthodes proposées, une insistance sur l'utilisation d'un vocabulaire courant (issu du Gougenheim « le français fondamental ») et le recours par endroits à des situations de groupes dans la rééducation. Enfin, on retrouve les autres caractéristiques propres à tous les empiristes : utilisation des fonctions demeurées intactes, polystimulation, adaptation au cas individuel, hiérarchisation progressive des exercices, importance de la répétition, etc. En résumé, si l'école de la Salpétrière se range au sein des empiristes, dont elle partage l'ensemble des principes généraux, elle se distingue des autres écoles thérapeutiques dans la mesure où les procédés de rééducation collent plus étroitement à la sémiologie initiale. Comme point négatif particulier, on notera la pauvreté des réflexions concernant le milieu familial du patient et ses partenaires sociaux. Par exemple, le milieu familial n'est envisagé que comme un simple répétiteur des exercices pratiqués en institution. A certains égards, donc, la rééducation des empiristes français est la plus centrée sur les problèmes de langage, elle est la plus technicienne, et la plus individualisée.

Commentaire et critiques

Les questions essentielles qu'on est en droit de se poser face à ces ensembles de méthodes, c'est bien sûr d'en déterminer l'efficacité véritable et d'en établir le bien fondé au niveau théorique. C'est aussi à ce propos que le commentaire tourne court, car les écoles empiriques ont pour point commun, d'une part, d'être faiblement structurées sur le plan théorique, et d'autre part, de n'avoir pas soumis leurs méthodes à un contrôle expérimental rigoureux. Cette deuxième remarque n'implique évidemment pas que les méthodes suggérées soient inappropriées ou inefficaces. On peut même penser que, dans bien des cas, les suggestions avancées méritent la plus grande attention. Ce que nous voulons dire ici, c'est que nous ne sommes pas en mesure de décider du bien ou du mal fondé des méthodes suggérées. Et lorsque l'efficacité de ces méthodes a été globalement testée, (Wepman, 1951), on n'est pas en mesure d'indiquer ce qui a joué, au sein des méthodes utilisées, un rôle pertinent dans l'obtention des progrès. En bref, les auteurs représentatifs de l'école empirique sont restés des cliniciens, certes attentifs et expérimentés, mais ils n'ont ni comparé leurs méthodes à celles s'inspirant d'autres orientations théoriques, ni tenté d'en établir expérimentalement l'efficacité.

Nous n'insisterons pas ici sur le caractère habituellement très vague des justifications théoriques mises en avant par les empiristes; on y retrouve des notions habituelles comme la stimulation, la facilitation, la motivation, la désinhibition, la favorisation de l'activité intégrative du S.N.C., etc.

En fait, ce vocabulaire le plus souvent mi-physiologique, mi-psychologique, se présente comme un ensemble de paraphrases scientifiques doublant en quelque sorte les recommandations thérapeutiques : il faut stimuler le patient, le motiver, utiliser les fonctions intactes. ... A aucun moment on ne se trouve devant soit un modèle précis du fonctionnement cérébral, soit un modèle du réapprentissage. Les empiristes partagent par exemple en commun l'idée qu'il faut respecter les lois de l'apprentissage, mais ne pas tomber dans le piège des apprentissages didactiques. Mais personne ne précise de quelles lois générales il s'agit, ni à quelle théorie de l'apprentissage on se réfère. Quant à la catégorie « apprentissage didactique », elle renvoie sans plus de précision à ce qui a été il y a quelques années la pédagogie scolaire de l'apprentissage de la langue maternelle.

Cette absence de réflexion sur les mécanismes mis en jeu dans les exercices rééducatifs correspond à ce que nous avons appelé dans notre tableau introductif la médiocrité de l'analyse fonctionnelle.

Il nous faut aussi dire un mot de l'imprécision assez générale au niveau des méthodes présentées. Ce serait aller trop vite en besogne que de suggérer que cette imprécision est due à une incapacité intrinsèque des empiristes à témoigner de précision dans leur démarche. Il nous semble plutôt que cette imprécision est voulue et correspond à la position théorique défendue par les tenants de cette école : la rééducation est une aventure singulière liée à un sujet particulier, aucune recette toute faite, aucun remède d'application générale n'est donc de mise. A la diversité des cas correspond la souplesse et l'adaptation de la rééducation, selon les progrès obtenus. Et l'on trouvera chez les empiristes les opposants les plus violents aux procédures programmées de rééducation. Le patient aphasique n'est donc pas vu avant tout comme une sémiologie qu'il y aurait moyen de systématiser, mais comme un sujet singulier avec ses particularités propres. Cette manière de poser les problèmes a au moins deux conséquences négatives : d'une part, on entretient de la sorte la coupure entre les pratiques rééducatives et la recherche neuropsychologique, d'autre part, on laisse une place importante à l'intuition du thérapeute, intuition dont la seule justification est l'expérience antérieure du praticien. Cette position nous paraît à moyen terme empêcher tout progrès en rééducation. Au coeur du débat, il y a l'insistance des empiristes sur le caractère individuel de toute thérapie. Cette remarque est vraie mais elle n'a rien de particulièrement original. En effet, ce problème se pose dans tout le champ de l'intervention thérapeutique, qu'elle soit médicale ou psychologique. Et on ne trouvera jamais ni deux sujets déprimés identiques à tous points de vue, ni deux fractures du fémur exactement superposables. Il n'empêche qu'il existe des programmes thérapeutiques applicables aux sujets déprimés et des méthodes standard pour résoudre les fractures du fémur. La question des programmes de rééducation n'est donc pas une interrogation spécifique propre au domaine neuropsychologique. Face à cette singularité individuelle que personne ne conteste, il est utile de rappeler que le cerveau présente des lois générales de fonctionnement, que l'activité langagière est structurée, et qu'elle remplit un certain nombre de fonctions dont on peut faire l'inventaire; enfin, que les mécanismes d'apprentissage ou de réapprentissage sont sans doute en nombre limité, et ne sont pas fondamentalement différents d'un sujet à l'autre. On peut donc proposer sur ces bases (même s'il reste beaucoup d'obscurité concernant le cerveau, l'activité langagière et l'apprentissage) un certain nombre de lois générales qui peuvent guider la démarche rééducative. Et sans doute, jusqu'à ce point, les empiristes sont d'accord puisque leur méthodes rééducatives se présentent à nous comme un mélange d'énoncés théoriques généraux et de pratiques rééducatives plus ou moins directement dérivées de ces énoncés-principes. La controverse débute quand on propose d'organiser de manière stricte la pratique rééducative, car c'est à ce moment que les empiristes mettent en avant la variabilité interindividuelle. Nous reviendrons plus loin dans le détail de cette opposition, quand nous aborderons le problème des rééducations programmées selon les principes de l'enseignement programmé (cf. chap. 6). Dès à présent, il nous semble cependant possible de suggérer aux empiristes d'utiliser dans leur pratique rééducative la méthode «d'étude des cas uniques», méthode qui connaît un considérable regain d'intérêt en neuropsychologie, et qui peut parfaitement s'appliquer aux pratiques rééducatives. Nous verrons plus loin quelle méthodologie est alors adéquate et quel niveau de précision doit alors être atteint [1].

Note

[1] Nous avons pris connaissance de l'ouvrage récent de Lecours et Lhermitte (1979) après la rédaction de ce chapitre. Nous ne ferons donc qu'un bref commentaire du chapitre 17 de cet ouvrage, chapitre consacré à la rééducation. Outre le fait que les exercices présentés dans ce chapitre sont plus détaillés que les descriptions antérieures disponibles en langue française, on notera comme autres signes de progrès: une meilleure justification théorique des stratégies rééducatives proposées et une ouverture à des courants rééducatifs différents comme la Thérapie Mélodique et l'Enseignement Programmé. Par ailleurs diverses innovations voient le jour dans le détail des méthodes et certaines mériteraient un commentaire plus approfondi, nous pensons notamment au schéma rééducatif des patients agrammatiques. On continuera cependant à regretter l'absence de validation expérimentale des méthodes proposées et le caractère limité du rôle dévolu à la famille. Pour l'essentiel donc cette nouvelle formulation respecte les traits principaux des écoles empiriques.

Chapitre 5
L'école soviétique :
Luria et Tsvetkova

Nous suivons ici le mode général de présentation adopté au chapitre précédent. Le premier tableau nous permettra donc de découvrir les traits essentiels de la méthode, ses lieux d'implantation et son domaine d'application.

Tableau I: Ecole soviétique

Lieu d'implantation	Union Soviétique et sans doute la plupart des pays de l'Est
Troubles envisagés	L'aphasie mais aussi divers autres troubles neuropsychologiques
Origine des méthodes	Méthodes originales directement liées au cadre théorique développé par Luria
Principaux principes thérapeutiques	- Analyse structurale préalable des troubles - Etalement dans le temps des difficultés - Utilisation des fonctions demeurées intactes - Retour informationnel sur la réussite ou l'échec
En résumé	Bonne analyse structurale des troubles. Analyse fonctionnelle intéressante, mais imprécise. Elle est qualitative, pas quantitative.

Nous présenterons d'abord et très brièvement les options théoriques générales de Luria. Nous examinerons ensuite et un peu plus en détail les méthodes de rééducation de langage qu'il propose et nous en ferons une évaluation critique. Enfin, nous ferons un bref commentaire relatif à la rééducation d'autres troubles neuropsychologiques.

La neuropsychologie de Luria: cadre théorique général

L'exposé des méthodes rééducatives de l'Ecole Soviétique exige au préalable un bref détour du côté des conceptions neuropsychologiques des auteurs russes puisqu'ici, thérapie et théorie sont intimement liées. En premier, Luria nous invite à modifier nos conceptions concernant «la fonction», «la localisation» et «le symptôme» (Luria, 1973). Pour l'auteur russe, la fonction peut signifier: «la fonction particulière d'un tissu»; dans cette acception, la sécrétion de la bile peut être considérée comme une fonction du foie, celle de l'insuline comme une fonction du pancréas et la délivrance d'influx moteurs comme la fonction des cellules pyramidales du cortex moteur. Cependant, lorsqu'on évoque les fonctions de digestion, de respiration ou de locomotion, on ne fait plus allusion à un processus simple, mais à «*un système fonctionnel complet*», impliquant plusieurs organes et leur intervention à différents niveaux. Ces systèmes fonctionnels auraient pour caractéristiques essentielles: premièrement, la présence d'une tâche constante réalisée par des mécanismes variables mais conduisant à un résultat invariant; deuxièmement, une structure complexe impliquant toujours l'intervention de systèmes efférents et de systèmes afférents jouant un rôle d'ajustement. Le point le plus important pour notre propos est qu'en cas d'altération d'un des éléments d'un système fonctionnel, l'objectif final peut encore être atteint par d'autres moyens. La caractéristique principale des systèmes fonctionnels complets est donc leur possibilité de réorganisation liée à l'interchangeabilité relative des parties constituantes. Ainsi, et en suivant l'exemple classique proposé par Luria, le résultat de la fonction respiration, c'est-à-dire l'arrivée d'oxygène dans les alvéoles pulmonaires peut, en cas d'arrêt de fonctionnement des muscles du diaphragme, être assurée par l'intermédiaire des muscles intercostaux; et si ces derniers sont également incapables de fonctionner, les muscles laryngaux peuvent être mobilisés (le sujet avale de l'air qui atteint ainsi les alvéoles pulmonaires d'une manière très différente).

Tous les processus psychologiques supérieurs (la perception, la mémoire, les praxies, le langage, la pensée, etc.) sont pour l'auteur soviétique de nature systémique [1] et ne peuvent être considérés comme des entités ou facultés isolées qu'il serait possible de concevoir comme «la fonction» d'un groupe limité de cellules localisées dans une aire réduite du cerveau. A partir du moment où l'organisation systémique des processus psychologiques supérieurs est reconnue, leur contrepartie cérébrale doit également être conçue comme une organisation de zones travaillant de concert chacune d'entre elles jouant son rôle propre; « ces zones peuvent être localisées dans des aires cérébrales différentes et même fort éloignées les unes des autres » (Luria, 1973, p. 31). Ce modèle de localisation fonctionnelle systémique s'établirait progressivement au cours de l'ontogenèse où les parties du cerveau fonctionnant initialement de manière indépendante finiraient par se trouver réunies dans des systèmes plus complexes. De plus, les différents systèmes fonctionnels établiraient également entre eux diverses organisations fonctionnelles intersystémiques. Au développement progressif et orienté de l'organisation des comportements et à l'établissement d'interrelations multiples entre les différentes modalités du répertoire comportemental, Luria fait donc correspondre l'évolution de l'organisation du S.N.C.[2]. Enfin, les processus localisables et intervenant dans un système fonctionnel peuvent en outre se trouver impliqués dans d'autres systèmes: ainsi, par exemple, le processus de discrimination des sons intervient dans le décodage du langage parlé, mais aussi et à divers degrés dans les activités d'écriture et de lecture. Chaque aire cérébrale remplit donc un rôle particulier et spécifique, mais intervient au sein de différentes organisations systémiques.

Cette double révision conceptuelle introduit logiquement une réinterprétation du même ordre de la notion de symptôme. Si la lésion d'une quelconque des zones participant à un système fonctionnel peut avoir pour résultat la désintégration de l'ensemble du système, il est cependant faux d'en conclure que le système est localisé dans cette aire restreinte du cerveau. Pour clarifier le rôle précis joué par cette aire cérébrale, il est nécessaire d'effectuer « l'analyse psychologique détaillée de la structure du trouble et d'élucider les causes de la dissolution du système fonctionnel » (Luria, 1973, p. 35). Ce point de vue est à la base de l'analyse syndromique de Luria, qui requiert l'étude détaillée et la comparaison des symptômes survenant au sein d'un même système fonctionnel et dans des systèmes fonctionnels différents, suite à des lésions variées du S.N.C. afin, d'une part, d'élucider les différentes composantes du système complexe. et, d'autre part, de déterminer quelles structures nerveuses en constituent la base.

Principes rééducatifs généraux

Les principes généraux mis en avant tiennent, pour l'essentiel, en quatre points: a) restauration différenciée du système perturbé; b) utilisation des fonctions demeurées intactes; c) étalement dans le temps et gradation des difficultés; d) retour informationel. Les deux premiers principes découlent immédiatement de l'analyse syndromique, les deux derniers renvoient aux questions de la méthodologie des réapprentissages. Nous examinerons brièvement la portée de ces principes avant d'aborder quelques solutions concrètes avancées pour la pratique rééducative.

1. Restauration différenciée du système perturbé

Ce premier principe revient à souligner qu'il n'est pas suffisant, pour entreprendre une rééducation, de partir du déficit observé, mais qu'il est nécessaire de cerner au mieux le niveau de la perturbation fonctionnelle, cause du déficit. Cette exigence propose donc le dépassement d'une analyse sémiologique, pour s'attacher à l'élucidation des causes de la pathologie proposée. Si l'on exclut le point de vue, par endroits différent, de l'école operante, l'ensemble des écoles thérapeutiques peuvent se mettre d'accord sur ce point de départ. Les difficultés surviennent lorsqu'on se souvient qu'actuellement la compréhension (et non la simple description) en profondeur des désordres consécutifs aux lésions cérébrales étant loin d'être très avancée, il n'est pas souvent possible de déterminer le ou les mécanismes responsables du déficit. La situation n'est donc pas aussi simple que ne le laisse penser l'énoncé du principe général. En effet, le plus souvent, il existe en pathologie une obscurité de départ sur la nature des troubles. Cette indécision initiale (reflet de l'état actuel de nos connaissances en neuropsychologie) n'interdit cependant, en aucune manière, la mise en place de procédures thérapeutiques. La médecine et la psychologie (surtout dans les domaines des troubles du comportement et de l'éducation) n'ont jamais attendu, pour soigner des malades ou modifier des comportements, que la pleine clarté soit faite au préalable sur les mécanismes à l'origine du, ou entretenant, le processus morbide. Les seules obligations d'une neuropsychologie rééducative seront alors d'essayer différentes méthodes s'inspirant des diverses hypothèses existantes sur la nature des troubles et d'orienter les thérapies subséquentes en fonction des résultats obtenus. Dans un tel contexte, seule une méthodologie rigoureuse et une appréciation objective des résultats obtenus pourront aider, en retour, à l'élucidation des causes fonctionnelles en jeu dans la pathologie initiale et apporter, de la sorte, certains arguments en faveur de l'une ou l'autre hypothèse. La question posée par ce premier principe devient alors la suivante: les thérapies mises au point par l'école soviétique ont-elles une efficacité suffisante, permettant de valider l'analyse structurale des troubles présentée par ces auteurs? Nous tenterons d'y répondre en examinant les faits rééducatifs présentés en aphasiologie, mais aussi dans le cadre d'autres troubles neuropsychologiques.

2. L'utilisation des composantes fonctionnelles demeurées intactes

Un autre point important est qu'il s'agit d'identifier la cause du déficit, non pour faire porter l'effort rééducatif à ce niveau, mais, au contraire, pour contourner ce déficit primaire. Celui-ci étant lié à une destruction du tissu nerveux, il n'y a, selon Luria, pratiquement aucun espoir de rétablissement. L'objectif rééducatif sera alors de réorganiser le système fonctionnel en contournant la composante déficitaire. Ce parti pris d'une réorganisation plutôt que d'une réinstallation identique de la fonction perturbée prend en outre appui sur des considérations ontogénétiques. Pour les auteurs russes, les systèmes fonctionnels complexes admettent, au moment de leur formation, la conjonction de multiples systèmes afférents (« these higher psychological functions are thus multireceptive ». Tsvetkova, 1972). Mais, au cours du développement, la plupart des systèmes afférents perdent de leur importance et un seul d'entre eux finit par émerger ; c'est lui qui domine et assure la régulation de cette fonction. La rééducation va alors prendre appui sur les composantes fonctionnelles anciennes et non perturbées (« dormant afferent system », Tsvetkova, 1972). Ainsi, un désordre de l'analyse auditive des sons du langage sera surmonté par l'utilisation systématique des systèmes de contrôle visuel (lecture labiale, miroir, etc.) ou kinesthésique (sensations dérivées de la mobilisation des appareils bucco-pharyngo-laryngés) qui ont joué un rôle au moment de l'installation de la discrimination des sons du langage chez l'enfant.

Les auteurs distinguent en outre la *réorganisation intrasystémique* et la *réorganisation intersystémique*. La seconde consiste à utiliser une voie de compensation ordinairement étrangère au système fonctionnel perturbé. Lorsque, par exemple, pour rééduquer la motricité manuelle d'un patient atteint de la maladie de Parkinson, on couple un clignement d'oeil avec une pression manuelle sur une poire, on établit une synergie motrice entre deux systèmes fonctionnels différents. La rééducation intrasystémique consiste à transférer la conduite perturbée à un autre niveau du même système fonctionnel, soit à un niveau inférieur chaque fois que la rééducation s'appuie sur des conduites automatisées bien conservées, soit à un niveau plus élevé, notamment lorsqu'on fait appel au langage, à ses fonctions de régulation et d'élévation de la prise de conscience. Ainsi, le langage réorganisera l'action motrice, soit comme élément graphique organisé, en tant que rythme vocal ou encore à un niveau supérieur, comme fournisseur de plans permettant l'anticipation et l'organisation d'actions plus complexes.

3. *L'étalement dans le temps et la gradation des difficultés*

Ce sont deux principes pédagogiques qui semblent aller de soi. Tout programme rééducatif se donne pour point de départ des activités simples, et n'aborde des tâches plus complexes que lorsque les acquis antérieurs sont fermement établis [3]. La notion de complexité mise en avant par Luria a cependant, dans le contexte rééducatif, un caractère spécifique : ce qui est visé ici, c'est le passage d'une activité décomposée en ses différents éléments à une activité automatisée. En effet, avant la lésion cérébrale, les conduites du sujet sont réalisées sur un mode automatique et avec rapidité. Au début de la rééducation, les activités proposées sont, le plus souvent, décomposées en actions courtes nettement séparées les unes des autres (et dont la réalisation isolée est à la portée du sujet), mais l'objectif final de la rééducation reste l'automatisation de la conduite globale. Ceci implique l'intériorisation progressive des procédés nouveaux proposés au sujet. La gradation des difficultés peut donc se comprendre de la manière suivante : au début d'une rééducation, les aides extérieures sont maximales, l'activité proposée est simple et son rythme d'exécution est lent ; en fin de rééducation, les aides extérieures doivent avoir complètement disparu, l'activité proposée doit être plus complexe et réalisée rapidement. Nous verrons par la suite qu'à une ou deux exceptions près, les travaux actuellement publiés par les auteurs russes ne sont pas suffisamment détaillés sur ce point.

4. Le retour informatif sur l'échec et la réussite de l'action entreprise

Le principe de la correction de l'action entreprise est aussi commun à toutes les thérapies neuropsychologiques. Luria situe ici sa remarque dans le contexte des modèles cybernétiques proposés par Anokhin et Bernstein. Pour l'auteur russe, en début de thérapie la correction reste secondaire, c'est-à-dire qu'elle intervient une fois l'action terminée ; lorsque l'action s'automatise, la correction devient primaire, en ce sens que les corrections surviennent en cours d'action avant la fin de celle-ci. A ce niveau, l'auteur insiste également sur la nécessité d'assurer le passage progressif entre la correction extérieure et celle que le patient se délivre lui-même. On retrouve ici les remarques de Wepman concernant la nosognosie. Diverses procédures correctrices sont possibles et varieront en fonction du trouble présenté : miroir, feedback auditif, commentaire verbal de l'activité réalisée par le thérapeute, comparaison du résultat obtenu avec le résultat escompté. Le but visé est double : d'un côté, ce feedback constitue une source d'informations que le patient peut utiliser pour corriger les essais ultérieurs, d'un autre côté, chez les patients anosognosiques, ce feedback est un révélateur qui peut favoriser la prise de conscience du trouble. On doit remarquer, à ce propos, que divers travaux en psychologie de l'apprentissage (notamment dans le cadre des épreuves de poursuites de cibles) ont montré que, pour être efficace, le feedback proposé doit varier entre certaines limites : dans bien des cas, une trop grande précision dans l'information transmise au sujet ou un nombre trop élevé d'informations s'avèrent inefficaces. Il s'agit donc de rendre cette information optimale; dans le vocabulaire de la psychologie de l'apprentissage, on dira qu'il s'agit de créer les stimuli discriminatifs les plus efficaces au contrôle du comportement. Dans la détermination de ceux-ci intervient le moment où on délivre les informations supplémentaires: immédiatement en cours d'action ou seulement une fois l'action terminée. Ici, à nouveau, nous irons d'un regret: les modalités précises de la délivrance des corrections sont peu explicitées dans les travaux rééducatifs soviétiques.

Les pratiques rééducatives

1. L'aphasie

Comme on l'a déjà souligné, les pratiques rééducatives mises au point par Luria et ses collaborateurs se différencient des rééducations empiriques sur un point fondamental: la rééducation entreprise est immédiatement dépendante de l'interprétation théorique des troubles présentés. Il en résulte que la compréhension en profondeur des méthodes proposées ne peut se faire qu'en liaison avec la théorie neuropsychologique qui les soustend. Nous n'aborderons pas ici dans le détail ces questions, cela exigerait une présentation détaillée de la conception et de la classification des aphasies selon Luria. Quelques illustrations peuvent suffire à éclairer la logique rééducative des auteurs soviétiques. Ainsi, par exemple, la rééducation de l'articulation sera différente selon que les troubles articulatoires surviennent dans le cadre d'une aphasie afférente motrice ou d'une aphasie efférente motrice. Dans le *premier cas*, l'hypothèse stipule que le trouble est essentiellement de nature apraxique et un schéma rééducatif en 6 étapes est proposé:

1. *Début par des mouvements extérieurs à l'activité orale*, tels que mordre, souffler, sucer, etc .
2. Sélection des mouvements restés adéquats dans des situations concrètes (exemple: souffler une bougie) et dont *les caractéristiques vibrotactiles et visuelles* sont facilement repérables.
3. *Passage du mouvement involontaire* (souffler une bougie) *à un mouvement volontaire* (souffler à la demande, faire le geste sans souffler ...). Cette étape se réalise avec l'aide d'un diagramme articulatoire (dessin qui représente schématiquement la position des organes buccolaryngo-pharyngés) et/ou d'un miroir.
4. *Passage du mouvement pratique au mouvement articulatoire proprement dit* (étape de la différenciation). Au début, on travaille des sons dont la composante articulatoire est proche des mouvements pratiques travaillés précédemment. La rééducation

prend en outre appui à ce stade sur la signification et les correspondances graphémiques.
5. Pour le travail des phonèmes où les mouvements oraux jouent un rôle important, l'utilisation des mouvements non symboliques devient impossible. L'aide visuelle intersystémique joue alors un rôle prépondérant: emploi du miroir, observation de l'activité articulatoire de l'examinateur, utilisation des diagrammes articulatoires pour la différenciation.
6. Enfin, exercices sur les variations articulatoires selon les contextes.

Par contre, dans le cas de l'*aphasie efférente motrice*, la difficulté ne porte plus sur l'articulation de sons isolés: ce sont les phénomènes d'inertie et de persévération qui prédominent et se marquent dans le passage d'un mouvement articulatoire à un autre. La procédure rééducative sera donc différente.

Après avoir constaté que le ralentissement de l'activité articulatoire, par l'introduction d'une pause intersyllabique, est un procédé inefficace, les principes suivants sont proposés:

1. Travailler en premier sur des suites articulatoires très différentes.
2. Relier chaque acte articulatoire à un contexte sémantique (exemple: pour prononcer Paris, faire appel à *pa*pa et *ri*re).
3. Utiliser des modifications de hauteur de son pour accentuer les différences articulatoires (exemple: prononcer P a / r i s). aigu / grave.
4. Eventuellement doubler l'activité articulatoire de gestes différents d'accompagnement.
5. Recourir à des schémas articulatoires séquentiels.

Cette adaptation de la thérapie à l'analyse détaillée préalable du trouble se retrouvera dans la rééducation du lexique (selon qu'elle survient dans le cadre des aphasies motrices ou des aphasies sensorielles), dans celle de l'écriture, de la lecture et de la grammaire (cf. pour plus de détails Luria et al., 1969; Luria, 1970).

Un premier constat est donc possible: l'argumentation théorique, chez Luria, est beaucoup plus serrée et les méthodes rééducatives utilisées ne doivent plus rien aux pratiques en usage chez l'enfant. Mais les pratiques rééducatives soviétiques présentent un trait commun aux pratiques empiriques: l'absence de validation expérimentale suffisante. Il en résulte que l'efficacité des méthodes reste à démontrer et que leur bien fondé théorique demeure entièrement dépendant de la valeur des hypothèses explicatives préalablement émises. Autrement dit, si les hypothèses théoriques mises en avant par Luria ne sont pas vérifiées, les pratiques rééducatives pourraient être inefficaces. L'étroite dépendance entre théorie et pratique rééducative lie évidemment cette dernière aux postulats de la théorie. Il faut ici regretter que Luria n'ait pas fait pleinement jouer à la thérapie son rôle de contrôle de la théorie. Cette absence de vérification expérimentale nous amène à réclamer le même contrôle expérimental que celui demandé pour les méthodes empiriques; on notera cependant que les méthodes de Luria sont souvent présentées avec plus de détails, le travail de vérification devrait donc être plus facile à entreprendre.

2. Les autres troubles neuropsychologiques

Une autre caractéristique de l'école soviétique est de n'avoir pas limité les pratiques rééducatives aux seules conduites langagières. Dès son ouvrage «Restoration of function after Brain Injury», traduit en anglais en 1963 mais datant déjà de 1948, Luria manifeste de l'intérêt pour la mise au point de stratégies rééducatives couvrant l'ensemble du répertoire comportemental. Cet élargissement de la thérapie est un point qui nous paraît fondamental. Il dérive sans doute, à la fois, de la conception intégrative du fonctionnement du S.N.C. propre à l'école soviétique et de l'organisation du travail thérapeutique dans les pays de l'Est. On est surpris, dans nos pays, de constater le peu d'intérêt manifesté pour la rééducation des agnosies, des apraxies et des autres troubles neuropsychologiques. Nous reviendrons en fin d'ouvrage sur les raisons impérieuses qu'il y a à étendre la rééducation à l'ensemble du répertoire comportemental. Nous nous limiterons pour l'instant à l'examen des travaux rééducatifs soviétiques hors du langage. Comme pour la rééducation du langage, on retrouve d'étroites liaisons entre l'analyse neuropsychologique des troubles et les pratiques rééducatives. Les programmes mis au point par Luria pour la restructuration des activités constructives peuvent nous servir à illustrer la logique de la démarche. Dans un premier temps, Luria observe et décrit en détail la nature des difficultés rencontrées par deux types de patients dans la réalisation de modèles géométriques au moyen de cubes colorés (épreuve des cubes de Kohs). Au terme de cette analyse, Luria distingue deux groupes de patients très différents, atteints d'une lésion droite postérieure ou atteints d'une lésion frontale (Luria et Tsvetkova, 1964). Dans le premier cas, le trouble réside dans l'analyse et le contrôle spatial de l'activité constructive; dans le second, c'est la programmation de l'action, son organisation séquentielle, qui est prise en défaut. Le programme thérapeutique destiné aux sujets atteints de lésion droite postérieure aura donc pour objet de réorganiser l'analyse spatiale des données. Ce programme prendra appui sur des procédés de codage verbaux et visuels d'abord, très simples et conduisant, par exemple, au réapprentissage des positions haut-bas, gauche-droite. Ensuite, ces repères visuo-verbaux permettront l'analyse de données spatiales rendues progressivement plus complexes (le cube rouge est en haut à droite, etc.). La rééducation de patients atteints de lésions frontales à cette même épreuve sera tout-à-fait différente. Le programme thérapeutique visera moins le contenu des opérations à effectuer, que la mise en route ordonnée de ces opérations. Il s'agira, en fait, de garantir la réalisation de l'analyse du modèle par des instructions contraignantes exigeant qu'elle ait effectivement lieu (du type : *Avant de commencer à travailler, regardez attentivement le modèle*). Il s'agira aussi de faire respecter l'ordre des opérations (ex : prenez un cube, placez-le; prenez-en un second, etc.). Cet exemple suffit à mettre en évidence le souci de cohérence théorique : les pratiques thérapeutiques dérivent d'une interprétation théorique préalable.

Deux points particuliers et propres à l'école de rééducation soviétique méritent en outre un commentaire séparé : le rôle dévolu au langage comme réorganisateur de l'action et le modèle général de la rééducation des frontaux.

a) *Le langage comme réorganisateur de l'action*

La neuropsychologie de Luria est à situer au sein de la psychologie soviétique, en particulier dans la filiation des travaux de Pavlov et de Vygotsky.

On sait que, sensibles à l'influence des facteurs sociaux sur le développement des individus, les psychologues soviétiques ont très tôt insisté sur le rôle du langage comme facteur indispensable au développement psychologique de l'enfant (le second système de signalisation). A cet égard, la contribution de Vygotsky est essentielle. On sait que cet auteur, dans un ouvrage célèbre (Vygotsky, 1962), a analysé en détail les liaisons qui s'établissent entre l'activité verbale et l'action. Vygotsky observe notamment que les productions verbales de l'enfant engagé dans une tâche particulière n'apparaissent pas au hasard, mais au contraire de manière spécifique, lorsqu'un obstacle (accidentel ou provoqué) surgit dans le décours de l'action. Pour Vygotsky, « Au début le langage égocentrique marque le résultat final d'un point critique dans une action, ensuite il se transfère vers le milieu et finalement au début de l'action, assurant une fonction directrice et planificatrice en élevant les actes de l'enfant au niveau du comportement orienté ». C'est ce rôle planificateur du langage sur l'action que Luria va non seulement analyser à travers un ensemble de travaux expérimentaux originaux, mais qu'il va en outre placer au centre de nombreux travaux rééducatifs. Les études de l'auteur soviétique porteront à la fois sur l'ontogenèse du rôle régulateur du langage chez l'enfant et sur les dissolutions de cette action régulatrice en pathologie, qu'il s'agisse de désordres globaux et précoces de l'activité cérébrale (oligophrènes et enfants asthéniques), d'atteintes sous-corticales (parkinsoniens) ou d'atteintes corticales restreintes. Au niveau thérapeutique, la plupart des programmes rééducatifs contiennent l'appel à cette régulation verbale et ce, à différents niveaux : tantôt c'est le langage comme rythme sonore qui est utilisé, tantôt, à un niveau plus élaboré, c'est le contenu des messages qui joue le rôle décisif.

b) *La rééducation des patients atteints de lésions préfrontales*

Le deuxième point fort des travaux thérapeutiques réalisés par l'école soviétique concerne la rééducation des processus intellectuels lors d'atteintes préfrontales. Pour Luria, et en simplifiant quelque peu, au coeur du syndrome frontal réside une désorganisation des processus de programmation de l'action. Ce modèle général est appliqué, avec des nuances que nous ne pouvons détailler ici, à tout le répertoire comportemental de ces patients (motricité intentionnelle, mécanismes de prises d'information, activité intellectuelle etc.). Le comportement des patients atteints d'une lésion frontale et placés devant un problème se laisse résumer comme suit : défaut dans l'analyse des données, non émission d'un plan de résolution, tentatives immédiates et précipitées de résolution (versant excitation) ou, au contraire, inertie pathologique (versant inhibition). De plus, une fois obtenue, la réponse n'est pas critiquée, le patient ne la confronte pas aux données initiales du problème. Cette analyse de l'action peut être, sans grande perte d'information, résumée par le schéma de la page 100.

Pour Luria, les opérations à réaliser à chaque étape du processus de résolution sont à la portée d'un patient porteur d'une lésion frontale. Et il en apporte un début de démonstration en programmant de l'extérieur, lors d'exercices rééducatifs, le comportement des malades. Cette programmation extérieure consiste à guider le comportement du malade au moyen d'une succession de consignes appropriées au problème. Voici, pour la résolution de problèmes d'arithmétique, un exemple de programmes utilisés :

1. lisez attentivement et lentement le problème,
2. divisez le texte en différentes parties selon le sens et soulignez-les,
3. répétez la question du problème,
4. notez par écrit l'énoncé ou son plan,
5. donnez oralement votre plan de résolution et, ce faisant, considérez avec attention l'énoncé,
6. faites le problème. Vérifiez la solution à partir de l'énoncé,
7. dites quelle est la réponse.

Ces programmes thérapeutiques ont été testés par Luria et Tsvetkova (1966) sur une vingtaine de patients frontaux, mais ils ont été

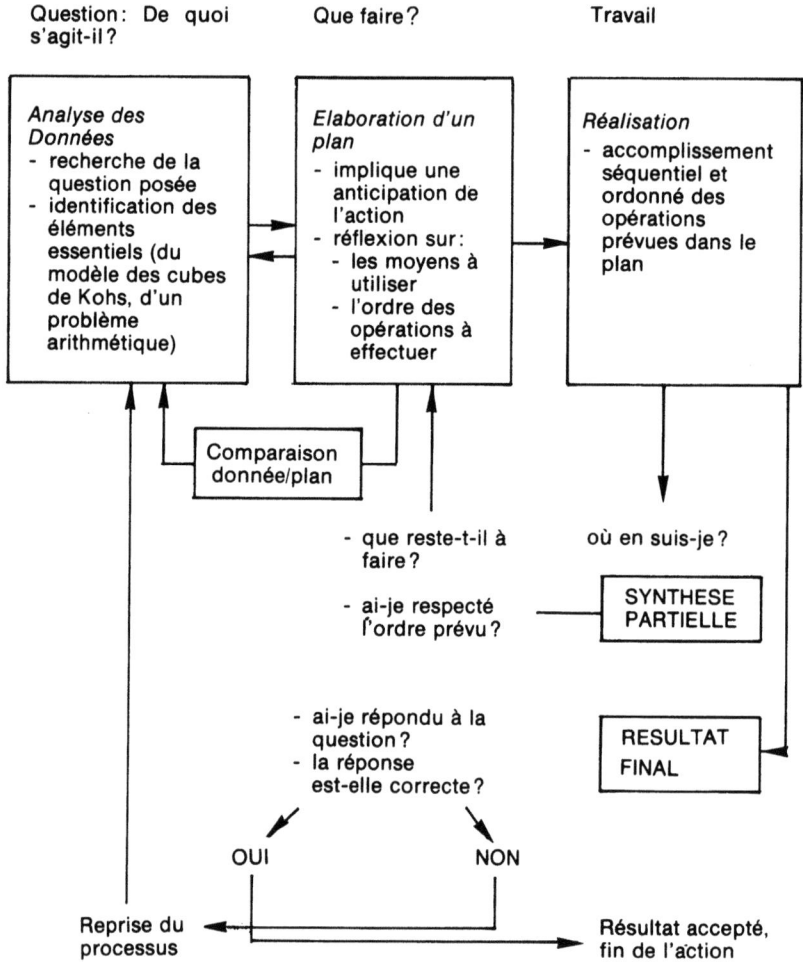

adaptés dans le détail selon la nature précise du syndrome frontal présenté (postéro-frontal, fronto-basal, etc.). L'administration orale ou écrite de programmes de ce type rend les patients atteints de lésions frontales capables de résoudre des problèmes autrement hors de leur portée. Il est utile de signaler ici qu'il ne s'agit pas de procédés maïeutiques. Il n'y a par exemple aucune indication sur la manière de diviser un problème en ses différentes parties, ni sur la manière de repérer les parties importantes, pas plus qu'il n'est indiqué comment en vérifier la solution. En bref, le programme indique *ce* qu'il faut faire, *dans quel ordre* il faut le faire, mais *non comment* il faut le faire. Les psychologues qui disposent d'une certaine expérience des débiles ou des déments se convaincront aisément qu'un tel programme ne serait, chez eux, pratiquement d'aucune utilité. Car si, chez ces malades, la programmation est également perturbée, on peut penser que la plupart des opérations indiquées dans le programme posent en elles-mêmes des difficultés insurmontables.

Commentaire et critique de l'école soviétique

A la fois en ce qui concerne les travaux en rééducation du langage et les travaux en rééducation neuropsychologique, certaines questions méthodologiques restent à poser.

Sur le plan des procédures appliquées, on manque souvent de précisions. Cette lacune porte moins sur la méthode elle-même, qui est souvent présentée en détail, que sur les conditions d'application (rythme, fréquence, durée des séances, etc.). De plus, la plupart des faits recueillis sont présentés sur le mode illustratif, c'est-à-dire sur un ou deux cas seulement, et certaines variables anatomo-cliniques manquent souvent de clarté. Les problèmes de validation restent donc entiers. Par ailleurs, certains paramètres propres à la rééducation elle-même sont insuffisamment détaillés. Nous avons ailleurs, en collaboration avec Derouesné et Lhermitte, indiqué comment, en respectant la méthodologie développée par les auteurs soviétiques, il y avait moyen d'en préciser les détails, en s'inspirant notamment des techniques d'estompage afin de garantir la prise en charge progressive par le patient lui-même des plans régulateurs de son action, et en découpant les problèmes à résoudre en petites unités, comme cela se pratique dans l'enseignement programmé (Derouesné et al., 1975).

En résumé, les travaux rééducatifs soviétiques présentent un certain nombre de traits originaux non négligeables: cohérence théorique de la démarche (analyse syndromique des troubles, appel à la notion d'intégration systémique, ...) et prise en compte de l'ensemble des troubles neuropsychologiques. Mais il reste des problèmes de validation empirique en regard de l'efficacité de ces méthodes, et l'analyse fonctionnelle de deux des quatre principes mis en avant (l'étalement dans le temps et la gradation des difficultés) est insuffisante. C'est sans doute à ce niveau que la technologie issue de la Modification du Comportement pourrait apporter une contribution originale et complémentaire aux travaux soviétiques.

Notes

[1] C'est-à-dire organisé en système selon les deux critères énoncés plus haut.

[2] Ce n'est pas ici le lieu de discuter en détail des thèses de Luria. Il nous semble cependant utile de souligner que ce modèle n'est pas aussi psychologisant que certains ont voulu le prétendre. Il ne s'agit en effet pas, pour l'auteur, de localiser l'une ou l'autre étiquette comportementale utilisée par les psychologues. Ce que Luria tente de localiser, ce sont les processus sous-jacents habituellement non apparents dans le comportement des sujets normaux et dont la conjonction donne la conduite globale.

[3] La notion de complexité n'est cependant pas des plus simples en neuropsychologie. Il s'agit de déterminer, dans la tâche proposée, l'intervention plus ou moins grande de la fonction perturbée. Ainsi, les repères a priori sont dangereux et, par exemple, la lecture d'une lettre n'est en soi une tâche ni plus simple ni plus compliquée que la lecture d'un mot. Dans le cadre d'une alexie verbale, le patient est capable de lire des lettres, mais se trouve en difficulté lors de la lecture des mots où il procède par épellations successives; par contre, dans le cadre de l'alexie littérale, c'est la lecture des lettres qui est principalement touchée et la lecture des mots n'est imparfaite que dans la mesure où un procédé de lecture idéogrammatique est impossible ou conduit à un résultat erroné. La notion de complexité est ainsi liée, d'une part, à la structure des comportements, d'autre part, à la nature précise de la désorganisation pathologique.

Chapitre 6
L'école operante
et l'approche expérimentale

Introduction

L'apport de la méthodologie operante à la rééducation des patients aphasiques est multiple. Il est possible de distinguer quatre courants principaux de recherches : 1) recherches fondamentales sur divers apprentissages verbaux et non verbaux ; 2) développement de techniques de rééducation basées sur les méthodes de l'apprentissage programmé ; 3) application des principes de la Modification du Comportement à des thérapies individualisées et 4) mise au point d'apprentissages utilisant un code visuel arbitraire selon la technique de Premack. Par ailleurs, en dehors d'un courant s'inspirant des principes du conditionnement operant, on voit apparaître des recherches rééducatives qui s'alimentent à d'autres courants théoriques mais qui empruntent l'un ou l'autre aspect de la méthodologie mise au point par l'école de la Modification du Comportement [1].

Mais au préalable, et comme aux chapitres précédents, le Tableau I fournit au lecteur les repères principaux lui permettant de situer cette école thérapeutique au sein des autres courants rééducatifs.

Lieu d'implantation	Etats-Unis
Troubles envisagés	Principalement l'aphasie
Origine des méthodes	Conditionnement operant
Principaux principes thérapeutiques	- Principes du conditionnement operant - Influence de l'apprentissage programmé
En résumé	Analyse fonctionnelle très précise, mais souvent indaptée par absence d'analyse structurale

Tableau I. Ecole Operante.

Principes généraux

On considère ici que les conduites langagières sont, au même titre que les autres conduites, sous le contrôle d'événements antécédents (stimuli) et d'événements conséquents (renforcements, stimuli aversifs) (voir schéma 1).

En modifiant les conditions d'apparition et les conséquences d'une conduite, on peut en changer la fréquence d'apparition et en modifier la nature. Tout un courant thérapeutique récent s'est développé aux Etats-Unis sur cette base, la Modification du Comportement (Seron

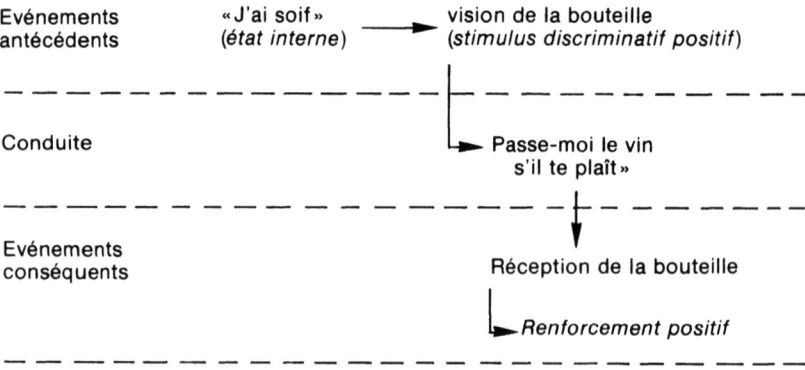

Schéma I. (ex.: à table)

et al., 1977). Nous analyserons d'abord brièvement les termes de l'analyse operante et ce, en nous plaçant dans la situation de rééducation logopédique.

1. Les événements conséquents

Lorsqu'ils ont une influence sur la conduite, les événements conséquents peuvent avoir deux effets différents: augmenter la probabilité d'apparition de cette conduite en cas de «renforcement (positif ou négatif)», diminuer la probabilité d'apparition de la conduite dans «la punition, l'extinction, le retrait de renforcement ou time out».

En pratique logopédique, le thérapeute délivre fréquemment des stimulations après l'émission d'une conduite par le patient; cela ne signifie cependant pas qu'il délivre des «renforcements»: pour qu'un événement délivré après l'émission d'une conduite ait un rôle efficace (c'est-à-dire soit renforçant ou, exprimé autrement, augmente la probabilité d'apparition future de la conduite), certaines règles doivent être respectées. Ainsi, et d'une manière générale, le renforcement doit suivre *immédiatement* une conduite pour être efficace: l'existence d'un délai entre la conduite et le renforcement en diminue l'efficacité. De plus, quand un délai trop long est employé, un comportement supplémentaire peut être émis par le patient au cours du délai et c'est ce comportement intercalaire qui risque d'être renforcé.

Brookshire (1971) par exemple, a étudié le comportement de sujets aphasiques placés dans une tâche d'apprentissage probabiliste. Il a montré qu'en introduisant des délais aussi brefs que une et deux secondes entre la conduite et le renforcement, on altérait la performance des sujets aphasiques, tandis que des sujets contrôles n'étaient pas affectés.

La nature des événements conséquents présentés peut aussi avoir une incidence sur les apprentissages. En clinique logopédique courante, on délivre souvent des renforcements sociaux («Bravo», «Bien», «Non», «O.K.», etc.; parfois, avec les enfants, des renforcements alimentaires ou ludiques: «après un exercice, il peut jouer»); mais le renforcement est également «la conduite qu'il fallait émettre» et on se trouve alors dans une situation de «modelage». La conduite à émettre peut aussi être présentée *avant* que le patient n'émette sa propre conduite; nous reviendrons sur ce point dans le paragraphe réservé aux événements antécédents.

La règle d'application la plus importante, dans la présentation des événements conséquents, est qu'ils soient délivrés de manière systématique et non au hasard en fonction de critères subjectifs, sans liaison avec les comportements réellement émis par le sujet. Cela implique une définition très précise des conduites dont on veut modifier la fréquence d'apparition ou provoquer l'apparition ou la disparition.

Ainsi par exemple, délivrer des renforcements positifs de manière contingente, ce n'est pas encourager de temps en temps le patient au cours d'une séance thérapeutique, mais réagir de façon précise et ponctuelle à une conduite donnée et définie à l'avance. Dans bien des cas, un thérapeute encourage un patient alors qu'il vient d'émettre une conduite inadéquate: il risque de ce fait de renforcer la réapparition future de cette conduite indésirable! De la même façon, manifester de la désapprobation à la cinquième répétition orale erronée d'un patient peut n'avoir aucune efficacité si, au cours des quatre répétitions fausses antérieures, on a délivré des marques de satisfaction: dans ce cas, la même conduite est tantôt renforcée positivement, tantôt au contraire punie.

En aphasiologie, quelques travaux seulement ont été consacrés de manière précise à l'influence des événements conséquents sur l'apprentissage. Goodkin (1966, 1969) a, par exemple, étudié l'effet, sur l'apprentissage de mots et de phrases, d'événements conséquents tels que les renforcements verbaux (approbations), les jetons, l'auto-renforcement, l'auto-punition ou les renforcements différés. De même, dans des apprentissages non verbaux, on a analysé le rôle respectif de trois différents types de punition (le time-out, le coût de réponse et la présentation de stimuli aversifs): l'efficacité de ces techniques punitives semble varier selon les sujets (Kushner et al., 1973).

2. Les événements antécédents

Dans la terminologie operante, on parlera ici du «contrôle par le stimulus»: l'apparition d'une conduite est liée non seulement aux conséquences qui en résultent mais, en outre, ces dernières sont attendues dans *certaines situations et non dans d'autres*. Un stimulus (ou une situation stimulante) dont la présence est associée au renforcement s'appelle un *stimulus discriminatif positif*; inversement, un stimulus dont la présence est associée à l'absence de renforcement s'appelle un *stimulus discriminatif négatif*.

Imaginons que je veuille progressivement endiguer le flot continu du jargon d'un aphasique de Wernicke [2]. Je peux, par exemple, essayer de l'amener à fragmenter ses émissions; à cette fin, je puis décider que lorsque je lève la main le patient est autorisé à parler (et je le renforce à cette occasion; encouragements, etc.), et que lorsque j'abaisse la main le patient est invité à se taire: «Lorsque je lève la main» = un stimulus discriminatif positif, le renforcement est octroyé; «Lorsque je baisse la main» = un stimulus discriminatif négatif, les conséquences renforçantes sont suspendues.

Comme le signale justement La Pointe (1978), l'effort des thérapeutes en aphasiologie a surtout consisté en un contrôle précis et une manipulation des événements antécédents. Deux procédés revêtent ici une importance particulière: l'incitation et la guidance physique; nous y reviendrons lors de la présentation de quelques pratiques thérapeutiques concrètes.

3. La conduite émise (ou « réponse »)

Le critère essentiel est ici que les conduites à modifier ou installer soient d'une part observables, d'autre part strictement définies. Ces conduites doivent pouvoir être identifiées et distinguées d'autres conduites, on doit être capable d'en mesurer la fréquence d'apparition et d'apprécier les contextes dans lesquels elles sont émises.

En Modification du Comportement, on ne se donne pas pour objectif d'augmenter, par exemple, le lexique d'un patient; l'objectif sera plus précis : on se donnera pour critère la dénomination correcte d'un ensemble de stimuli clairement définis et que le patient ne pouvait dénommer avant la thérapie [3].

La conduite d'une thérapie

1. Le problème de la ligne de base

Avant la mise en place d'une rééducation, le thérapeute va s'efforcer d'apprécier le niveau de départ des performances du patient. Dans la perspective adoptée ici, il s'agit d'établir un niveau comportemental aussi précis que possible : ce niveau sera « la ligne de base », qui servira de repère pendant toute la thérapie pour mesurer les progrès éventuels obtenus. On retrouve ici le problème, évoqué dans un chapitre antérieur, du niveau pré-rééducation. Quelques exemples repris à la littérature rééducative peuvent aider à cerner ce concept. Dans un travail rééducatif s'inspirant de l'enseignement programmé (Sarno et al., 1970), 31 sujets aphasiques sont sélectionnés sur la base du Profil de Communication Fonctionnelle (PCF, voir chapitre 3). Ce profil n'est *pas* la ligne de base préthérapeutique : une ligne de base est toujours un examen précis de conduites strictement répertoriées, sur lesquelles va porter le traitement. Dans l'expérience de Sarno et al., la ligne de base comprend 10 sub-tests (imitation gestuelle, appariement visuel, appariement mots-images, sélection à choix multiples de mots identiques, copie de lettres dans des mots incomplets, imitation verbale, etc.). Les conduites émises par les patients aux sub-tests sont mesurées en différents scores qui indiquent le niveau de performance. Après le traitement, le pré-test est réadministré (il devient le post-test) et les différences indiquent l'existence ou non de progrès.

Les comportements visés lors de l'établissement d'une ligne de base dépendent des objectifs de la rééducation. Ainsi, dans une rééducation portant sur la restructuration du lexique, la ligne de base pourra consister en une liste d'images à dénommer, ou l'enregistrement sonore d'une conversation libre sur un thème donné (enregistrement dans lequel on détermine avec précision la fréquence d'apparition de manques du mot, les mots de remplissage, les pauses et les périphrases d'usage).

Une vertu habituellement requise est la stabilité de la ligne de base: si on veut démontrer l'efficacité d'une thérapie, il faut que les comportements émis avant le traitement soit stables. En effet, en cas d'oscillations trop importantes des performances, on peut prendre pour un progrès une oscillation positive et pour un échec une oscillation négative.

Imaginons un patient aphasique qui obtient, à un test de dénomination, une cote de 5/20. Si ce score est influencé par la fatigue, le niveau de vigilance, le degré d'attention ou une instabilité neurophysiologique indéterminée, ce patient peut très bien, quelques heures plus tard, obtenir un score de 10 sur 20 au même test. Si cette seconde mesure n'a pas été prise en pré-test, on considérera à tort qu'une cote de 10/20 obtenue après thérapie est un indice fiable de progrès (voir schéma 2).

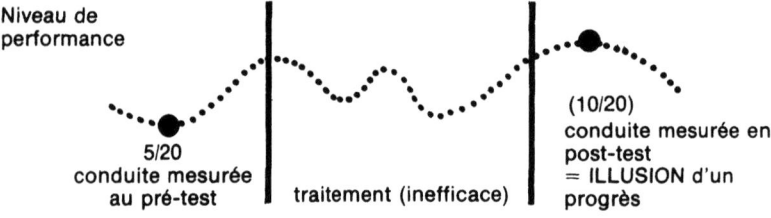

Schéma 2

L'établissement d'une ligne de base implique donc le contrôle des conditions dans lesquelles ont lieu les mesures comportementales (fatigue, motivation, moment de la journée, etc.) et la répétition de ces mesures aussi longtemps que la ligne de base n'est pas stable [4].

La ligne de base peut être simple ou multiple. Elle est simple si elle porte exclusivement sur les conduites qu'on entend rééduquer (ex: une liste de syllabes soigneusement sélectionnées avant la rééducation de troubles articulatoires). Elle est multiple si elle porte sur différentes parties du répertoire comportemental; les avantages de la ligne de base multiple sont nombreux et un des plus importants a trait au transfert des apprentissages.

Dans deux recherches sur la rééducation du manque du mot, Wiegel-Crump et Koenigsknecht (1973) et Seron et al. (1979) se sont demandés si en faisant porter la rééducation sur quelques mots seulement on améliorait les capacités générales de dénomination. A cette fin, ces auteurs ont élaboré une double ligne de base, l'une concerne une liste de mots non travaillés en rééducation. Après la thérapie, on réadministre les deux listes (rééduqués et non rééduqués). Les scores obtenus dans la liste de mots non rééduqués après la rééducation indiquent s'il y a eu ou non transfert d'apprentissage (cf. schéma 3).

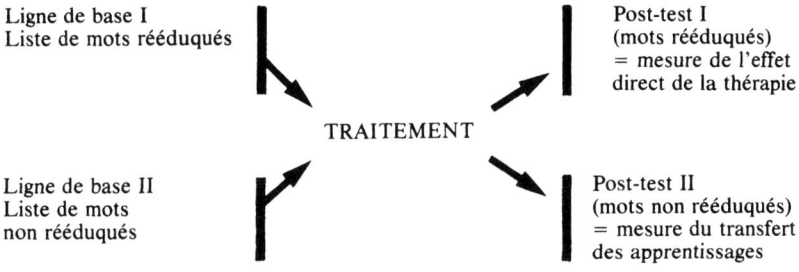

Schéma 3

La technique de la ligne de base multiple peut aussi aider à poser (et dans certains cas à résoudre) des problèmes théoriques intéressants. On peut par exemple se demander si la diminution de la fluence verbale, observée dans les aphasies de Broca, est liée ou non aux troubles articulatoires accompagnant souvent ce type d'aphasie. Une manière classique d'étudier ce problème consiste à soumettre un groupe de patients à deux mesures: la fluence verbale et l'adéquation phonétique des productions verbales. Selon la force et la direction de la corrélation, on conclura à l'existence ou non d'un déterminisme articulatoire sur la fluence verbale. Une approche alternative consiste à établir deux lignes de base, l'une jugeant des déformations phonétiques en répétition, l'autre donnant une mesure de la fluence verbale. Ensuite, on soumet les patients à un traitement exclusivement centré sur les problèmes d'articulation, au terme duquel on réadministre les deux lignes de base et on évalue la mesure dans laquelle la régression des troubles phonétiques a ou non une incidence sur la fluence verbale des patients.

Par ailleurs, et nous reviendrons sur ce point lors du chapitre consacré à l'approche sociothérapeutique, la ligne de base multiple peut aider à cerner l'effet de la rééducation sur les conduites émises par le patient en dehors de la situation de rééducation (sur la ligne de base multiple en aphasiologie, on consultera aussi La Pointe, 1977, 1978).

Un dernier avantage de la ligne de base multiple est qu'elle indique la mesure dans laquelle la thérapie en cours est la cause réelle des progrès observés. On a vu précédemment (cf. chapitre 2) qu'une méthode classique de mesure de l'effet d'une thérapie consiste à suspendre, à un moment donné, le traitement: en cas d'arrêt des progrès [mesurés par la réadministration du ou des pré-test(s)], on déduit que la thérapie a un effet sur le comportement, d'autant mieux précisé que la reprise du traitement est suivie d'une reprise parallèle des progrès (cf. paradigme ABA p. 52). Ce que la ligne de base multiple permet dans ce cas, c'est de ne pas avoir recours à une suspension du traitement (dont les effets négatifs peuvent ne pas être négligeables), mais de réaliser, pendant la période de suspension du premier traitement, une thérapie portant sur un autre aspect du répertoire comportemental déficitaire.

Imaginons par exemple qu'on entame le traitement d'un sujet présentant une aphasie de Wernicke et quelques déficits associés comme des troubles du calcul, une confusion gauche-droite et une apraxie constructive. On peut parfaitement mettre au point différents programmes de rééducation de l'activité verbale (lecture à haute voix, discrimination phonétique, discrimination syntaxique, mémoire auditivo-verbale, etc.) ainsi que d'autres programmes consacrés à la rééducation des troubles associés. A chacun de ces programmes correspond une ligne de base, administrée en pré-test. Au lieu de mener tous ces programmes de front, on les fera se suivre dans un ordre soigneusement prédéterminé. En cours de thérapie comme à chaque changement de programme, on réadministre les différentes lignes de base afin d'évaluer les effets précis de la rééducation pratiquée (voir schéma 4).

Schéma 4

Pré-test		Etape 1	L.B.	Etape 2	L.B.	
LB Langage	1 2 3 • • n	Traitement porte sur 1	intermédiaires on reprend *tout* le pré-test	Traitement porte sur 2	intermédiaires on reprend *tout* le pré-test	 ETC.
L.B. Troubles associés	1' 2' 3' • • n'	et 1'		et 2'		

L.B. = ligne(s) de base.

Si, par exemple, le comportement 3 (disons la dénomination) progresse de manière importante au cours des deuxième et sixième semaines du traitement et que ces semaines sont celles où le programme portait sur la dénomination, on a pu démontrer l'effet de la thérapie et, à aucun moment, on n'a dû passer par une suspension du traitement.

2. Le traitement proprement dit

Nous avons, à plusieurs reprises déjà (Seron et al., 1978; Seron, 1979), souligné que le choix des méthodes rééducatives ne dépendait pas le plus souvent, en neuropsychologie, d'hypothèses théoriques propres à l'école de la Modification du Comportement. La manière de rééduquer un aphasique de Broca, un aphasique global ou des troubles de la discrimination auditive dépend, pour une large part, des hypothèses théoriques que l'on entretient relativement à la nature de ces troubles et à la capacité des conduites résiduelles intactes à venir au secours de la fonction perturbée. Ce que l'école de la Modification du Comportement peut cependant apporter à tout thérapeute, c'est une méthodologie adéquate pour la mise à l'épreuve d'hypothèses issues d'horizons théoriques différents. Si nous pensons que, dans ce domaine particulier de la pathologie, les hypothèses théoriques propres au courant de la Modification du Comportement sont relativement peu pertinentes, c'est principalement dû au fait que la pathologie neuropsychologique ne résulte pas d'un défaut ou d'un manque dans le répertoire comportemental d'un sujet, lié aux contingences de renforcement auxquelles il a été exposé. Alors qu'une névrose est très largement un comportement acquis, une amnésie post-traumatique ou une aphasie sont le résultat d'un altération, d'une modification plus ou moins sélective du fonctionnement de la boîte noire (du Sytème Nerveux Central). La rééducation, en neuropsychologie, peut cependant puiser un nombre important de procédures, mises au point dans le courant thérapeutique de la Modification du Comportement. Et la position que nous défendons est que, quelles que soient les modalités particulières d'un traitement, bon nombre des procédures de la Modification du Comportement peuvent être utilisées de manière efficace [5].

1. La progression de la thérapie: la notion de critères à atteindre

En Modification du Comportement, une thérapie est toujours définie comme le passage d'un répertoire comportemental initial (ligne de base) à un répertoire comportemental terminal (l'objectif de la thérapie, «le target behavior»). Ce passage doit se faire en définissant un certain nombre d'étapes correspondant aux hypothèses émises relativement à la hiérarchie des conduites à réinstaller et aux aides nécessaires à délivrer.

Mais, là où les thérapeutes empiristes progresseront à vue et intuitivement, les thérapeutes s'inspirant de la Modification du Comportèment établissent à chaque étape du programme un seuil de réponses correctes à atteindre avant de passer à l'étape suivante. Bollinger et Stout (1976) présentent un exemple-type de programme de rééducation de la désignation verbale. Le comportement terminal est donc la désignation correcte d'images sur présentation du mot dit par l'examinateur. Voici un échantillon de quelques étapes du programme (voir schéma 5).

	Evénements antécédents	Situation de réponse	Critère de réponse
ETAPE 1			
- VISION	Image et mot correspondant écrit	A chaque présentation	100 % des réponses doivent atteindre
- AUDITION	Le nom de l'objet présenté sur l'image est dit deux fois	des événements antécédents, le sujet se trouve placé	le critère 10 ou au-dessus dans le système de cotation
- AUTRES PARAMETRES	Les mots ont une fréquence élevée	devant deux images au plus	du PICA (critère 10: les autocorrections sont permises)
	Les mots mono- et bisyllabiques sont en quantité égale		
ETAPE 2	idem 1	idem 2	90% des réponses doivent atteindre le critère 13 dans l'échelle PICA (critère 13: un délai est autorisé avant l'émission de la réponse correcte)

Schéma 5

Cet exemple suffit à éclairer la notion de *critère de réponse*: il s'agit, au sein des exercices présentés, du niveau de comportement que le patient *doit* présenter avant de passer à l'étape suivante du programme. Cette manière de procéder permet d'une part de mesurer *de manière continue* les progrès accomplis en thérapie, d'autre part d'avancer dans le programme thérapeutique à des rythmes variables selon les patients. On notera que dans bien des cas, il n'est pas utile de se donner un critère de 100 % de réponses correctes, cela risque en effet d'allonger indéfiniment la rééducation [6].

2. *La manipulation des événements antécédents*

A. L'indiçage ou incitation

A nouveau, ce procédé n'est pas propre à l'école de la Modification du Comportement : ce qui va la caractériser, c'est la rigueur dans la définition des événements antécédents et dans la hiérarchie progressive instaurée dans cette manipulation.

En restant dans le cadre de la recherche de Bollinger et Stout évoquée plus haut, une étape du programme peut consister en une modification des mots présentés (ex. : passage de fréquents à moins fréquents, passage de mono et bisyllabiques à trisyllabiques, etc.). Tout programme se donne pour objectif de commencer par la situation de départ la plus propice à l'émission de la conduite adéquate et, ensuite, de diminuer progressivement toutes les aides apportées jusqu'à ne plus présenter comme événement antécédent et situation de réponse que ce qui définit le comportement terminal habituel attendu (c'est-à-dire, dans une tâche de désignation, un ensemble plus ou moins grand d'images à désigner sur présentation orale d'un mot correspondant). . Les questions théoriques débutent quand il s'agit de définir une hiérarchie de conditions facilitantes. C'est la question thérapeutique classique, le «par où commencer?» et le «comment progresser?». La réponse à ces questions est complexe : elle dépend de la gravité de l'atteinte, de la nature du trouble, de l'état du répertoire comportemental résiduel et des hypothèses qu'on entretient sur la nature des réorganisations possibles. On peut, bien sûr, aborder ce problème d'une manière naïve et tester, les unes à la suite des autres, toutes les modalités de facilitation de réponses, mais c'est un procédé peu économique en temps et en énergie. Il parait plus utile de tester des hypothèses émises en relation avec ce que la recherche neuropsychologique fondamentale nous apprend chaque jour sur l'organisation des conduites pathologiques.

Dans la manipulation des événements antécédents, les techniques d'incitation devraient pouvoir jouer un rôle important dans la rééducation. Elles ont, jusqu'à présent, été trop peu utilisées. On entend par «incitation» les aides que le thérapeute apporte avant que le sujet n'émette une conduite : plus une incitation a pour conséquence l'émission d'une conduite adéquate, plus elle est efficace. Le problème posé au thérapeute est bien sûr de savoir comment sélectionner les incitations les plus efficaces. On manque de données à ce propos, mais quelques recherches existent et le travail de Love et Webb (1977) est un modèle de la démarche à adopter en ces matières. Au centre de cette recherche, on trouve une analyse des aides apportées aux aphasiques de Broca dans une tâche de dénomination, où ces patients présentent souvent une difficulté à articuler le mot adéquat. Les auteurs divisent leurs patients en deux groupes, aphasiques graves et aphasiques modérés, sur la base de la fréquence avec laquelle ils ont besoin d'aide dans la tâche de dénomination. Ensuite, ils vont examiner le rôle respectif de quatre procédés d'incitation différents : 1) donner la syllabe initiale, qui est toujours un groupe CV; 2) compléter une phrase (« Il est le capitaine du ... » pour l'image du bateau); 3) présentation du mot écrit; 4) présentation orale du mot (la tâche devient une tâche d'imitation). Si, dans le groupe des aphasiques modérés, aucune différence significative n'apparaît dans l'efficacité respective des différents indices proposés, par contre, dans le groupe des aphasiques graves, la situation d'imitation est la plus efficace, vient ensuite la présentation de la première syllabe, et enfin, sur pied d'égalité, le complètement de phrases et la présentation du mot écrit. Pour juger de la fiabilité de ces résultats, les auteurs réadministrent ce testing un mois plus tard et la direction des résultats reste la même. Nous laisserons ici de côté les discussions théoriques sur les raisons pour lesquelles telle ou telle aide est efficace, de même que nous n'aborderons pas la discussion intéressante menée par ces auteurs sur la relation entre ces aides et la présence ou non d'une apraxie buccolinguofaciale. Ce qu'il est ici utile de souligner, c'est que des études de ce genre peuvent directement influencer (comme les auteurs le suggèrent eux-mêmes) les pratiques thérapeutiques. Par exemple, en donnant la préférence pour les aphasiques de Broca graves aux incitations par présentation du mot à émettre, plutôt que d'avoir recours aux complètements de phrases. Par ailleurs, une étude de ce type n'épuise pas tous les procédés d'incitation possibles et on peut également élaborer des programmes où certains procédés sont employés ensemble plutôt que séparément.

B. L'estompage ou suppression progressive des aides

Tous les thérapeutes sont d'accord sur un point : l'objectif principal d'une rééducation est de rendre le patient autonome. Il en résulte qu'après avoir élaboré des systèmes d'incitation propices à l'émission des comportements adéquats, il est nécessaire de veiller à la disparition progressive de ces aides, sans pour autant qu'il en résulte une disparition parallèle des comportements. Dans le langage de Luria, il s'agit de passer du contrôle externe de la conduite à son intériorisation ou contrôle interne. En Modification du Comportement, cet estompage va être soigneusement programmé. Une première règle veut qu'on ne passe d'une aide maximale à une aide moins forte que quand, avec l'aide maximale, un critère de réponse défini à l'avance a été atteint. Beaucoup d'échecs en rééducation traditionnelle (ou empirique) des aphasiques sont dus au non respect de cette règle : on passe d'une aide maximale à une aide moins forte avant que le comportement avec l'aide maximale n'ait atteint un caractère suffisamment automatisé. On trouve déjà dans la littérature neuropsychologique quelques exemples des procédures d'estompage : par exemple, Bollinger et Stout (1976) suggèrent de réaliser un estompage portant sur l'efficacité des diverses incitations proposées dans leurs programmes rééducatifs. Dans ses méthodes d'enseignement programmé, Holland (1970) a aussi fréquemment recours à la technique d'estompage. L'important est bien sûr de ne pas passer, en une étape, d'une situation avec aide efficace à une situation sans aide. Par exemple, dans un programme de rééducation de l'articulation au moyen d'indices graphiques, Dabul et Bollier (1976) suggèrent la présentation d'incitations en trois étapes : le mot est présenté découpé en monosyllabes, ensuite en groupes bisyllabiques et enfin en entier. On retrouvera par ailleurs des procédés d'estompage dans des travaux originaux particuliers (en Melodic therapy, voir Sparks et al., 1974, en rééducation neuropsychologique non consacrée au langage, voir Seron et Tissot, 1971; Derouesné et al., 1975; Diller et al., 1974).

3. La réponse

Quels que soient les événements antécédents présentés, on doit aussi établir une hiérarchie des réponses. Tout clinicien sait, par exemple, qu'il n'est pas très astucieux de commencer une rééducation articulatoire par les fricatives et on trouvera, par exemple en français, une liste de la progression jugée la plus astucieuse par Lhermitte et Ducarne (1965). Un travail très important a été effectué aux Etats-Unis par différents chercheurs sur les progressions les plus adéquates à présenter, du moins en ce qui concerne la rééducation articulatoire. En se basant sur les travaux de différents auteurs (Lapointe et Johns, 1975; Lebrun et al., 1973; Dabul et Bollier, 1976, etc.), Rosenbeck (1978) propose une hiérarchie qui, pour le mode de production, va des voyelles aux consonnes affricatives en passant par les plosives, les nasales, les latérales et les fricatives, pour le point d'articulation, des positions antérieures (bien visualisables) aux positions postérieures, pour l'aspect voisé non voisé, du non voisé au voisé. Cette hiérarchie tient en outre compte de paramètres additifs, tels que la distinction entre les clusters et les singletons, la fréquence d'occurence des sons, leur position à l'intérieur du mot, le caractère significatif ou non des émissions, etc. On notera que dans sa démarche, cet auteur, d'une part tient compte des travaux ayant tenté d'analyser dans le détail les productions phonétiques des patients aphasiques, d'autre part recommande d'analyser avant la thérapie les réponses réellement émises par un patient singulier, afin d'adapter la thérapie à son cas particulier (on retrouve donc ici, chez des auteurs très nettement orientés vers les rééducations programmées, le souci de tenir compte de la variabilité intra-individuelle (souci réclamé par les empiristes).

Le problème posé par la hiérarchie des réponses ne doit cependant pas être sous-estimé: ce n'est à nos yeux pas par hasard que les travaux les plus avancés dans ce domaine concernent des matières comme l'activité articulatoire ou les tâches de dénomination, c'est-à-dire des activités langagières où certains repères, quantitatifs et qualitatifs, peuvent être pris (exemple: on peut calculer la longueur d'un mot, sa ressemblance phonétique avec un autre mot, sa fréquence d'usage dans le langage, etc.). Il paraît à ce jour beaucoup plus difficile d'élaborer des hiérarchies concernant, par exemple, la restructuration sémantique du lexique, la restructuration d'énoncés dyssyntaxiques ou agrammatiques. Certaines illusions de simplicité peuvent induire en erreur les thérapeutes. On rappelera par exemple que, pour certains alexiques, la lettre est moins simple à traiter que le mot, pour d'autres la phrase se lit plus facilement que le mot et que de simples hiérarchies phénoménologiques (du type lettre → syllabe → mot → phrase → paragraphe) peuvent être tout à fait non pertinentes. Un point de vue adopté par Sarno et Levita (1971) et Goda (1962) consiste à prendre comme critère l'observation de la récupération spontanée. Ce point de vue est cependant discutable car, d'une part, la récupération spontanée est un processus incomplet, on ne peut donc y puiser des indices hiérarchisés que pour le début de la rééducation; d'autre part, il n'est pas évident, comme l'a maintes fois souligné Luria, que les conduites émises en récupération spontanée soient de même nature (i.e. soustendues par des processus identiques) que celles dont on provoque l'apparition en rééducation. Un autre point de vue habituel est de considérer les ordres de complexité tels qu'ils sont révélés dans les séquences développementales; ce point de vue repose sur la notion implicite d'un parallélisme entre le développement ontogénétique et la régression neuropsychopathologique, notion qui nous semble aujourd'hui dépourvue de bases empiriques suffisantes (voir pour une revue de cette question, Caramazza et Zurif, 1978). Il nous semble qu'aujourd'hui la seule possibilité de traiter ce problème consiste, sur la base de recherches neuropsychologiques, à établir (nécessairement a priori) un ordre hiérarchisé de conduites allant du répertoire comportemental résiduel au répertoire comportemental terminal attendu et à tester en cours de thérapie, quasi à chaque séance rééducative, la valeur de la hiérarchie proposée. En procédant de la sorte, on teste en continu (et non seulement en fin de thérapie) la validité des hypothèses de départ. Cette démarche présente incontestablement un caractère fastidieux, mais elle nous paraît la seule actuellement praticable. Elle présente par ailleurs l'avantage de reposer sur les difficultés réelles présentées par les patients à chaque étape du programme.

4. Le shaping

La conduite que l'on désire installer peut n'être pas présente dans le répertoire comportemental résiduel du patient ou présente à une fréquence tellement faible qu'attendre son apparition pour la renforcer soit une procédure beaucoup trop longue; on a alors recours à la procédure du shaping. Dans cette procédure, le comportement-cible (c'est-à-dire le comportement que l'on désire installer) est atteint par le renforcement de petites étapes, ou approximations, successives. Classiquement utilisée en Modification du Comportement et notamment dans l'installation de conduites verbales chez le jeune enfant autiste ou arriéré mental (Lovaas et al., 1966), cette méthode a eu, à ce jour, moins de succès en neuropsychologie rééducative. Dans cette procédure, on part d'une conduite que le sujet est capable d'émettre avec une certaine régularité et on renforce ensuite différentiellement toute modification de cette conduite initiale qui augmente sa ressemblance avec le comportement qu'on désire installer.

Holland (1967) produit un exemple d'utilisation réussie de cette technique. Au début, le patient présente un stéréotypie peu fréquente: «Bah». Dans un premier temps, par renforcement différentiel, l'auteur augmente la fréquence d'apparition de la stéréotypie. Ensuite, quand cette stéréotypie est régulièrement émise en réponse à une question, l'auteur élabore une série de questions dont la réponse présente quelques ressemblances avec la stéréotypie. Par exemple, on présente des questions qui ont pour réponse obligée: «Bob» (le prénom du patient), «ball», «box», «barn»; ensuite, on renforce différentiellement les réponses jusqu'à ce que le «bah» initial ressemble selon le cas aux ball, box, bob, etc.

Cette procédure implique, bien sûr, que les étapes exigées dans l'approximation successive soient suffisamment discrètes pour que le sujet puisse les maîtriser. Il faut aussi garantir le caractère différentiel du renforcement (i.e. ne pas renforcer les réponses éloignées du comportement terminal) et son caractère immédiat. Dans l'exemple repris ci-dessus, une des difficultés non négligeables est la qualité de la discrimination auditive du thérapeute. Une limitation inhérente à cette procédure, utilisée seule, est la nécessité d'attendre qu'une conduite initiale intéressante existe dans le répertoire comportemental du patient. Elle est donc le plus souvent à coupler avec une procédure d'incitation. On peut en effet parfaitement travailler au moyen d'indices efficaces à la production de comportements, maintenir constantes les incitations présentées et augmenter ensuite leur efficacité, en renforçant de manière différentielle les productions obtenues.

5. Les événements conséquents en aphasiologie - remarques critiques

L'influence des événements conséquents (renforcement, punition, time out ...) a été relativement peu étudiée en aphasiologie. Comme le souligne Lapointe (1978), la recherche s'est davantage orientée vers l'analyse des événements antécédents et la hiérarchisation des conduites à émettre. Mais, contrairement à cet auteur et surtout à Rosenbeck (1978), nous pensons qu'il y a là un danger non négligeable. La plupart des auteurs signalent cependant la nécessité d'avoir recours aux événements conséquents, mais le plus souvent en indiquant simplement qu'ils délivrent, en cours de thérapie, des renforcements sociaux de manière intermittente[7]. En dehors de la procédure de shaping, où le renforcement différentiel joue un rôle capital, et dans les travaux dérivés de l'Enseignement Programmé, l'analyse des conséquences renforçantes reste donc insuffisante en neuropsychologie. Dans bien des cas, on peut penser que le renforcement principal pour le patient est l'auto-évaluation qu'il peut faire de son propre comportement. Lapointe (1978) par exemple propose, dans ses thérapies programmées utilisant surtout des techniques d'incitation, l'établissement journalier du niveau de performance atteint par le patient: l'évaluation à chaque séance des progrès obtenus constitue, à la fois pour le patient et pour le thérapeute, une conséquence renforçante évidente.

Nous avons nous-mêmes utilisé ce procédé d'auto-évaluation journalière dans des rééducations de la mémoire, où il s'est révélé particulièrement efficace. La pratique de telles procédures a bien évidemment pour objet de maintenir à un niveau suffisant la motivation du patient [8] au cours de l'ensemble des séances de rééducation, et nous reviendrons sur ce problème délicat de la motivation au chapitre consacré à l'école sociothérapeutique. Mais ce renforcement général, et qui sanctionne l'ensemble d'une séance, est différent de celui, ponctuel, que l'on peut délivrer ou non après l'exécution de chaque exercice. Pour Rosenbeck (1978), dans le cadre de la rééducation de l'activité articulatoire, «le renforcement est la partie la moins importante de la thérapie». Et cet auteur suggère de s'en tenir à quelques règles générales: 1°) éviter de punir les erreurs (par un «non», «c'est mauvais», etc.), l'erreur étant déjà en elle-même une punition; 2°) renforcer les bonnes réponses, la bonne réponse se définissant en cours de thérapie en fonction du niveau atteint par le patient; 3°) faire suivre une erreur par une tâche où l'on sait que le patient répondra correctement. Ces remarques sont peut-être judicieuses dans le cadre de la rééducation des troubles articulatoires présents chez les aphasiques de Broca, mais la généralisation de procédures de renforcement de ce type ne nous paraît pas souhaitable. En effet, ce que Rosenbeck a en vue est essentiellement le maintien d'une motivation adéquate chez des patients nosognosiques c'est-à-dire capables d'identifier leurs erreurs en boucle ouverte (cf. plus haut p. 68), autrement dit, capables de comparer leur réponse à la réponse correcte qu'il fallait émettre (soit en comparant cette réponse à un modèle interne, soit en comparant cette réponse à la réponse correcte émise juste antérieurement par l'examinateur). Il en va, à notre avis, autrement quand le patient ne dispose pas de telles possibilités de comparaison : la délivrance de renforcements différentiels favorise alors la réinstallation de mécanismes d'analyse des erreurs produites. Ce que l'on a ainsi en vue, c'est moins le caractère motivant ou non du renforcement que son caractère informatif (c'est la « knowledge of result »).

Les applications

1. Méthodes s'inspirant de l'enseignement programmé

Un premier groupe d'applications a consisté à adapter à la situation neuropsychologique des méthodes directement issues de l'enseignement programmé (Holland, 1970; Sarno et al., 1970). Dans ce type de recherches thérapeutiques, divers patients aphasiques sévères sont placés dans des programmes rééducatifs utilisant soit des machines à enseigner, soit des livrets d'exercices. Les principes généraux de l'enseignement programmé sont respectés : progressions par petites étapes et correction immédiate des erreurs. Les programmes sont construits afin de couvrir au mieux l'ensemble des modalités de l'activité verbale (réception orale et écrite, expression orale et écrite) et les différentes transpositions (audi-graphiques, grapho-orales, etc.). Une seule étude a comparé les résultats obtenus au moyen de l'enseignement programmé à ceux issus de méthodes de rééducation traditionnelles et à ceux enregistrés sans rééducation (Sarno et al., 1970). Les résultats de cette confrontation ont été largement décevants. Non seulement l'enseignement programmé ne conduit pas à de meilleurs résultats que les méthodes traditionnelles, mais il se signale en outre par l'absence de résultats positifs : le groupe de patients non rééduqués n'obtient pas, en post-test, des résultats inférieurs à ceux obtenus au moyen d'un enseignement programmé. Cet échec va entraîner Holland, au cours de recherches successives, à améliorer les conditions d'application et la construction des programmes (Holland et Harris, 1968; Holland, 1970). En fait, il s'agira surtout d'individualiser la thérapie, en construisant les programmes en fonction des sujets auxquels il s'adresse. Quatre modifications principales voient le jour :
- une analyse plus détaillée du langage résiduel du patient;

- une sélection du contenu du programme sur la base des centres d'intérêts du patient;
- une adaptation du programme à la réactivité émotionnelle du sujet (par exemple: en cas d'erreur l'introduction systématique d'items simples facilement réussis);
- une définition des objectifs à atteindre en tenant compte de la situation personnelle du patient.

Au moyen de ces programmes plus souples, Holland a pu montrer l'existence de progrès. On soulignera cependant que cet auteur n'a pas constitué de groupe contrôle. L'effet spécifique de la méthode n'est donc pas démontré. Par ailleurs, nous avons déjà signalé (Seron et al., 1978) les dangers qu'il y a à limiter, en neuropsychologie rééducative, l'effort thérapeutique à de telles méthodes. Le point essentiel contre la généralisation de ces méthodes est que l'enseignement programmé a le désavantage de s'appuyer sur une relation machine - ou livre - patient, au sein de laquelle les renforcements présentés ne coïncident guère avec les contingences sociales habituellement attachées aux conduites verbales quotidiennes. Si de tels programmes sont utiles en neuropsychologie rééducative, c'est, d'une part, dans le contexte de pathologies bien circonscrites au niveau comportemental et, d'autre part, comme appoint à un programme thérapeutique plus large. C'est dans ce contexte qu'il est possible de situer les différentes études signalées dans la partie consacrée aux procédures.

2. Elargissement aux situations de groupe

Dans une deuxième direction, on trouve les tentatives d'élargissement des procédures operantes aux situations de groupes. L'orientation théorique adoptée est l'analyse fonctionnelle du comportement verbal proposée par Skinner (Skinner, 1957). Les conduites verbales sont donc considérées comme une fonction reliant des variables dépendantes et indépendantes dans un environnement qui comporte un locuteur et une audience. Plutôt que de travailler en situation duelle thérapeute-patient, on crée des situations d'échanges verbaux et on s'efforce de préciser au mieux les variables qui contrôlent le plus efficacement l'émission de conduites verbales simples et bien automatisées. On complexifie ensuite et progressivement les situations d'énonciation. A ce jour, les travaux réalisés par les auteurs s'inspirant de la Modification du Comportement en situation de groupe sont, soit de portée théorique (Bloom, 1962) soit limités à la présentation d'observations fragmentaires (Holland, 1970). Nous réexaminerons ces travaux et d'autres de manière plus approfondie au chapitre consacré à l'orientation sociothérapeutique.

3. L'apprentissage d'un code visuel arbitraire selon la technique de Premack

1° La recherche de Glass, Gazzaniga et Premack (1973)

L'originalité de ce projet thérapeutique réside dans l'adaptation, pour des aphasiques graves, de la technique mise au point par Premack (1971) chez les chimpanzés, pour tenter de leur apprendre un ensemble de conduites communicatives relativement élaborées. Au lieu de réinstaller les conduites verbales sur une base audi-phonatoire, ces auteurs se sont appliqués à apprendre à des aphasiques globaux un langage artificiel où le mot est représenté par des formes découpées dans des papiers de couleur, la phrase par un arrangement linéaire des symboles. Les formes choisies pour la constitution du vocabulaire de base sont arbitraires: ainsi, s'il s'agit du nom d'un objet, la forme est sans aucun rapport morphologique avec l'objet symbolisé.

L'étude de Glass et al. (1973) porte sur sept patients droitiers, âgés en moyenne de 62 ans, atteints d'une hémiplégie droite et d'une aphasie globale à la suite d'une atteinte vasculaire cérébrale. Le comportement verbal de ces patients est donc altéré dans toutes ses modalités; la réception des messages verbaux, bien qu'extrêmement réduite, est un peu supérieure aux capacités d'émission; l'écriture est impossible tandis que la compréhension du langage écrit est un peu meilleure.

- Résumé de la procédure

La mise au point du programme thérapeutique ne commence que 3 mois après l'atteinte cérébrale. Avant le début de la rééducation, les auteurs réalisent, pour chaque malade, un examen détaillé de leur capacité à traiter un matériel verbal simple, de leur compétence grammaticale et de certaines conduites cognitives. Ils examinent, entre autres, le comportement des malades dans des épreuves de classement syntaxique, de distinction mot-non mot (logatomes), de construction de mots au moyen de lettres mobiles, la distinction singulier-pluriel, ainsi que la construction de phrases et divers classements sémantiques. Au terme de ces épreuves préliminaires, les auteurs ont une idée assez précise des aspects résiduels de traitement d'un matériel verbal par ces malades. Toutes les épreuves incluant une construction de phrases, l'identification de structures grammaticales et les classements syntaxiques ne sont pas réussies. Par contre, la distinction mot/non mot et les classements sémantiques (animé/inanimé, fruit/légumes) sont partiellement préservés.

La procédure proprement dite débute par un pré-test où la capacité de réaliser des appariements d'objets est testée. Seuls, les objets correctement appariés sont retenus pour le travail expérimental. De plus, le thérapeute se fait une idée des centres d'intérêt du malade (ceux-ci définiront le contenu des exercices d'apprentissage) et établit avec lui une relation sociale satisfaisante.

Les mots qui seront utilisés dans la rééducation sont des cartons de couleur, et les phrases des arrangements linéaires de ces cartons de la gauche vers la droite.

Les premiers exercices comportent le contrôle des mots « même » et « différent ». La procédure d'acquisition peut se résumer comme suit :

On pose devant le patient deux objets identiques en laissant un espace libre entre les objets. On donne ensuite au malade un signe 0 et il est invité à le placer entre les objets. A ce moment de la procédure, le patient n'a qu'un signe à sa disposition, il ne peut donc commettre d'erreur. Après plusieurs répétitions en condition d'émission (l'examinateur place les deux objets identiques et le sujet répond en plaçant le signe adéquat) et en condition de réception (l'examinateur place le signe et le sujet pose les objets), deux objets différents sont introduits. Ici, à nouveau, la procédure est d'abord sans erreur, les premiers exercices s'effectuant avec pour seul matériel deux objets différents et le signe adéquat. Ensuite, lorsque le patient réussit correctement les deux situations, on introduit la discrimination : objets semblables et différents et les signes « même » et « différent ». S'il se produit une erreur, l'examinateur revient en arrière dans le programme. L'introduction des noms propres se fait ensuite au moyen de signes accrochés au cou de l'examinateur et à celui du malade. L'apprentissage d'un nom d'objet est réalisé, en résumé, de la manière suivante : présentation simultanée du signe et de l'objet, l'objet est ensuite retiré. L'examinateur fait poser sur la table le signe par le malade et, en réponse, il pose l'objet en regard du signe. L'acquisition d'un verbe se réalise en conjonction avec une action. On a, par exemple, posé sur la table le signe qui représente « l'examinateur » et à côté, avec un espace laissé libre, le signe qui représente de « l'eau ». L'examinateur remue alors de l'eau avec sa main et place à ce moment dans l'espace laissé libre le signe « agiter ». Dans la phase où le patient agit lui-même, le signe correspondant à son prénom et celui de l'objet sur lequel porte l'action sont posés sur la table. Le patient est ensuite invité à accomplir l'action (on mobilise le malade si nécessaire) et l'examinateur pose en même temps le verbe correspondant.

Sans entrer plus avant dans le détail de cette procédure extrêmement minutieuse, nous retiendrons qu'elle comporte l'apprentissage de « même » et « différent » l'utilisation de l'interrogation, la négation, l'acquisition de noms, de verbes, et la construction de phrases à trois éléments (sujet - verbe - objet).

Par cette méthode, les patients sont arrivés à des niveaux de performances assez différents au moment où ils ont dû quitter l'hôpital. Le point important à souligner est que cette méthode a été efficace là où une procédure d'enseignement programmé n'avait donné aucun résultat (cf. Sarno, plus haut).

Le travail de Glass et al. présente quelques points forts qu'il importe de souligner :

1. Le contenu des épreuves n'est pas choisi arbitrairement, mais se définit au contraire sur la base des événements renforçants pour le malade.
2. Les séances de rééducation sont réalisées dans une situation de communication sociale (questions-réponses, ...).
3. Les référents réels des mots ou verbes utilisés sont présents. En situation de production, au choix d'un signe correspond l'apparition d'un référent concret. A l'inverse, en compréhension, l'apparition d'un objet ou d'une action est suivie du signe lui correspondant.
4. Au niveau de la méthode, la procédure utilisée est « sans erreur » et, si d'aventure une erreur survient malgré l'agencement des items, on retourne à une étape antérieure du programme. La progression dépend donc des modifications comportementales acquises.

Il présente également, au niveau méthodologique, quelques faiblesses ou manques de précision quant à l'étendue du vocabulaire acquis, la durée des apprentissages et les retours en arrière qu'il est nécessaire d'effectuer dans le programme.

2°) Prolongements et modifications

Trois autres recherches très proches de celle de Glass et al. (1973) ont été réalisées par la suite. Un travail de Smith (1974), plus limité dans ses ambitions, porte sur l'acquisition de prépositions, en particulier celles impliquant des relations spatiales. Dans ce travail, cependant, le vocabulaire utilisé est celui de la langue écrite. D'autre part, bien qu'issu d'un horizon théorique quelque peu différent, le travail de Gardner et al. (1976) poursuit les mêmes objectifs. Chez ces auteurs, le vocabulaire est constitué de symboles non arbitraires, leur forme évoquant l'un ou l'autre aspect du référent. Cette modification a l'avantage de permettre aux partenaires sociaux du patient d'être à même de comprendre, sans devoir l'étudier, le vocabulaire acquis par le patient. Notons enfin au niveau méthodologique que la procédure de Gardner et al. ne reprend pas les principes de l'apprentissage sans erreur. Enfin, dans une recherche récente (Rectem et al., sous presse), des chercheurs de l'Université de Louvain ont mis au point une procédure de réapprentissage du langage écrit de la langue naturelle mais indicé au moyen, d'une part, de symboles non arbitraires et, d'autre part, d'un code couleur définissant la catégorie grammaticale des mots utilisés dans la phrase.

On est en droit de se demander ce que peut être, d'un point de vue thérapeutique, l'avenir de ces méthodes. On remarquera en premier que les expériences précitées ont toutes porté sur des aphasiques sévères, population dont on sait que le pronostic de récupération est des plus sombres. Non seulement les aphasiques globaux récupèrent mal, mais de plus, ils sont les moins réactifs aux programmes thérapeutiques basés sur le langage naturel et utilisant le circuit audi-phonatoire. Enfin, dans la plupart des travaux précités, les patients n'ont été conduits vers une thérapie de type « Premack » que lorsque les thérapies cliniques plus conventionnelles indiquaient une absence de progrès. Il semble donc que, pour les aphasiques globaux du moins, l'acquisition d'un sytème de communication visuelle, même s'il est relativement restreint, représente un gain comportemental évident. Il est par ailleurs bien difficile de se prononcer sur les limites de l'apprentissage : ni la recherche de Glass et al., ni celles de Gardner et al. ou de Rectem et al. ne nous indiquent avec suffisamment de précision quelle est, par exemple, l'étendue du lexique appris [9]. En ce qui concerne les énoncés, on ne dépasse guère les phrases du type S-O-V. Mais l'acquisition de ce type de structures syntaxiques simples peut être très efficace sous l'angle de la communication : tout dépend du lexique acquis et de la capacité qu'a le patient à utiliser, dans la vie de tous les jours, le lexique appris lors des séances de rééducation. De ce point de vue, le travail de Gardner et al. (1976) marque un progrès sensible sur celui de Glass et al. (1973) : le lexique est constitué de symboles iconiques, ceux-ci sont donc interprétables par les proches du patient et Gardner et al. signalent le cas d'un patient utilisant le code visuel à l'extérieur de l'institution. Dans l'étude de Rectem et al. (sous presse), les possibilités de transfert des apprentissages sont encore mieux agencées : en effet, dès le début, la procédure utilise de concert les symboles non arbitraires et le mot écrit, une procédure d'estompage permettant ensuite le contrôle du seul code écrit [10]. De plus, dans ce travail, la thérapie est collective : elle inclut le thérapeute, le patient, un tiers et le conjoint du patient. Ce dernier est donc non seulement familiarisé avec les symboles iconiques sélectionnés, mais, en outre, il observe et intervient activement dans toute la procédure d'apprentissage. Il en résulte que ces auteurs ont permis la réalisation d'exercices intercalaires à domicile, au cours desquels le conjoint et le patient ont élargi le stock lexical acquis en rééducation.

On a par ailleurs (Seron et al., 1977) posé la question de savoir si l'acquisition d'un langage artificiel n'était pas une tâche plus compliquée, un détour en quelque sorte, et s'il ne valait pas mieux partir du langage naturel résiduel. La réponse à cette question n'est pas simple : chez l'aphasique global, le langage résiduel est extrêmement réduit et les thérapies conventionnelles qui agissent sur ce résidu sont inefficaces. Selon Gardner et al. (1976), la présence d'un langage résiduel constitue plutôt une source de difficulté dans l'apprentissage d'un système de communication visuelle. Il y aurait alors interférence entre les comportements verbaux résiduels et stéréotypés et le nouveau code appris. Ce problème n'est cependant pas indépendant de la nature du langage réacquis : en effet, on peut supposer que plus le langage artificiel est arbitraire (c'est-à-dire plus il est éloigné de la langue naturelle), moins les interférences ont des chances de se produire. Par contre, quand (comme dans la recherche de Rectem et al.) le langage acquis mêle des symboles non arbitraires et des mots écrits, les phénomènes d'interférences ont sans doute plus de chance de se produire et ceci d'autant plus que l'introduction du code écrit dans la thérapie n'est sans doute possible que parce qu'il subsiste chez les patients un langage résiduel relativement important.

Ces recherches sont encore trop récentes et, à certains égards, trop disparates du point de vue méthodologique pour conclure d'une manière définitive. Il semble cependant acquis que des aphasiques globaux peuvent réapprendre quelques conduites communicatives au moyen d'un code visuel plus ou moins arbitraire. Les questions qui restent largement en suspens concernent, d'une part, les caractéristiques précises de la population de patients aphasiques susceptibles de bénéficier d'un tel système de communication, d'autre part, le niveau de complexité du système de communication que l'on pourrait être en mesure d'enseigner de la sorte.

Notes

[1] Au sens strict, l'école operante renvoie aux pratiques thérapeutiques s'inspirant des théories du conditionnement operant mis en évidence aux U.S.A. par B.F. Skinner (cf. Richelle, 1972). Ce courant thérapeutique est désigné sous le vocable général de « Modification du Comportement » (cf. Seron et al., 1977). Dans ce chapitre, il sera aussi question de thérapies qui, sans s'inspirer directement des principes du conditionnement operant, ont conservé certaines caractéristiques méthodologiques propres à ce mouvement thérapeutique.

[2] A ses débuts, le jargon d'un aphasique de Wernicke est constitué de propos incompréhensibles émis avec une grande fluidité : c'est la logorrhée verbale.

[3] Ces quelques notes introductives sur les événements conséquents, antécédents et sur la réponse sont bien sûr insuffisantes pour une compréhension en profondeur de l'orientation operante ; le lecteur désireux de compléter son information se référera en français à l'ouvrage de Seron et al. (1977).

⁴ Une ligne de base stable n'équivaut bien sûr pas à l'égalité parfaite des différentes mesures : certaines oscillations mineures sont acceptables et la ligne de base devient alors la moyenne de ces oscillations.

⁵ On trouvera chez Lapointe (1978) un point de vue analogue. Cet auteur indique en effet que le courant empirique dérivé des théories de Schuell et le courant de la Modification du Comportement ne sont pas incompatibles, mais plutôt complémentaires. On peut, sans risque d'erreur, élargir le propos de cet auteur et montrer que tous les courants thérapeutiques (Luria, sociothérapeutique, empiriste européen, neurolinguistique, etc.) ont intérêt à valider leur démarche par le recours à une méthodologie du type de celle mise au point par la Modification du Comportement.

⁶ Mais des critères trop laxistes (70 % de réussites) peuvent s'avérer insuffisants : ici à nouveau il faut, en cours de thérapie, évaluer l'efficacité du critère de réponse choisi et éventuellement l'adapter selon les cas.

⁷ Toutefois, il faut signaler l'existence de travaux consacrés aux aphasiques et portant sur l'analyse d'apprentissages discriminatifs non verbaux divers (Filby et Edwards, 1963; Rosenberg et Edwards, 1964, 1965; Rosenberg, 1965; Brookshire, 1968, 1969, 1971, etc.), qui se sont penchés de manière explicite sur l'analyse de certaines variables de renforcement (nature du renforcement, reversal, analyse des délais de renforcements, etc.). Ces travaux, bien qu'ils aient démontré l'influence de variables de renforcement, ont en fait, peu influencé les pratiques thérapeutiques. Ceci est sans doute lié à la nature un peu artificielle des apprentissages étudiés.

⁸ Elles sont d'ailleurs d'utilisation délicate car, quand un plateau se manifeste dans les progrès, la lecture du graphique peut avoir un effet néfaste et entraîner des signes de découragement.

⁹ De plus, la plupart des patients ont, pour des raisons diverses, quitté l'institution avant la fin de la thérapie.

¹⁰ Dans cette recherche, on notera cependant que les deux patients qui ont suivi les principales étapes de la rééducation ont un niveau prétraitement supérieur à celui des patients rééduqués par les auteurs anglo-saxons (Glass et al., 1973; Gardner et al., 1976; Smith, 1974).

Chapitre 7
L'orientation sociothérapeutique

Présentation générale

L'orientation sociothérapeutique n'existe pas en tant qu'école : elle recouvre quelques travaux épars et regroupe un ensemble de considérations générales émises, avec plus ou moins de précision, au sein de l'ensemble des écoles thérapeutiques. Au départ de l'orientation sociothérapeutique, un constat relativement banal : l'objectif d'une rééducation n'est pas de réinstaller un comportement donné dans la situation thérapeutique, mais d'améliorer les comportements du patient dans sa vie quotidienne. Une manière utile de traiter ce problème consiste à le situer dans le cadre de la psychologie de l'apprentissage qui parle, à ce propos, de « transfert des apprentissages ». Poser la question du transfert, c'est se demander dans quelle mesure une conduite acquise dans une situation A se manifeste aussi dans une situation B différente de A. La vie de tous les jours fourmille de situations de ce genre : le sujet qui a appris à conduire une voiture sur des chemins de campagne (situation A) va-t-il pouvoir se tirer d'affaire dans le flux de la circulation urbaine (situation B) ? Celui qui a appris à parler l'anglais à l'école (situation A) peut-il se faire comprendre quand il débarque de l'avion à l'aéroport de New-York (situation B) ? Et, dans notre perspective, un sujet qui a réappris certains comportements dans une institution de rééducation (et souvent dans le bureau du thérapeute en face à face) (situation A) va-t-il les utiliser de façon adéquate dans d'autres situations, par exemple à son domicile, avec ses amis, sur son lieu de travail, etc. ? (situations B, C, D ...) ?

Cette question est plus importante qu'on ne l'imagine souvent. Nous avons pu observer, dans un centre rééducatif, une patiente présentant une aphasie de Broca et manifestant, au cours des séances thérapeutiques, une nette amélioration de sa fluence verbale. Mais, qui dès qu'elle sortait de l'hôpital, utilisait des messages écrits à l'avance sur des petits cartons pour se faire comprendre chez elle et sur le trajet entre son domicile et l'hôpital.

La première question qui mérite examen est donc celle des différences entre la situation duelle de rééducation (situation classique chez les empiristes) et les situations quotidiennes d'exercices de conduites verbales (ou autres).

Si on examine la nature des interactions verbales entre un patient et son thérapeute en situation de rééducation duelle, quelques constats simples sont possibles:

- Le thérapeute adapte ses émissions verbales à ce qu'il sait de la pathologie présentée par son patient. Autrement dit il articule bien, parle lentement, émet des phrases courtes et simples, accentue sa prosodie, accompagne ses messages de nombreux signaux non verbaux (gestes d'accompagnement, mimiques faciales diverses, etc.). Le plus souvent, l'échange a lieu en vis-à-vis et ne concerne que deux personnes: le thérapeute et le patient. Sur le versant réception, le thérapeute écoute attentivement, devine souvent le contenu des messages émis par le patient, soit par habitude, soit grâce au contexte et, s'il ne comprend pas les énoncés, ne manifeste ni étonnement exagéré ni lassitude. Toujours, il maintient au mieux l'activité de communication. Quand le thérapeute engage le patient dans une activité expressive, il ne suscite que les énoncés qu'il juge possibles compte tenu du niveau du patient (par ex. aucun thérapeute n'engage un aphasique de Broca mutique à raconter une longue histoire). Les conversations portent sur des référents présents et, chaque fois que le patient est en difficulté, le thérapeute vient à son secours (il change d'exercice, présente des incitations variées, etc.). En bref, et d'une manière plus ou moins intuitive, le thérapeute s'efforce de programmer le niveau et la fréquence des émissions: l'échange verbal est donc soigneusement contrôlé. Par ailleurs, si la communication a des ratés, ceux-ci n'ont pas d'effets dramatiques. En effet, c'est la qualité des conduites langagières émises, et non les conséquences habituellement liées aux conduites verbales, qui se trouvent au centre du processus thérapeutique.

Certains aspects de la relation thérapeutique échappent cependant à cette analyse: ce sont tous les échanges thérapeutes-patients, non placés explicitement au cœur du travail thérapeutique. Ce sont, entre autres choses, les conduites de salutation, les échanges de nouvelles personnelles, les moments de détente, etc. De plus, certaines conduites verbales sont réellement insérées dans des actions concrètes; ceci se produit chaque fois que le thérapeute donne des consignes avant de faire un nouvel exercice, ou décide de changer d'activité. Cela se produit aussi lorsque le patient exprime ses sentiments, commente ses progrès, essaye d'indiquer les difficultés qu'il rencontre, annule un rendez-vous, etc.

Ces conduites verbales qui encadrent la rééducation (délivrance des consignes, expression de sentiments, prise de rendez-vous ultérieurs, etc.) sont plus proches des conduites émises dans la vie quotidienne, en ce sens que leur valeur pragmatique est similaire. Mais, comme nous l'avons souligné ailleurs, « ces conduites sont sous-représentées et ne sont pas, ou rarement, mises en tant que telles au centre de la rééducation » (Seron, 1978); elles servent à rendre possible les exercices (voir Lhermitte et Ducarne, 1962), à maintenir la motivation, à personnaliser la relation thérapeute-patient, mais en tant que telles elles ne sont pas prises en compte dans le projet thérapeutique.

Examinons à présent l'autre pôle de l'analyse: les conduites verbales quotidiennes. Bien que l'étude des activités verbales en situation naturelle soit un domaine à peine exploré en psycholinguistique et qui soulève de nombreux problèmes méthodologiques, il nous semble qu'un certain nombre de différences générales peuvent être établies. Dans la vie quotidienne, on ne retrouve pas cette même organisation de la communication, il existe une variété beaucoup plus grande de situations d'émission. Les contraintes qui pèsent sur la transmission des messages sont beaucoup plus fortes. En effet l'articulation, la vitesse d'émission, la prosodie, les signaux non verbaux, le lexique utilisé, la longueur des énoncés, les conditions sonores ne sont ni aussi contrôlées, ni aussi simplifiées. Les attitudes des interlocuteurs sont moins prévenantes, ils parlent pour transmettre des informations. Ils ont des contraintes de temps. Ils ne sont pas nécessairement prévenus des difficultés du patient; le contact verbal n'est pas l'occasion d'un exercice. Les échanges sont situés dans des scènes de la vie quotidienne, et l'interlocuteur attend le plus souvent une réponse (verbale ou non) concrète à la suite de son énoncé. En cas de non compréhension, il y a souvent rupture de la communication (étonnement, rejet, etc.) et éventuellement, par la suite, évitement des conversations. Dans d'autres cas, le tableau est inverse: la prévenance des proches du patient est exagérée. Il peut en résulter des conséquences négatives, car les messages émis par le patient sont immédiatement compris mais sur la base du contexte extra-linguistique sans égard pour la forme ou le contenu des messages. Il n'y a plus alors aucune raison qui pousse le patient à corriger ou à améliorer sa communication. Beaucoup de routines quotidiennes, par leur régularité, peuvent se dérouler parfaitement en silence (ex. après le repas on lave la vaisselle, à 19 heures on allume la télévision, le samedi on fait les courses, etc.). Ces situations de routine familiale sont cependant intéressantes d'un point de vue psycholinguistique, car elles présentent un haut degré de prévisibilité et de répétitivité, les conduites verbales émises dans ces contextes sont aisément repérables et elles présentent un caractère surappris. De plus, les renforcements attendus sont tangibles (ce sont les «passe-moi le sel», à table; «tu décroches?», quand le téléphone sonne, etc.).

Cette énumération non exhaustive suffit à indiquer les différences considérables qui existent entre la situation de rééducation où on travaille sur l'activité verbale (sa correction, sa fluence, son caractère plus ou moins syntaxique ...), et les situations concrètes d'émission des conduites verbales où les énoncés sont situés au sein de contextes où ils prennent une valeur fonctionnelle évidente. Comme nous l'avons souligné ailleurs, «la situation de rééducation duelle classique provoque et sélectionne un certain type d'émissions verbales dans un contexte particulier. Ces émissions, comme ce contexte, ne représentent qu'une toute petite partie des émissions reçues et émises par un patient dans sa vie de tous les jours» (Seron, 1978).

Face à ces différences, deux solutions au moins sont possibles: créer d'emblée un contexte analogue à celui de la vie quotidienne, ou modifier progressivement le contexte rééducatif pour qu'il ressemble de plus en plus aux contextes quotidiens d'exercices de la fonction perturbée.

La première solution est, en fait, la seule qui soit habituellement pratiquée. Il s'agit de créer intramuros (dans le centre rééducatif) un contexte proche de la vie quotidienne. En fait, on essaie alors de contourner le problème du transfert. Dans ce cas, la rééducation se pratique souvent dans le cadre de groupes; on y accomplit diverses activités autres que langagières. Dans une autre direction, mais qui a aussi pour but d'éliminer le problème du transfert, on peut décider de travailler directement au domicile du patient avec ses proches [1]. Les réacquisitions (s'il s'en produit, bien sûr!) sont donc installées là où on désire les rendre efficaces. Les quelques recherches menées à ce jour dans cette direction sont très différentes les unes des autres, tant au point de vue méthodologique qu'au point de vue théorique. Il est donc difficile d'en apprécier l'efficacité. Nous allons brièvement examiner quelques uns de ces travaux.

Godfrey et Douglas (1959) soumettent 38 patients aphasiques à une sorte de sociothérapie. Les patients sont placés dans des groupes où on fait de la gymnastique, des promenades, de la physiothérapie, des jeux et de l'ergothérapie occupationnelle. Ceci pendant une période de 12 mois. Dans ce projet, les thérapeutes sont avertis des difficultés de langage des malades, mais ne reçoivent aucune formation particulière en aphasiologie et ne disposent d'aucuns moyens techniques rééducatifs spécifiques concernant le langage. Le pari est donc clair:

créer un groupe où les échanges verbaux auront un caractère aussi naturel que possible. La constitution des groupes n'est cependant pas laissée au hasard: chaque groupe comprend 6 personnes appariées selon la gravité de l'aphasie, l'âge et l'harmonie des relations interpersonnelles. De plus, les patients ne désirant pas participer aux expériences de groupes peuvent poursuivre une thérapie individuelle. L'évaluation des progrès est essentiellement clinique et a lieu tous les 3 mois. Sont évalués les progrès de l'activité verbale et de l'ajustement social. La cotation finale se fait en trois catégories: *Bons résultats* = progrès de l'activité verbale et de l'ajustement social, *Résultats moyens* = seul l'ajustement social est amélioré, *Résultats nuls* = pas de changement. La rééducation donne de bons résultats dans 14 cas sur 38 soit 36 % (ce qui correspond aux progrès habituellement rencontrés en rééducation clinique classique où les pourcentages oscillent entre 35 et 45 % des cas). On notera cependant que 30 sujets obtiennent au moins des résultats moyens; il y aurait donc souvent une amélioration de l'ajustement social (79 %). Seuls 3 cas d'aphasie globale et 5 cas d'aphasie mixte ne montrent aucun progrès. Il est clair que le caractère clinique et essentiellement intuitif de l'évaluation des progrès constitue le défaut majeur de cette recherche. Comme, par ailleurs, nous ne savons pas dans le détail ce qui se passe dans les groupes au cours des séances de rééducation: on ne peut qu'enregistrer les résultats obtenus sans autre commentaire. Un travail déjà plus intéressant, parce que plus rigoureux dans ses méthodes d'évaluation, est celui de Aronson et al. (1956). Cette recherche porte sur 81 patients des deux sexes, différents au point de vue âge, niveau socio-culturel, étiologie et gravité des troubles. Les séances de groupes sont cette fois spécifiquement orientées vers la thérapie du langage et les groupes ne contiennent pas plus de 10 malades. Les exercices en groupe s'étalent sur un continuum qui va d'activités non verbales simples à des activités verbales complexes. En bref, les exercices suivants sont proposés:

1. activité de musique rythmique (battre la mesure d'airs simples bien connus)
2. chant de groupe
   - chants anciens bien connus
3. commentaire d'histoires
   - lecture d'une histoire et discussion de groupe sur son contenu
4. jeux de mots
   - loto, proverbes, etc.
5. jeux de marionnettes
   - interprétation de petites saynètes
6. enregistrement de sa voix
   - chaque patient est enregistré individuellement mais devant tout le groupe

7. discussions centrées sur le groupe
   - discussion sur les relations entre les membres du groupe et le personnel de l'hôpital
8. séance de rafraîchissement.

D'un point de vue chronologique, on commence par les séances où les activités non verbales sont les plus importantes (1° et 2°), ensuite on s'oriente vers des activités plus difficiles. L'analyse des résultats est assez riche. Trois évaluations différentes sont effectuées. La première concerne la réaction du patient, la deuxième se rapporte aux observations du personnel hospitalisé étranger au groupe, la troisième aux observations faites par les moniteurs de chaque groupe. La réaction du malade est évaluée au moyen de trois critères : 1. ce que le patient dit de la thérapie à un interview, 2. les notes prises sur ses réactions dans le groupe, et 3. ses réponses à un questionnaire de 7 questions sur une échelle de 5 points.

En résumé, les patients se disent satisfaits de la thérapie et désirent la prolonger. Au cours de la thérapie, on voit augmenter la fréquence des échanges verbaux et certains patients y apprennent à « rire d'eux-mêmes ». Par contre, l'évaluation des résultats est médiocre en ce qui concerne le langage et on ne peut donc se prononcer sur l'efficacité réelle de thérapies de ce type, au moins en ce qui concerne le langage. L'orientation de cette recherche est, en fait, surtout psychothérapeutique car les auteurs insistent surtout sur l'amélioration des réactions affectives des patients vis-à-vis de leurs troubles et les exercices où les patients doivent enregistrer leur voix devant tout le groupe ont été créés afin de vaincre la peur de parler. Par ailleurs, mais dans une orientation théorique assez différente, Bloom (1962) a aussi abordé la question des thérapies de groupe. L'objectif est différent : il ne s'agit ni d'accroître la socialisation des patients ni d'avoir une action psychothérapeutique. Pour Bloom, le but principal du traitement est l'accroissement de la capacité à communiquer dans les activités de la vie quotidienne. La manière de structurer les activités de groupe sera liée au cadre théorique auquel Bloom se réfère : la théorie skinnérienne du comportement verbal (Skinner, 1957). Dans cette direction, le comportement verbal est fonction de variables dépendantes et indépendantes. Il apparaît dans un environnement qui comprend un locuteur et une audience, il est nécessairement renforcé par la médiation d'autres personnes. Pour Bloom, l'aphasie doit être considérée comme un trouble, non du langage mais du comportement verbal, comme une modification du pouvoir de contrôle des variables qui en conditionnent l'apparition. Et Bloom cite, à l'appui de cette thèse, les cas bien connus de dissociation automatico-volontaire; c'est le patient incapable de dénommer un objet dans une situation classique d'examen, mais qui peut cependant émettre le mot approprié dans une situation d'énonciation différente et plus habituelle. L'objectif de la rééducation sera donc de recréer et de structurer dans le détail des situations quotidiennes où certains comportements verbaux sont appropriés. Il s'agira ensuite de renforcer (par la réaction normale — i.e. attendue — de l'audience) ce comportement et de répéter plusieurs fois ces situations afin d'installer solidement les réacquisitions.

Les programmes comportent la présentation de situations naturelles telles que des situations d'accueil présentées au début de chaque séance [2] («Hello» est renforcé positivement par l'entourage s'il est adéquat), des situations variées où la réponse attendue est OUI/ NON, l'utilisation de l'ascenseur, des situations d'échange de monnaie; enfin, à un niveau plus complexe, les patients sont engagés dans des conversations structurées choisies en fonction des goûts et intérêts particuliers de chacun. Par ailleurs, le point de vue adopté a, bien sûr, des conséquences sur le contenu de ce qui est appris. En ce qui concerne le vocabulaire par exemple, Bloom reconnaît l'existence d'une influence de paramètres tels que le niveau d'abstraction, la fréquence d'usage dans la langue, la complexité grammaticale, etc. Mais la situation concrète d'émission joue aussi un rôle. En effet, il n'est pas très utile, selon Bloom, de commencer à réapprendre un lexique de mots disponibles (comme «chaise, manteau, lampe, interrupteur, etc.») car ces objets sont présents dans l'environnement du sujet (il peut, par exemple, les montrer): ce qu'il doit souvent exprimer ce sont des actions sur ces objets ou en relation avec ces objets (du type «assieds-toi; déshabillez-vous; ne restez pas debout; éteint, veux-tu; allumes»; etc.). Ainsi, quand on détermine le vocabulaire à travailler en groupe, il s'agit moins de dresser un répertoire du lexique utile que de déterminer les formes de comportements verbaux utiles à installer dans ces contextes. Ce que les auteurs sélectionnent ce ne sont pas des mots mais des «verbal operant», la différence étant que les «verbal operant» produisent un effet sur celui qui les reçoit, effet qui en retour renforce l'émetteur.

Ce programme thérapeutique a été appliqué à des patients aphasiques (suite à un A.V.C.) âgés en moyenne de 50 ans et présentant principalement une aphasie globale. La thérapie débute moins de 6 mois après l'atteinte cérébrale à raison d'au moins une séance journalière. Les groupes sont constitués sur la base d'un Profil de Communication Fonctionnelle. Les résultats obtenus sont toutefois présentés sur un mode anecdotique. Les patients les plus atteints (degré zéro dans l'échelle de communication) montrent des progrès manifestes, et cela même si une thérapie individuelle a été jusque là sans effet. Par contre, pour les patients moins atteints, les résultats sont moins nets: selon Bloom, ces patients profiteraient davantage d'une thérapie individuelle.

Comme le montrent ces trois recherches, on a créé des situations de groupe pour des raisons très différentes : favoriser la socialisation, augmenter le contrôle émotionnel, renforcer des operants verbaux particuliers, etc. Comme on le voit aussi, la manière de constituer les groupes (type de patients, nombre de patients, gravité de l'atteinte ...), les exercices réalisés, le nombre et la formation des moniteurs, dépendent des objectifs, que l'on s'est donnés. De même, le moment de recourir au groupe semble varier selon les centres : alors que Bloom suggère de réaliser des thérapies de groupe avec les patients gravement atteints, dans beaucoup de centres européens on engage les patients dans des conversations et des activités de groupe seulement après une thérapie individuelle intensive, quand ils ont atteint un certain niveau de langage. Il est aujourd'hui bien difficile de se prononcer sur l'utilité des pratiques de groupe avec les patients cérébrolésés, d'une part parce que les études menées ont été insuffisantes dans l'appréciation des progrès obtenus, d'autre part parce qu'on ne se donne pas les moyens d'observer ce qui se passe dans le groupe pendant la thérapie du point de vue des interactions verbales. Un point commun apparaît cependant dans toutes les études existantes (et aussi dans ce que nous ont rapporté divers thérapeutes pratiquant ces méthodes) : un accroissement de l'ajustement social des patients ; mais ce fait exigerait aussi une confirmation expérimentale.

Le danger principal, dans la mise en avant de la thérapie de groupe et dans l'accentuation de ses vertus curatives, consiste à présenter ce type de rééducation comme une méthode alternative destinée à remplacer la thérapie individuelle. Le faux débat parfois engagé est donc celui qui nous forcerait à choisir entre l'une ou l'autre forme de traitement : la thérapie individuelle serait alors bannie pour son caractère « artificiel » et la thérapie de groupe recommandée parce que « naturelle », immédiatement en prise avec des échanges verbaux quotidiens.

Cependant, on peut penser que dans bien des cas l'application immédiate de thérapies de groupe sera sans effet sur le langage des patients. Comme nous l'avons souligné ailleurs (Seron, 1978), la meilleure manière de démutiser un aphasique de Broca ou de canaliser un patient jargonnant semble bien être, au début du moins, la relation duelle thérapeute/patient au sein de laquelle toute la conduite du patient peut être strictement contrôlée et son attention concentrée sur quelques exercices simples et adaptés à son cas. La stratégie qui nous paraît la plus utile est celle où on se déplacerait progressivement d'une situation duelle de rééducation aux situations habituelles de la vie de tous les jours. En fait, ce que nous suggérons, c'est « *une programmation du transfert des apprentissages* ». Cette seconde démarche, qui consiste donc à commencer la thérapie dans la situation duelle classique pour se déplacer ensuite et progressivement vers des situations naturelles, n'a jamais encore été pratiquée; nos suggestions garderont donc un caractère hautement spéculatif.

Considérons par exemple la réception des messages oraux. Il est clair qu'entre l'ordre oral simple (fait de mots fréquents et se rapportant à une situation concrète) délivré par un thérapeute et une conversation dans le métro, il y a d'énormes différences. En premier, les conditions de réception du message sont très différentes et l'on sait que cela a une influence sur la compréhension (Green et Boller, 1974; Boller et al., 1977). En effet, dans une conversation en vis-à-vis, comme en témoignent de nombreuses recherches en psychologie sociale (voir Argyle, 1975), ce qui se produit c'est une régulation et une accentuation des messages par différents procédés non verbaux : mouvements et contacts oculaires, gestes d'accompagnement, mimique faciale et prosodie suprasegmentale. Parmi ces éléments, tous ceux qui appartiennent au canal visuel disparaissent, par exemple, dans la communication téléphonique (exercice que l'on sait difficile pour bien des patients aphasiques, même après récupération); par contre, ceux qui appartiennent au canal auditif sont plus sensibles aux conditions sonores générales, à l'éloignement et à la fonction des interlocuteurs etc. S'il existe un certain nombre de travaux sur la compréhension et l'émission des messages non verbaux chez les aphasiques, on a jusqu'à ce jour peu étudié l'influence de ces variables sur la compréhension et l'émission de messages verbaux. Même dans la situation duelle thérapeute/patient, l'ensemble des conduites non verbales émises par le thérapeute mériterait qu'on leur accordât une attention particulière. En effet, pour avoir observé en différents endroits les comportements des logopèdes à ce point de vue, notre impression est qu'ils sont loin d'être équivalents : certaines gesticulent beaucoup, accompagnent toutes leurs émissions de mimiques appropriées et modulent adéquatement leur prosodie; d'autres au contraire sont plus calmes et plus amimiques. Il y aurait intérêt à analyser ces composantes non verbales de la rééducation soit en filmant les thérapeutes, soit en développant des méthodes d'évaluation du type de celles élaborées par Brookshire et al. (1978) (évoquées page 65) mais davantage centrées sur les composantes non verbales de l'activité de communication. Si, au terme d'analyses de ce type, il apparaissait que ces diverses composantes non verbales ont une influence sur la qualité et la facilité de décodage des messages, un premier élément de programmation pourrait consister à commencer la thérapie en accentuant les indices non verbaux pour en diminuer progressivement l'importance (ex : étape 1 — en vis-à-vis avec mimique, gestes et prosodie accentuée; étape 2 — en vis-à-vis mais sans accentuation des éléments non verbaux; étape 3 — augmenter la distance entre le thérapeute et le patient; étape 4 — le thérapeute se tient derrière le patient ... et en fin de programme présenter les situations de la communication téléphonique). On pourrait, de la même manière, contrôler l'ambiance sonore des rééducations et se déplacer progressivement de la rééducation duelle pratiquée dans un local silencieux à des exercices où le bruit est important et non controlé. On pourrait par exemple commencer la rééducation en vis-à-vis et dans le silence, ensuite ajouter un bruit régulier non structuré, délivrer dans un deuxième temps des sons musicaux qui partagent avec le langage des éléments de périodicité, introduire progressivement des bruits de conversation en faisant varier leur intensité, passer ensuite à la situation de conversation à trois, en groupe, pour enfin arriver à mener une conversation dans un hall de gare ou dans le métro. Comme on le voit, l'objectif reste d'amener le patient à émettre des conduites verbales dans des situations quotidiennes mais en programmant la complexité des environnement proposés !

L'orientation sociothérapeutique n'est pas qu'une réorganisation des procédés thérapeutique, c'est aussi un ensemble d'analyses sur les conséquences sociologiques, économiques et familiales de l'atteinte cérébrale. En effet, les conséquences d'une atteinte cérébrale ne se limitent pas à une modification du répertoire comportemental du patient: elles transforment en outre, et parfois très profondément, les relations que le patient entretient avec son environnement. L'entourage est le plus souvent surpris par la maladie qui touche le patient. Il va devoir y faire face et s'adapter aux conséquences de la maladie. On néglige trop souvent que le milieu rééducatif institutionnel (l'hôpital, le service de revalidation, etc.) ne constitue qu'une toute petite partie de l'environnement du patient et que ce qui se passe en dehors de la thérapie est déterminant pour le devenir du patient et de ses proches. Les tenants de l'orientation sociothérapeutique sont de plus en plus convaincus que si l'on veut amener le milieu familial et les proches du patient à collaborer à la thérapie en la prolongeant par une réinsertion véritable, il est nécessaire, d'une part, de connaître les réactions habituelles de ce milieu et, d'autre part, de développer sur la base de cette connaissance des stratégies efficaces de soutien et d'intervention.

L'étude du milieu

La plupart des études dont on dispose en neuropsychologie se rapportent au cercle étroit de la famille du patient. Ces études sont, le plus souvent, focalisées sur les problèmes du conjoint (Malone, 1969, 1977; Artes et Hoops, 1976; Helmick et al., 1977; Kinsella et Duffy, 1978; Lezak, 1978). La plupart des données résultant d'interviews plus ou moins structurés, et la prédominance des atteintes vasculaires touchant les hommes, c'est surtout les problèmes de l'épouse qui sont abordés. Selon les cas, les interviews sont plus ou moins étendus et concernent des sujets tels que la réaction et l'adaptation psychologique du milieu familial au patient, les modifications économiques et sociales résultant de la maladie, le comportement du patient à domicile, ses relations avec ses enfants, les attitudes du milieu extérieur à la famille : milieu professionnel, parents éloignés, amis, etc.

En abordant l'étude du milieu familial du patient aphasique et plus largement du patient cérébrolésé, nous avons conscience de systématiser un peu trop les faits sur la base d'enquêtes souvent d'inégale qualité et réalisées dans des milieux sociaux et des ensembles nationaux différents. Les données recueillies aux Etats-Unis ou en Angleterre ne sont sans doute pas transposables sans réflexion critique à nos pays européens continentaux; de la même manière, une enquête portant sur des familles appartenant à la classe moyenne ne peut suffire à la compréhension des réactions se produisant dans les familles ouvrières ou paysannes. D'un pays à l'autre, d'une classe sociale à l'autre, les structures familiales ne sont pas identiques, de même que l'ensemble des acteurs sociaux intervenant dans les processus de traitement et de réinsertion sociale. Il semble, par exemple, que le sentiment d'abandon maintes fois exprimé par les familles va dépendre de la qualité des structures sociales et philanthropiques en place, de la capacité qu'a la famille de connaître et d'utiliser ces structures, de la position de la famille dans la structure sociale et de ses disponibilités budgétaires, de l'efficacité locale et de la coordination des différents acteurs intervenant dans le processus de revalidation (logopède, médecin, assistante sociale, services sociaux de l'hôpital, de la commune, mutuelles, assurances, etc.). Par ailleurs, le fait que l'on doive se référer à des enquêtes anglo-saxonnes pour décrire les réactions et les attentes du milieu familial face aux nombreux problèmes posés par l'atteinte cérébrale, indique à suffisance combien toutes ces questions sont encore très largement ignorées chez nous.

Pour décrire le milieu familial dans sa confrontation à l'accidenté du cerveau, nous nous inspirons du découpage proposé par Lezak (1978) mais en le modifiant et en adaptant la réflexion de cet auteur à certaines réalités locales. Nous aborderons trois questions : les problèmes familiaux communs, les difficultés propres au conjoint et aux enfants, la prédominance de la dépression.

Les problèmes familiaux communs

Lorsqu'un de ses membres est frappé d'une atteinte cérébrale, la structure familiale se trouve soudain en déséquilibre profond : un des adultes de la cellule familiale est devenu un partenaire différent, sa place dans le délicat réseau des relations affectives de la famille va changer, le statut qu'il occupe dans les relations d'autorité sera remis en question. Le patient ne participe plus à l'effort économique de la famille (il a perdu son emploi où il ne remplit plus ses fonctions d'entretien et de gestion de la maison). En outre, sa personnalité est plus ou moins profondémment modifiée par l'atteinte cérébrale et on n'entre plus en relation avec lui de la même manière qu'auparavant. Sur le plan économique, les problèmes sont rarement immédiats: les assurances, les mutuelles ou le plus souvent une combinaison des deux, aident la famille à faire face aux problèmes financiers, ceci, au moins au cours des premiers mois [3]. Il n'empêche que les frais d'hospitalisation, de traitements médicamenteux, de surveillance médicale et de rééducation vont grever le budget familial et qu'à moyen terme le conjoint valide, s'il ne travaillait pas, devra se mettre à la recherche d'un emploi dans des conditions souvent difficiles. Dans d'autres cas, le conjoint valide interrompt momentanément son travail pour assurer la prise en charge à domicile du patient, ce qui a aussi d'importantes retombées économiques pour la famille. Il y a aussi les situations (fréquentes chez les petits commerçants, les fermiers, les artisans, etc.) où les conjoints travaillent ensemble: l'arrêt de travail dû à la maladie peut mettre en difficulté l'entreprise familiale, voire la conduire à la faillite.

A côté de ces problèmes économiques, de nombreux problèmes de gestion et d'organisation se posent à la famille. Que cela plaise ou non, bon nombre des familles francophones européennes [4] vivent encore sur le mode de la division traditionnelle du travail entre l'homme et la femme, ceci surtout en ce qui concerne les couples de plus de 40 ans (c'est aussi à cet âge que la fréquence des accidents vasculaires cérébraux va aller en augmentant!). Le retrait de l'épouse comme membre actif et responsable pose des problèmes relatifs à l'éducation des enfants, à la gestion et à l'entretien de la maison; l'invalidité de l'époux pose non seulement les problèmes financiers soulignés plus haut, mais aussi souvent des problèmes amdinistratifs (gestion des finances, tenue du compte bancaire, mise à jour des papiers administratifs, etc.). Il est clair que l'ampleur de ces problèmes est directement fonction de l'altération du comportement du malade: dans certains cas celui-ci présente simplement un rendement diminué mais encore acceptable, dans d'autres il ne peut plus assumer ses fonctions antérieures. Les problèmes budgétaires et d'organisation qu'aura à affronter la famille seront donc fonction de la gravité du handicap encouru par le patient, des rentrées financières qu'il assurait avant son accident, de la répartition des tâches au sein de la famille, de la plus ou moins grande capacité des membres restés valides à reprendre les tâches antérieurement accomplies par le patient.

On commet trop souvent l'erreur de considérer ces problèmes comme de simples questions d'intendance. Or, l'épouse complètement submergée par des tracas administratifs et financiers peut se sentir incapable d'y faire front. Dans un tel contexte, elle ne pourra pas, en plus, s'occuper de son conjoint, prendre part à sa rééducation, essayer de comprendre et d'aider l'être différent (et pourtant semblable à certains égards) qu'il est devenu. Nous avons rencontré des épouses refusant de reprendre à domicile leur époux sitôt que sa santé n'exigeait plus l'hospitalisation. Malone (1969) a bien décrit cette anxiété mêlée de sentiments de rejet et de culpabilité, résultant certes de la personnalité antérieure de l'épouse, mais aussi de l'importance des responsabilités nouvelles auxquelles elle doit faire face et de ses compétences en regard de ce que l'on attend d'elle.

A cet égard, il nous paraît regrettable que l'on dispose d'aussi peu d'informations sur la succession des événements qui se produisent dans la famille, d'une part au moment de la survenue de l'atteinte cérébrale, d'autre part au moment où les patients rentrent chez eux. En effet, notre sentiment est qu'il s'agit là de deux moment clés. Car la famille vit, à ces occasions, deux types de déséquilibres auxquels elle va répondre en se restructurant. A la survenue de l'accident, elle pare au plus pressé, s'habitue à vivre sans le patient, lui rend visite, mais sa prise en charge lui échappe; c'est aussi à ce moment que la famille reçoit le plus d'aide extérieure, dont l'expérience indique qu'elle sera le plus souvent de courte durée. Au moment où le patient rentre chez lui, la famille s'est déjà, en partie, restructurée, elle a déjà acquis de nouvelles routines, de nouveaux rôles ont été distribués et le patient est souvent déjà figé dans son statut de dépendance[5]. On dispose bien sûr d'enquêtes fouillées portant sur un assez grand nombre de familles, mais elles ont le plus souvent réalisées 1 à 5 ans après l'accident cérébral, c'est-à-dire à un moment où les familles se sont déjà restructurées (cf. les excellentes analyses de Artes et Hoops, 1976, aux U.S.A. et de Kinsella et Duffy, 1978, en Angleterre). Bien que limitées aux familles qui ont résisté à cet événement dramatique (c'est-à-dire celles qui n'ont connu ni divorce, ni séparation), ces enquêtes sont cependant utiles. Elles nous indiquent notamment les changements durables qui se sont produits dans la famille. Parmi ceux-ci, un des plus importants semble l'isolement progressif de la famille par rapport à son réseau antérieur de relations. Comme le soulignent divers auteurs (Bardach, 1969; Malone, 1977; Lezak, 1978), les membres de la famille se sentent isolés. Certains patients nécessitent une attention permanente, ce qui oblige un des membres de la famille à rester à la maison 24 heures sur 24. Dans d'autres cas, le patient peut sortir, mais son comportement particulier, ses bizarreries, parfois ses éclats publics, peuvent gêner la famille qui préfère alors continuer à vivre cloîtrée (le patient n'est pas « sortable », on le soustrait aux regards). Non seulement la famille vit davantage repliée sur elle-même, mais elle reçoit moins de visites;

après une courte période d'intérêt, les amis et relations du patient espacent et souvent arrêtent leurs visites. Il est par exemple assez rare de voir des amis continuer à rendre visite à un aphasique grave qui semble ne rien comprendre à ce qu'on lui dit, qui dit des choses incompréhensibles ou n'émet que quelques jurons! De plus, comme le signale Lezak (1978), quand des amis de la famille se montrent fidèles, ils sont aussi souvent critiques; ne vivant pas quotidiennement auprès du patient, ils émettent conseils et reproches, ils trouvent que la famille n'en fait pas assez ou qu'elle s'y prend mal avec le patient. Cet isolement familial semble empirer au fil du temps, comme l'indique l'enquête de Kinsella et Dufy (1977). Cette enquête, qui porte sur des conjoints assez âgés (M = 60.11 ans), indique qu'un conjoint sur 5 se débrouille seul sans aucune aide et que 57 % des conjoints reçoivent de l'aide mais à une source unique, le plus souvent un enfant marié. Cette situation, qui n'évolue pas avec le temps concerne aussi la communication: ainsi, 43 % des conjoints déclarent ne pouvoir confier leurs soucis qu'à une seule personne et un quart n'a personne avec qui communiquer valablement.

La famille va en outre connaître des tensions internes, car souvent les responsabilités nouvelles surgies de l'accident seront inégalement réparties (ou inégalement ressenties) et un des membres de la famille peut se voir attribuer l'essentiel des charges liées aux soins à apporter au patient. Ce membre, devenu le principal responsable du patient, voit ses centres d'intérêts propres et ses loisirs davantages sacrifiés, il peut en ressentir de l'amertume et accuser les autres membres de la famille d'égoïsme et de désintérêt. Le patient va aussi directement augmenter les tensions familiales. A la fois frustrés et effrayés par leur état, bien des patients ont le sentiment d'être inutiles et dépendants, ils se sentent devenus une charge pour leur entourage. Ces patients éprouvent à l'égard de leur proches des sentiments ambivalents, ils rejettent leur dépendance vécue comme inacceptable tout en craignant de perdre, ne fut-ce qu'un seul instant, l'attention dont ils sont l'objet. A leurs yeux, le proche qui les a pris en charge en fait trop et trop peu à la fois. Certains patients s'installent ainsi avec leurs proches dans une relation infantile faite tantôt de séduction pour recueillir l'attention exclusive de leur environnement, tantôt de bouderies, de menaces, voire de violence, dès qu'ils se sentent un peu délaissés. A ces problèmes relationnels s'ajoutent les importantes modifications du caractère plus directement liées à la nature de la lésion cérébrale et à la personnalité antérieure du patient. Ces troubles caractériels, variables selon la gravité, la localisation et la nature de la lésion, sont difficilement systématisables (voir Hecaen, 1964; Blumer et Benson, 1975; Seron et Van Der Linden, 1979). On peut cependant, comme Lezak, proposer l'énumération suivante des changements affectifs susceptibles de survenir chez un patient:

1. diminution des conduites d'ajustement social et apparition de comportements autocentrés mais sans autocritique.
2. diminution de l'autocontrôle émotionnel: les patients sont implusifs, impatients, irritables, souvent agités.
3. diminution des conduites de prise d'initiative, absence de projets, difficultés de planification d'actions longues.
4. désordres émotionnels les plus fréquents: apathie, labilité émotionnelle, irritabilité, modifications des conduites sexuelles (hyper ou hyposexualité).
5. difficulté parfois radicale de réacquérir de nouvelles conduites sociales adaptées.

De plus, selon le cas, la prise de conscience des troubles pourrait entraîner des conduites dépressives plus ou moins importantes et, chez certains patients, des idées paranoïdes (Benson, 1973).

On comprend en fait assez peu de choses des désordres psychoaffectifs consécutifs aux atteintes cérébrales. On ne dispose que d'inventaires de traits sémiologiques, et il paraît aujourd'hui difficile de répondre à trois questions essentielles:
1. ces troubles sont-ils directement le résultat de l'atteinte cérébrale ou traduisent-ils l'adaptation normale du sujet à sa maladie?
2. ces troubles sont-ils à envisager en liaison avec la personnalité antérieure du sujet?
3. L'environnement post-lésionnel a-t-il une incidence sur leur apparition ou, plus simplement, sur leur maintien?

Comme nous l'avons souligné ailleurs (Seron et Van Der Linden, 1979), la neuropsychologie contemporaine ne peut répondre avec certitude à aucune de ces questions: il lui manque à la fois les observations nécessaires et le cadre théorique adéquat. Toutefois, il semble probable que *et* les caractéristiques de l'atteinte cérébrale, *et* la personnalité antérieure du sujet *et* la qualité de l'environnement jouent un rôle dans le déterminisme et l'organisation des désordres psychoaffectifs. Il faut en tout cas se prémunir de toute interprétation unidimensionnelle et rendre, par exemple, la famille principale responsable des désordres affectifs survenant après l'atteinte cérébrale; ceux-ci se manifestent d'ailleurs bien souvent en cours d'hospitalisation avant le retour dans la famille. De plus, le fait que certaines lésions cérébrales localisées dans des parties précises du cerveau entraînent des troubles affectifs spécifiques conduit à exclure un rôle déterminant ou isolé de l'environnement. La causalité sans doute largement interne des désordres affectifs n'empêche toutefois pas de soulever la question thérapeutique: dans quelle mesure la famille peut-elle agir pour modifier les réactions inadéquates du patient ou provoquer l'apparition de conduites plus adaptées? Cette question n'a pas encore reçu l'attention qu'elle mérite; elle nous paraît cependant importante pour le devenir du patient et de sa famille.

Les problèmes spécifiques du conjoint et des enfants

Le conjoint

Le conjoint va devoir affronter quelques problèmes particuliers liés au statut marital et au système de valeurs qui lui est attaché. En effet, la pression sociale qui s'exerce sur le conjoint lui interdit, comme le souligne justement Lezak (1978), de se plaindre et d'avoir encore après l'accident une vie personnelle à part de son partenaire handicapé. Le monde adulte de nos sociétés est constitué pour une part de couples, pour une autre de célibataires; l'époux seul avec un conjoint handicapé n'a, en aucun cas, changé de catégorie et il ne se présente à lui qu'une seule ligne de conduite socialement acceptable: celle du dévouement et du sacrifice. Toujours, selon Lezak «le conjoint ne peut divorcer ni avec dignité, ni avec bonne conscience». Les aides financières, les fonds sociaux, les lois sociales, les institutions philanthropiques renforcent ce sentiment de responsabilité, et toute séparation sera vécue comme un abandon, dénoncée comme une lâcheté. C'est cependant oublier que, dans un nombre non négligeable de cas, «l'atteinte cérébrale prolonge un mariage malheureux et que seuls des liens de peur de la réprobation sociale et de culpabilité font que le conjoint valide maintient une vie conjugale qu'il aurait autrement l'intention de déserter». Mais, même en dehors de relations conjugales déjà fragiles ou précaires avant l'atteinte cérébrale, le conjoint valide va vivre une situation particulière et difficile. Non seulement le mari ou la femme avec qui on vivait intimement est devenu une charge, mais en plus il est devenu un être différent, qu'on ne comprend plus; tous les modes de relations qu'on a progressivement établis avec lui au cours d'une vie conjugale plus ou moins longue sont devenus inopérants, il réagit différemment et on ne le comprend pas. Quand les troubles du langage sont au premier plan de la pathologie, le conjoint valide se plaint de ne plus pouvoir communiquer comme auparavant. Mais cette plainte pourrait varier selon l'ancienneté du couple. L'enquête de Artes et Hoops (1976) semble en effet indiquer que la rupture des échanges verbaux est surtout ressentie par les épouses jeunes; au-delà d'un certain âge cette plainte diminue en importance et les craintes du conjoint sont surtout centrées sur la peur d'un nouvel accident qui entraînerait la mort du malade. On peut effet penser que les couples jeunes sont plus bavards que les couples âgés, non que ces derniers n'aient plus rien à se dire, mais une meilleure connaissance réciproque peut conduire les couple anciens à une complicité qui exige moins de mots, moins de langage pour s'exprimer.

Certains auteurs ont suggéré que le conjoint apprécie de manière inadéquate les difficultés de communication du malade. Ainsi, une recherche de Helmick et al. (1976) montre une corrélation négative entre un test standardisé de lange (le PICA, p. 59) et l'appréciation par le conjoint des capacités de communication du malade (mesurées au moyen du FCP, voir p. 61). Selon ces auteurs, le conjoint serait régulièrement trop optimiste et en conséquence il ne modifierait pas suffisamment la complexité de ses activités de communication avec le patient. Comme l'a souligné Holland (1977) dans une note critique, il n'est pas sûr que ce constat soit fondé. Il est en effet hasardeux de se faire, au moyen d'un questionnaire, une idée précise de ce qui se passe réellement dans la cellule familiale. Et cela restera vrai tant qu'on n'aura pas développé et appliqué des méthodes d'observation « in situ » adéquates. Les aphasiologistes auraient ici intérêt à s'inspirer des nombreux travaux réalisés, en psycholinguistique développementale, sur les interactions mère-enfant [6] et sur leur importance dans le développement du langage. Sans une approche directe du milieu, il nous semble en effet difficile d'accuser le conjoint d'irréalisme. S'il est possible qu'il surévalue les capacités de communication du patient pour diverses raisons affectives (refus de la gravité de la maladie, désir forcené d'observer des progrès, négation de la solitude liée à la difficulté de communiquer, etc.), il est tout aussi plausible de penser que le conjoint est plus sensible à l'ensemble des interactions communicatrices sous leur aspect verbal et non verbal et que, comme le souligne Holland (1977), l'évaluation du conjoint soit plus adéquate que celle issue des tests standardisés sur lesquels se basent les thérapeutes.

A côté des problèmes de communication, la vie sexuelle du couple risque aussi de connaître de profonds bouleversements. Certains patients sont davantage motivés sexuellement après leur atteinte cérébrale; d'autres, au contraire, présentent une période plus ou moins longue d'impuissance sexuelle. De plus, dans tous les cas où les troubles psychologiques sont accompagnés d'un handicap moteur ou sensoriel, les pratiques sexuelles concrètes doivent subir des modifications en fonction de la nature du handicap. Un hémiplégique doit adopter certaines positions particulières pour avoir des rapports sexuels, ces positions peuvent ne pas faire partie du répertoire antérieur des conduites sexuelles du couple et un apprentissage délicat est souvent nécessaire. Le conjoint valide peut trouver ces nouvelles pratiques dérangeantes voire inavouables. Dans certains cas aussi le patient est partiellement impuissant et pour arriver à des rapports satisfaisants, il est nécessaire de le stimuler davantage; il n'est pas rare que le conjoint ne puisse ni ne veuille avoir recours à ces pratiques qu'il juge anormales ou malsaines. Dans beaucoup trop de centres, on jette un voile pudique sur toutes ces questions : on est là pour rééduquer la mémoire, le langage ou la motricité et beaucoup de thérapeutes ne sont ni suffisamment armés, ni suffisamment à l'aise avec leur propre sexualité pour aborder clairement ces problèmes avec la famille et pour les aider à les résoudre. Une autre modification, souvent signalée dans les relations sexuelles après un accident cérébral, est le sentiment qu'elles sont devenues exclusivement physiques, dépourvues de tendresse et de préliminaires amoureux. Bien des femmes se sentent incapables d'avoir des rapports physique avec un époux aphasique parce que celui-ci n'est plus en mesure de leur parler avec tendresse, parce qu'il n'a plus les mêmes égards qu'auparavant. Dans d'autres cas, les troubles affectifs (comportements puérils, irritabilités, violence) du patient sont tels que le conjoint ne le reconnaît plus et se sent incapable d'avoir des rapports sexuels avec un être qu'il considère à présent comme un étranger.

Les enfants

En ce qui concerne les enfants, lorsqu'un des parents est atteint d'une lésion cérébrale, Malone (1977) indique quelques unes des difficultés les plus courantes qu'ils auront à affronter. Tout d'abord, ils seront souvent négligés par le malade qui est devenu, du fait de ces difficultés, beaucoup plus auto-centré qu'auparavant. Même dans les cas de traumatismes fermés légers, nous avons été frappés d'entendre à plusieurs reprises les patients se plaindre de leurs enfants qui sont jugés trop exubérants, faisant trop de bruit. Le conjoint valide peut aussi négliger les enfants, tout occupé qu'il est à aménager l'environnement familial au profit du malade. Souvent aussi, le patient se montre jaloux de l'attention encore accordée aux enfants et compare le temps qui lui est accordé à celui consacré aux autres membres de la famille. Les enfants peuvent alors se sentir délaissés ; selon Malone, certains quittent la maison prématurément, ont des échecs scolaires, commettent des délits mineurs, etc. Nous avons aussi rencontré des épouses, mères de famille nombreuse, faisant le choix inverse et qui tentent d'éloigner le mari aphasique de la maison pour protéger les plus jeunes enfants d'un père devenu « sot » ou « fou », qui ne « dit que des bêtises » et « qui est parfois, sans que l'on sache pourquoi, en colère ». A cela s'ajoute une modification des relations d'autorité entre les enfants et le parent-patient et, aussi, une gêne sociale à l'école et dans les milieux de détente où l'enfant se sent diminué par rapport à ses compagnons [7].

La prédominance de la dépression

Selon Lezak, la plupart des membres d'une famille qui vivent avec un patient cérébrolésé présentant des troubles caractériels souffrent de conduites dépressives. Cela est confirmé dans l'étude de Kinsella et Duffy qui relèvent qu'après l'attaque 42 % des conjoints présentent un syndrome dépressif et 47 % d'entre eux des troubles psychiatriques mineurs ou des désordres somatiques (ulcères, asthme). Selon Lezak, ces conduites dépressives seraient encore plus marquées chez le membre de la famille devenu le principal responsable du patient (qu'il s'agisse ou non du conjoint). Dans certains cas, les conduites dépressives apparaîtraient d'emblée et ne varieraient guère selon l'évolution du patient (on peut penser qu'il y avait alors un terrain favorable); dans d'autres cas, les conduites dépressives seraient liées à l'état du patient, à l'évolution de sa maladie, aux problèmes qu'il suscite. Certains conjoints peuvent présenter des conduites suicidaires, ou s'adonner à l'alcool ou aux drogues. Les conduites dépressives semblent plutôt se renforcer avec le temps, surtout si l'état du patient reste stationnaire et si le soignant a l'impression de travailler en pure perte et sans soutien efficace d'autrui.

Stratégies d'intervention

1. Le droit à l'information

Si, aux Etats-Unis, on a commencé à se rendre compte que la prise en charge d'un patient aphasique ou cérébrolésé nécessite de sortir du cadre restreint de l'institution de soins et d'envisager l'ensemble du problème social et familial posé par la maladie, on semble beaucoup moins avancé dans nos pays. Ainsi, par exemple, la formation des logopèdes ne comporte aucun cours ni exercice pratique sur ces problèmes. De même, en neuropsychologie, aucune publication importante n'a encore discuté de ces questions. Nos pratiques thérapeutiques sont restées encore très largement limitées à l'enceinte de l'hôpital et bon nombre de praticiens ne devinent que très vaguement les prolongements extérieurs de leur rééducation. Il en résulte, notamment, que les problèmes familiaux sont, dans nos pays, bien souvent posés trop tard en cours de thérapie : quand les proches du patient sont découragés, quand s'est créé un état de crise tellement important qu'ils sont venus en parler, bref, quand les solutions sont devenues difficiles à trouver.

Le premier problème à discuter, est bien sûr celui de l'information : on dit trop peu de choses au patient et des choses souvent très contradictoires.

Nous avons connu des médecins contents de la réussite d'une opération qui annonçaient à la famille que tout allait s'arranger en quelques mois, alors que le patient souffrait d'une aphasie globale; nous avons vécu aussi des situations inverses, où le médecin annonçait des progrès lents et improbables alors que le patient présentait un profil favorable à une bonne rééducation (par exemple, il était gaucher).

Cette absence d'informations cohérentes amène souvent la famille à multiplier les consultations; on cherche le thérapeute ou le médecin le plus optimiste, le plus rassurant sur l'évolution future. On finit même par consulter un rebouteux ou une diseuse de « bonne » aventure.

On commet aussi souvent l'erreur de penser qu'il suffit d'informer objectivement une seule fois et que cette information sera retenue telle quelle. L'expérience montre qu'il n'en est rien et qu'elle est sujette à diverses réinterprétations. Enfin, il ne faut pas négliger le fait que, dans bien des cas, les pronostics que peuvent émettre les thérapeutes sur l'évolution future de la récupération sont incertains : nous ne connaissons pas encore assez les variables qui conditionnent l'évolution post-accident cérébral pour donner des avis tranchés. Et pourtant, dans bien des cas, c'est de certitude que la famille a besoin et non des hésitations du scientifique. A Liège, dans le service de Neurochirurgie, nous ne donnions le plus souvent que des réponses provisoires : on demande aux parents d'attendre avec l'équipe les six premiers mois de traitement avant de donner un avis plus précis sur les chances d'évolution et on insiste, à cette occasion, sur la nécessité de leur participation à l'effort thérapeutique. Six mois plus tard, les choses se présentent généralement mieux : soit le patient a bien évolué; soit le tableau est resté inchangé. Même dans ce dernier cas, on poursuit le traitement car l'absence de progrès est souvent l'indication qu'il faut modifier la nature de l'intervention thérapeutique. Nous ne négligeons jamais de prévenir la famille qu'au fil du temps, la courbe des progrès risque de s'amortir quelque peu.

Mais l'information à délivrer à la famille ne concerne pas que l'évolution de la maladie : elle se rapporte aussi au patient tel qu'il est après son atteinte. Une des difficultés majeures consiste peut-être à amener la famille à se départir d'un vocabulaire et d'appréciations moralistes. Avant l'atteinte cérébrale, le patient était jugé entièrement « responsable » de ses actes; après son accident il sera décrit comme devenu « paresseux », disant des mots « inconvenants » et « grossiers », se montrant « égoïste », etc. Le maintien d'un vocabulaire et d'une attitude moraux constitue un obstacle à la compréhension du handicap. Prévenir la famille des comportements qui pourront survenir, lui faire comprendre que le patient n'en est plus responsable comme avant sans pour autant amener les proches à se conduire envers lui comme envers un petit enfant (irresponsable et dépendant par définition !), est une partie importante du travail délicat d'information qui incombe au thérapeute. Dans la plupart des cas, il convient sans doute que ce soit le membre de l'équipe qui est le plus en contact avec la famille qui fasse ce travail d'information, mais il peut parfois être plus astucieux qu'un autre membre de l'équipe thérapeutique s'en charge. Nous avons connu des cas où l'épouse se sentait, par exemple, en conflit ou en rivalité avec la thérapeute (souvent plus jeune qu'elle!) et qui préferait s'entretenir avec le psychologue de l'équipe. Il n'est pas rare non plus, comme le signale justement Lezak, que dès la sortie de l'hôpital, la famille ne revienne plus au centre ni pour les thérapies ni pour demander conseil. Bien que cela constitue sans doute un échec à tenter d'éviter, il nous paraît important que le centre n'ait pas à l'avance trop stigmatisé une telle attitude afin qu'en cas de besoin la famille n'ait aucune difficulté à contacter le centre à nouveau. Une tendance, un peu trop dogmatique, dans les équipes de soins consiste à s'occuper des bons malades (les réguliers, ceux dont la famille paraît conséquente) et à réprimander et délaisser les autres. Lezak, bien que reconnaissant le caractère individuel des conseils à donner aux familles selon le cas pour leur venir en aide, suggère néanmoins une listes de choses à dire à tout le monde.

1. « L'angoisse, la frustration et l'ennui sont des émotions que ressentiront naturellement les proches du patient cérébrolésé ».

Il s'agit ici de prévenir les patients qu'ils vont éprouver des sentiments de ce type et que cela est tout à fait normal. Car ces sentiments seront beaucoup plus difficiles à supporter s'ils sont accompagnés de culpabilité. On peut discuter avec le conjoint et accepter avec lui qu'il lui arrive par moment de souhaiter que son conjoint fût mort plutôt que malade. Qu'il s'agit là de sentiments naturels, de réactions normales à ses tracas et à sa fatigue et qu'il n'est en aucun cas devenu un monstre ou un être indigne.

2. « Les personnes qui seront responsables du patient doivent d'abord prendre soin d'elles-mêmes si elles désirent continuer à s'occuper correctement du malade ».

On a beaucoup trop tendance, comme le signale justement Lezak, à demander aux familles héroïsme et dévouement au nom d'impératifs moraux élevés. La capacité de s'occuper des autres dépend de son propre équilibre, du fait qu'on dort bien, qu'on mange correctement, qu'on prend encore du temps pour soi, qu'on maintient des centres d'intérêts personnels qui apportent du plaisir. Que certaines personnes arrivent, au nom d'un idéal religieux ou moral, à des pratiques d'abnégation, à un oubli de soi pour le service des autres, est sans doute une réalité tangible, mais réservée à des êtres qui ont fait ce choix et qui se sont entraînés depuis longtemps à émettre des conduites de ce type. On aurait tort de proposer ces patterns comportementaux (d'ailleurs rares et pas toujours dépourvus d'équivoques) comme une règle générale. A trop demander au conjoint ou au responsable du patient, on risque de le culpabiliser, de favoriser des sentiments de dépression et ultérieurement de provoquer un rejet radical du malade (c'est le «je n'en peux plus, je n'ai plus un instant à moi») [8].

3. *« Les changements de rôle qui vont inévitablement se produire quand un adulte devient dépendant ou irresponsable peuvent être péniblement ressentis par toutes les personnes concernées ».*

Assumer le rôle précédemment dévolu au conjoint ou reprendre un rôle de parent avec un enfant indépendant avant sa lésion, est une expérience souvent difficile. Ces changements de rôle demandent une modification de comportements quotidiens nombreux et acquis progressivement depuis de très longues années. Tout un monde d'habitudes et d'automatismes comportementaux se trouve bouleversé par l'accident. Les nouveaux rôles à assumer s'acquièrent difficilement et de manière souvent partielle et inadéquate. il faut discuter de cela avec le conjoint valide et l'aider à prendre conscience de ces modifications. Nous ne sommes cependant pas d'accord avec Lezak lorsqu'il suggère, par moment, de décrire les comportements du patient en fonction d'âges développementaux. Il suggère par exemple, de comparer l'impulsivité ou l'altération du jugement d'un patient à ceux d'un enfant de 3 ans afin d'aider le conjoint valide à accepter les attitudes autoritaires qu'il a avec le patient. Les problèmes nous paraissent souvent plus complexes. Comme Malone l'avait suggéré dans un travail déjà ancien (1969), certains conjoints sont au contraire en quelque sorte inconsciemment satisfaits d'exercer le rôle de premier personnage de la famille. Après l'accident ils se sentent libérés, leur velléités autoritaires ou leurs tendances surprotectrices peuvent s'exprimer plus librement. Décrire le patient comme un enfant, c'est renforcer ces conduites et celles-ci ne nous paraissent pas toujours les plus adéquates. Ceci est sans doute particulièrement important quand il s'agit d'un enfant jeune qui vient de subir une lésion cérébrale. La mère peut inconsciemment retrouver avec plaisir l'ensemble des conduites de maternage qu'elle a émises auparavant avec l'enfant au cours de sa petite enfance (période renforçante où elle était tout pour lui). Certaines épouses devenues inutiles retrouvent aussi, dans la maladie de leur mari, une raison d'exister. Il ne faut pas négliger ces motivations, et cependant veiller à ce qu'elles n'entrent pas en contradiction avec les progrès que le patient peut encore accomplir [9]. La surprotection qui s'installe souvent dans les familles, d'une part lie définitivement le conjoint valide au patient, d'autre part est en opposition avec le travail thérapeutique mené dans le centre de rééducation et qui a pour objectif principal le développement de conduites d'autonomie.

2. Le conjoint et les proches comme acteurs dans le processus thérapeutique

Qu'ils en aient conscience ou non, les proches du patient et surtout son conjoint sont des acteurs importants du processus thérapeutique. En effet, la personne la plus proche du patient, celle qui passe le plus grand nombre d'heures par jour avec lui, est aussi celle avec qui il a élaboré tout au long de sa vie familiale les épisodes de communication les plus fréquents et les plus intimes. Mais surtout, comme nous l'avons déjà signalé plus haut, les échanges verbaux entre le conjoint et le patient présentent un caractère régulier, voire routinier. En effet, la vie conjugale, même lorsqu'elle est marquée d'originalité et d'intensité, n'échappe guère à la succession et à la répétition plus ou moins monotone des tâches quotidiennes. Au sein de ces tâches, des échanges verbaux quasi ritualisés se produisent, ils véhiculent des informations souvent simples à décoder parce que basées sur des attentes spécifiques et survenant dans des lieux connus, à des heures régulières et au sein d'activités quotidiennement répétées. On commet souvent l'erreur de négliger ces composantes pragmatiques des conduites verbales quotidiennes et, comme nous l'avons indiqué plus haut, on transforme à tort le conjoint en répétiteur des exercices rééducatifs pratiqués dans l'institution. Outre le fait que de telles pratiques n'exploitent pas les virtualités langagières propres au milieu familial, elles ont l'inconvénient d'accentuer le déséquilibre survenant au sein des relations conjugales après l'accident cérébral en instaurant une relation professeur-élève entre les conjoints. Il existe bien peu de recherches sur la manière d'utiliser le conjoint (ou son remplaçant) en rééducation, mais un travail de Diller et al. (1974) mérite ici de retenir l'attention. Ces auteurs ont analysé dans quelle mesure on pouvait entraîner le conjoint à améliorer les conduites verbales fonctionnelles du patient. Leur étude porte sur 23 couples (dans 3 cas seulement le conjoint malade est une femme): 17 couples forment le groupe expérimental, 6 le groupe contrôle. Les deux groupes suivent une thérapie incluant les deux conjoints mais, alors que dans le groupe expérimental les renforcements et les autres procédures seront organisés selon un schéma prédéterminé bien précis, dans le groupe contrôle une quantité analogue de renforcements sera distribuée mais de manière non contingente (c'est-à-dire sans relation avec des objectifs précis d'amélioration de comportements-cibles) [10].

L'étude se déroule selon le plan général suivant:
- obtention, avant le traitement, d'un échantillon complet d'une journée de conversation entre les conjoints; cet échantillon est recueilli à leur domicile;
- obtention d'un échantillon de conversation entre conjoints dans un environnement contrôlé;

- mise au point d'un système d'analyse des conduites verbales entre conjoints;
- apprentissage in situ des principes de la Modification du Comportement;
- évaluation des effets de l'apprentissage; celle-ci est effectuée tant dans l'institution qu'au domicile du patient.

Voyons comment chacun de ces points a été réalisé.

a) obtention d'un échantillon de conversation entre conjoints à la maison.

L'enregistrement de conversations naturelles se fait au moyen de micros portables sans fil et d'un enregistreur qui ne s'enclenche que lorsque le patient ou un tiers présent parle. Par ce procédé, les auteurs parviennent à enregistrer en continu les conversations de toute une journée [11].

b) obtention d'un échantillon de conversation dans un environnement contrôlé.

Les auteurs utilisent ici la technique classique de l'interview dirigé, où le patient est invité à répondre à une dizaine de questions libellées d'avance.

c) système d'analyse des conversations inter-conjoints.

Le système de mesure des interactions verbales est très directement dérivé d'analyses operantes. Les classes de réponses sont définies a priori et les mesures des réponses concurrentes se font en simultané (on analyse donc *en même temps* les conduites verbales du patient *et* celles du conjoint (cf. Goodkin, 1968). Par ailleurs, ce système d'analyse classe différemment les énoncés des patients et ceux du conjoint. Pour le patient, les auteurs définissent les catégories suivantes : (énoncés (phrases, même lorsqu'elles contiennent des erreurs grammaticales mineures), mots (émis en dehors des sentences), obscurs (énoncés peu compréhensibles), dysfluences, persévérations, réponses directes (tout énoncé relié directement à une question), auto-corrections. Quant aux catégories qui recouvrent les énoncés du conjoint, elles prennent surtout en compte les relations supportées entre ses énoncés et ceux du patient. Les auteurs considèrent ici :

- le feedback positif : mots émis par le conjoint qui indiquent clairement que la conduite verbale du patient est correcte et claire (ex. : «That's right» «Correct», «O.K.», «Very Good», etc.);
- le feedback négatif : indication d'incompréhension, soit de l'énoncé ou de la tâche (feedback négatif objectif), soit du patient lui-même (feedback négatif subjectif);
- les questions additionnelles : toute question ajoutée à une question initiale dans un délai de deux minutes;

- le modelage : le conjoint fournit au patient un modèle de la réponse correcte attendue ;
- l'ébauche orale : le conjoint présente au patient les premiers éléments d'un mot qu'il semble chercher ;
- la présentation du mot, qui a lieu soit immédiatement, soit après un délai quand le patient semble chercher un mot.

Le système d'analyse développé retient donc, en ce qui concerne le patient, des catégories qui définissent l'adéquation ou l'inadéquation des énoncés ; en ce qui concerne le conjoint, ce sont ses réactions au caractère adéquat ou non des énoncés du patient qui font l'objet de l'analyse.

d) apprentissage proprement dit

Après avoir obtenu une ligne de base des conversations inter-conjoints au laboratoire et à la maison, chaque conjoint non malade reçoit un bref enseignement des principes de la Modification du Comportement. Ce cours est accompagné d'une analyse des conversations enregistrées avec le patient : on illustre de la sorte les quelques principes enseignés. La phase d'apprentissage commence ensuite ; elle réunit les deux conjoints, qui sont placés dans une salle d'observation où l'examinateur peut les observer au travers d'un miroir sans tain. Le conjoint en bonne santé porte en outre des écouteurs qui le mettent en communication directe avec l'examinateur. De la sorte, ce dernier peut, à tout moment, intervenir pendant la conversation inter-conjoint pour modifier la nature des réponses produites par le conjoint valide. Les systèmes de renforcements les plus utilisés seront, selon les cas, le renforcement verbal, les jetons (ex : on présente un jeton rouge si l'énoncé est incorrect, un jeton bleu autrement), le modelage, l'auto-renforcement ou l'auto-punition (le patient, au moyen de jetons rouges et bleus, est invité à juger lui-même ses propres performances verbales).

Résultats

Lorsqu'un seuil est atteint au cours de plusieurs séances successives, on procède à l'évaluation de l'apprentissage en réadministrant les deux pré-tests (conversation dirigée inter-conjoints et une journée de conversation entre les conjoints à domicile). Les résultats obtenus indiquent, en ce qui concerne le groupe expérimental, une amélioration significative des conduites verbales du patient en situation de conversation dirigée, mais aussi à la maison. Ces progrès sont confirmés au moyen du PCF (de Taylor, 1965) ; les conduites verbales du conjoint ne sont améliorées de manière significative que dans la conversation dirigée. Dans le groupe contrôle, aucun changement significatif n'est observé.

Ces résultats prennent plus de force encore si l'on souligne que les patients pris en thérapie de couples ont été sélectionnés premièrement sur la base d'une absence de progrès en thérapie individuelle et, deuxièmement, sur le fait que leur accident vasculaire datait d'au moins deux ans. Les progrès obtenus ne peuvent donc être imputés ni à la thérapie individuelle (où le patient ne progressait plus) ni à la récupération spontanée.

On note cependant quelques limites (mineures) dans ce travail. Les auteurs observent par exemple que l'importance des changements observés chez le conjoint en bonne santé n'est pas directement corrélée à l'importance des changements survenant chez le patient. La manière par laquelle les améliorations du comportement verbal du conjoint influencent celles du patient reste donc à préciser. Plusieurs hypothèses sont possibles :

1. Cette absence de relation peut provenir d'un défaut méthodologique : certains patients ayant bénéficiés de traitement additifs individualisés divers (désensibilisation progressive, amplification sonore des stimuli, vision des séances thérapeutiques, fading, apprentissage sans erreurs, etc.), il n'est guère possible d'établir une liaison entre les modifications des deux répertoires verbaux impliqués puisque certains patients ont été stimulés de manières fort différentes. Ces procédures complémentaires gênent bien évidemment l'analyse.

2. L'analyse operante développée est inadéquate : les modifications survenues chez les épouses seraient indépendantes de celles des patients.

3. On peut nuancer la deuxième remarque en suggérant que certains procédés sont efficaces et d'autres pas, et que l'efficacité des procédés utilisés par le conjoint n'est pas indépendante du type d'aphasie : par exemple, en cas de versant auditif marqué, le modelage auditif (représenter la phrase à émettre) pourrait être inefficace. Il faut ici regretter l'insuffisance des précisions quant au diagnostic de départ.

Par ailleurs, l'absence de transfert d'apprentissage aux situations de la vie à la maison en ce qui concerne le conjoint soulève un problème. Elle peut être due aux différences de contextes extra-linguistique : les séances de thérapie de couples sont des séances de conversation sans action, ce qui n'est pas souvent le cas des conversations à domicile ; cependant, pour une partie au moins des patients, les auteurs ont suggéré de mimer, pendant la séance thérapeutique, les activités de leur vie quotidienne. Une autre explication possible est la disparition soudaine à domicile de l'examinateur et de ses interventions verbales. On peut penser qu'un estompage progressif de la présence de l'examinateur eut été utile [12].

Ce travail, remarquable à bien des égards, devrait inspirer d'autres recherches et stimuler la créativité des thérapeutes européens. Comme effets secondaires, on notera que les conjoints impliqués dans le processus thérapeutique de Diller et al. (1974) semblent mieux comprendre les problèmes posés par l'aphasie, développent des attentes plus réalistes et se sentent devenus capables de «faire quelque chose» pour aider leur conjoint malade. Enfin, sauf à l'exception d'un cas d'abandon de la thérapie, ce type de traitement ne semble guère modifier la nature des relations d'autorité pré-existantes dans le couple. On ajoutera pour terminer qu'une analyse de certaines caractéristiques de personnalité permet aux auteurs d'émettre quelques hypothèses suggestives sur les conjoints les plus aptes à bénéficier d'un tel entraînement.

Notes

[1] A notre connaissance, aucune recherche n'a encore fait mention de rééducation faites au domicile des patients, mais cela se pratique notamment dans le cadre des thérapies logopédiques privées.

[2] Le fait de présenter la situation d'accueil au début de la séance est important dans la perspective adoptée. Il ne s'agit ni d'un jeu de rôle où on représente une situation d'accueil, ni d'une situation d'accueil présentée en audio-visuel. La situation d'accueil est présentée là où une conduite d'accueil est *normalement* attendue, c'est-à-dire où les conséquences liées à l'émission d'une conduite de salutation sont réelles.

[3] Il est cependant des situations difficiles, par exemple si on est un travailleur immigré, si l'accident est survenu quand on travaillait en noir, si le traumatisme crânien est dû à un accident de circulation dû à une ingestion exagérée d'alcool ...

[4] Nous n'avons une expérience concrète que de familles suisses, belges et françaises.

[5] Pour une analyse très fine des réactions psychoaffectives des patients ayant subi une encéphalopathie post-traumatique, on consultera les travaux de Violon et Demol (1974). Ces auteurs soulignent avec justesse les problèmes que connaîtra le patient lorsqu'il passera de l'univers très protégé de l'hôpital à celui de la famille, et l'étude longitudinale entreprise par ces auteurs des plaintes subjectives des cérébrolésés semble indiquer un rôle important de l'environnement dans leur apparition et leur maintien.

[6] Voir, pour une revue en langue française de ces problèmes, l'ouvrage de Rondal (1978).

[7] Nous n'entrerons pas ici dans le détail de ce qui se produit quand c'est un enfant qui est atteint d'une lésion cérébrale, notre ouvrage étant surtout consacré à l'adulte. On se bornera à signaler que les problèmes sont souvent moins aigus sur le plan économique, mais qu'ils ne sont pas moins importants en ce qui concerne la vie de famille. On peut se référer à ce propos à l'ouvrage (en français) de Rey (1953) et au chapitre 13 de l'ouvrage de Lambert (1978); bien que consacrés à l'arriération mentale, ces deux ouvrages peuvent servir d'introduction aux réactions des parents face à un enfant handicapé. On retrouve, dans le cas d'atteintes cérébrales survenues au cours de l'enfance, les mêmes réactions de surprotection, dénégation de l'importance du handicap, attente exagérée de progrès rapides, rejet, culpabilité, etc.

[8] Cette remarque de Lezak devrait s'appliquer aussi au personnel soignant de l'institution. Nous avons fréquemment observé l'apparition de comportements dépressifs chez des logopèdes qui ne traitaient depuis quelques mois que des cas difficiles, avec qui on communiquait peu et qui manifestaient peu de progrès. Dans un hôpital gériatrique, nous avons aussi rencontré des éducateurs qui vivaient 8 heures par jour, tous les jours de la semaine, avec des démentes préséniles graves et la direction de l'établissement s'étonnait de devoir renouveler son personnel tous les 6 mois!

[9] En fait, la position de Lezak tient au fait que son article est surtout orienté vers les patients atteints de lésions cérébrales graves, irrécupérables et présentant de très importants désordres caractériels.

[10] De cette manière, les résultats obtenus ne peuvent être expliqués par le simple fait qu'on inclut le conjoint dans la thérapie.

[11] On manque cependant d'informations précises sur le fonctionnement de ce système: il nous parait en effet peu probable qu'un enregistreur de ce type puisse mémoriser les premiers mots d'un échange verbal, ne fut-ce que pour des raisons d'inertie mécanique. Par ailleurs, l'information ainsi recueillie reste, d'une part, acontextuelle (on n'a aucune information sur le contexte non linguistique d'émission), d'autre part, les composantes non verbales de la communication ne sont pas prises en compte.

[12] A cet égard, le texte des auteurs n'est pas clair quand ils disent être arrivés à un plateau au cours des séances de couples: on ne peut deviner si ce tableau implique une performance stable du conjoint *sans* intervention de l'examinateur, ou une performance stable *malgré* les interventions encore présentes de l'examinateur.

Chapitre 8
L'école neurolinguistique

Présentation générale

Jusqu'il y a peu, l'école de rééducation neurolinguistique n'existait pas réellement. Ce en face de quoi se trouvait le thérapeute, c'était quelques exposés théoriques généraux indiquant d'une manière assez vague et souvent catégorique que, sans disposer d'une théorie psycho-linguistique de l'aphasie, il n'était ni utile, ni efficace d'entreprendre la rééducation des patients aphasiques. L'histoire des techniques rééducatives et, d'une manière générale, de toutes les aventures thérapeutiques, s'inscrit en faux contre de telles exigences théoriques a priori.

L'histoire passée et présente des thérapies médicamenteuses illustre ce fait: il y a en effet très peu de médicaments pour lesquels on sait avec précision pourquoi ils sont efficaces, et il y en a encore beaucoup moins qui ont été créés en fonction d'une hypothèse a priori résultant d'une connaissance parfaite du processus morbide, cause de la maladie et de l'effet d'une substance donnée sur ce processus [1]. De la même manière qu'on a su depuis toujours apprendre à parler aux enfants sans rien connaître des données de la psycholinguistique développementale (et la très grande majorité des parents est encore aujourd'hui dans l'ignorance de ces lois), on a rééduqué des sujets aphasiques sans connaître grand chose du détail des désordres sous-jacents aux troubles manifestes des conduites verbales.

Il est clair, cependant, qu'une meilleure connaissance de la structure et du fonctionnement pathologique produisant les troubles doit pouvoir éclairer, voire orienter, les pratiques thérapeutiques. Si l'ignorance des thérapeutes d'hier trouvait en partie sa justification dans le fait que les premières théories neurolinguistiques présentaient un caractère très général et faisaient appel à de très larges dichotomies (ex: sélection/combinaison et plus récemment compétence/performance) incapables d'engendrer dans le détail des décisions thérapeutiques, on voit aujourd'hui apparaître, en neurolinguistique, des travaux plus analytiques essayant de comprendre des segments mieux délimités de l'activité langagière et de sa pathologie. Cette seconde génération de recherches devrait avoir, et a déjà, quelques retombées sur les pratiques thérapeutiques. Et il n'est pas interdit de penser que, d'ici quelques années, toute expérience nouvelle en rééducation sera entreprise sur la base d'hypothèses spécifiques, issues de la recherche fondamentale et proposant des interprétations relatives à l'organisation des désordres neuropsychologiques. Les succès des thérapies argumentées sur le plan théorique viendront de ce fait confirmer ou infirmer les théories qui en auront été l'origine. Il faut cependant se méfier du pouvoir contradicteur des thérapies: il serait naïf de croire qu'une thérapie conduite et réussie sur la base d'une interprétation théorique préalable conduit ipso facto à la reconnaissance du bien fondé de la théorie ou qu'inversement l'échec d'une entreprise thérapeutique contredit nécessairement la théorie qui était à son origine. Les relations entre la pratique thérapeutique et la théorie neuropsychologique sont infiniment plus complexes. Nous reviendrons sur les conditions de ce rapport délicat au terme de ce chapitre [2].

La thérapie générale et réceptive de Von Stockert (1978)

Au départ de l'orientation thérapeutique proposée par Von Stockert, on trouve un postulat neurolinguistique assez général: il est plus facile au patient aphasique de reconnaître des énoncés corrects que d'en émettre. Il en découle que la rééducation doit s'appuyer sur les connaissances linguistiques résiduelles du patient. Autrement dit, il faut faire appel aux *intuitions linguistiques* du patient [3]. Par ailleurs, cet auteur classe les thérapies actuelles en deux grands groupes: l'un orienté vers le traitement individualisé de chaque cas (dans notre classification, c'est le courant empirique), l'autre qui propose un traitement général adapté à tous les cas; c'est dans ce second courant que se range Von Stockert. De ce fait, il est naturel qu'il définisse un nombre minimal de conditions *générales* que doit remplir *toute* thérapie de l'aphasie:
1. Ne pas débuter la thérapie par la tâche la plus ardue, qui est de parler pour le plus grand nombre des patients;
2. Ne pas commencer par des exercices de répétitions de sons,

phonèmes ou mots, mais amener le patient à traiter des énoncés verbaux (verbal utterances) qui jouent un rôle dans la vie quotidienne;
3. Ne pas faire reproduire des structures verbales toutes faites, mais susciter de l'intérêt pour les énoncés verbaux, pour les commentaires et pour les décisions prises à propos de ces énoncés;
4. Stimuler le « système central de langage » dans plus d'une modalité;
5. Inclure des tâches métalinguistiques comme des jugements sur les aspects, les relations verbales, les liaisons sémantiques préverbales, etc.;
6. S'intéresser aux productions verbales incomplètes du patient et les inclure dans la thérapie;
7. Etre facile à conduire.

Par ailleurs, et en complément à ces considérations théoriques générales, Von Stockert s'inscrit en faux contre les théories du réapprentissage. Selon cet auteur, il ne sert à rien de faire répéter de nombreuses fois le nom d'un objet en l'associant à la présentation de l'objet. En effet, soit cette liaison est encore possible et dans ce cas le patient l'aurait probablement utilisée lui-même, soit elle n'est plus possible et il est alors nécessaire de l'activer par l'intermédiaire d'associations sémantiques sous-jacentes [4]. La perspective de Von Stockert est donc assez largement cognitive et métalinguistique, moins centrées sur les conduites verbales ouvertes que sur les processus sous-jacents qui les conditionnent. Voyons à présent comment se traduit, au niveau des pratiques, la perspective adoptée. Dans un article de 1978, deux types de programmes sont brièvement présentés; l'un porte sur le lexique, l'autre sur la syntaxe (Von Stockert, 1978).

Programme lexical

Ce programme s'appuie sur la présentation de 11 images d'objets de la vie quotidienne. Parmi ces images, l'une est le « référent », dessinée sur un fond de couleur rouge (ex. une ménagère); parmi les 10 images restantes, 5 entretiennent un rapport sémantique avec l'image-cible (ex.: fer à repasser, brosse, cuisinière, etc.) et 5 sont sans rapport sémantique évident (ex.: un coucher de soleil, une feuille d'arbre, etc.). Le travail thérapeutique suit alors les étapes suivantes:
1. Le thérapeute dit à voix haute le nom du référent et le patient est invité à le mettre en relation spatiale avec les 5 images qui entretiennent une relation sémantique avec lui et à écarter les autres;
2. Quand ce classement est fait, le thérapeute dit à nouveau le nom du référent, mais aussi celui des objets en liaison sémantique; en même temps, il montre du doigt ces différentes images [5];

3. Ensuite, le thérapeute redit à voix haute le référent et demande au patient d'opérer à nouveau un classement mais cette fois en appariant les images avec le carton sur lequel est écrit le nom du référent correspondant, ceci jusqu'à ce qu'aucune correction ne soit encore nécessaire.

Pendant toute cette procédure, si le patient émet par moment le nom de l'un ou l'autre objet, le thérapeute renforce ces émissions, les corrige et les fait répéter.

Programme syntaxique

Il s'agit d'un programme de construction de phrases découpées sur des cartons aux frontières de leurs constituants; les cartons sont présentés en désordre.

ex :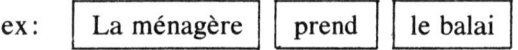

Au début, les cinq phrases d'un sous-programme sont présentées une à une et la seule distinction syntaxique travaillée porte sur la différence syntagme verbal/syntagmes nominaux. A ce stade, le patient ne doit pas être capable d'opérer une distinction entre le sujet et l'objet de l'action. Dans ce but, l'auteur utilise des phrases réversibles.

ex : 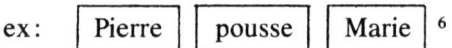 [6]

Ensuite, les phrases sont rendues progressivement plus complexes par l'introduction de mots grammaticaux et de contraintes sémantiques relatives à l'objet ou au sujet de l'action [7].

ex :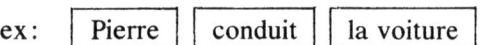

Chaque fois que le sujet a composé une phrase, le thérapeute la lit à voix haute (que la phrase soit correcte ou non). S'il y a une erreur que le patient ne corrige pas à l'audition de la phrase, le thérapeute corrige lui-même et relit la phrase corrigée, à voix haute. A nouveau, des émissions verbales ne sont pas exigées, mais toutes celles qui surviennent sont encouragées, corrigées si nécessaire et proposées à la répétition.

Cette procédure est appliquée sur 36 blocs lexicaux et grammaticaux (1 bloc lexical + 1 bloc syntaxique = 1 leçon). Chaque leçon dure 30 à 40 minutes. A la fin du programme, le patient travaille sur plusieurs phrases à la fois. Par ailleurs, le patient peut emporter le matériel à domicile et y continuer les exercices avec son conjoint. Ensuite, le programme comporte des exercices de complétements de phrases mais qui ne sont pas détaillés par l'auteur. L'ensemble de la thérapie dure 14 semaines environ. Selon Von Stockert, ce programme présente divers avantages parmi lesquels :

1. Le travail n'est pas fatigant et semble à la portée de « la plupart des patients aphasiques » ;
2. Il permet de changer de thérapeute après un certain temps, ce qui rend le patient moins dépendant ;
3. Etant simple à pratiquer, il peut être administré par des membres de la famille du patient.

Il reste cependant à prouver l'efficacité de la méthode ; un travail (non encore publié) est en cours. Dès à présent cependant, l'auteur signale que ce programme est peu adéquat en ce qui concerne les aphasiques présentant d'importants troubles phonémiques. Nous ne serions pas étonnés qu'il soit également peu efficace en ce qui concerne des patients ayant des troubles importants du langage écrit, et il sera utile d'examiner de près les résultats obtenus auprès des aphasiques de Broca présentant un mutisme initial.

Ce travail, bien qu'éloigné dans ses fondements théoriques de l'Enseignement Programmé, en reprend cependant certains principes : on fait émettre des conduites d'abord simples et courtes, en évitant au début, autant que faire se peut, l'émission d'un nombre trop important d'erreurs. Le système de correction utilisé, consiste le plus souvent, dans la présentation de la réponse attendue. Les originalités du programme consistent à ne pas travailler le mot mais des associations sémantiques visualisées, à ne pas travailler l'émission de phrases mais à proposer des arrangements soustendus par diverses règles syntaxiques, sémantiques et morphologiques. Si nous pensons (mais il faut attendre les faits pour se prononcer) qu'une telle procédure ne pourra convenir à toutes les formes d'aphasies, il nous paraît probable qu'elle pourrait être appelée à de nombreuses applications fructueuses dans les cas d'aphasie amnésique, lors de désordres sémantiques, dans les cas enfin de troubles de la grammaire (agrammatisme et dyssyntaxie). Enfin, le point qui soulève le plus de controverses est la non centration sur les conduites d'émission verbale : de ce point de vue, la thérapie proposée par Von Stockert s'éloigne (voire s'oppose) aux procédures thérapeutiques les plus courantes, quelle que soit par ailleurs l'école thérapeutique à laquelle on appartient. Une autre originalité, sans doute discutable, est la non insistance sur la répétition des exercices. Quoiqu'il en soit, la perspective adoptée est intéressante mais, ici comme ailleurs, il faudra attendre sa confrontation à l'expérience.

L'effet de « déblocage » (« Deblocking effect ») de Weigl

Weigl et Bierwisch (1970) sont beaucoup moins des praticiens de la rééducation que des théoriciens du phénomène aphasique. Ces auteurs suggèrent en effet que chez l'aphasique « la connaissance du langage (...) reste intacte » (Weigl et Bierswich, 1976) : ce qui est perturbé, c'est l'accès à cette connaissance, autrement dit, «l'aphasie consiste en une perturbation des diverses composantes du système des aptitudes de performance» (ibid., 1976). Nous ne discuterons pas ici de la valeur de cette position théorique (voir pour une critique de ce point de vue Lesser, 1978). Notre intérêt consiste en ce que, pour démontrer le bien fondé de sa position théorique, Weigl a mis au point une technique de «déblocage» qui postule le maintien d'une compétence linguistique intacte. Lorsque, par exemple, un patient est incapable de lire un mot mais peut l'écrire ou le dire spontanément, ce patient a gardé intacte sa compétence linguistique puisque, selon les auteurs, si elle était atteinte, le trouble du langage serait manifeste quels que soient les systèmes afférents et efférents utilisés. La technique du déblocage temporaire consiste alors à stimuler le patient dans les modalités intactes afin de débloquer la modalité atteinte. Selon Weigl (1970), la nature du déblocage opéré est essentiellement déterminée par des facteurs sémantiques. L'accès à un mot peut donc être rendu possible soit en travaillant ce mot dans d'autres modalités, soit en travaillant dans d'autres modalités des mots sémantiquement reliés. La thérapie inclura donc des stimulations verbales au moyen du mot générique, de l'antonyme et d'autres mots sémantiquement reliés etc. Selon Weigl, il serait même possible d'utiliser la stimulation au moyen d'homonymes pour débloquer plusieurs sens du même mot. Par exemple, un patient incapable de prononcer «sceau» à la vue d'un objet pourrait être stimulé avec les mots «saut», «seau», etc. Il est bien difficile de se prononcer sur l'utilité thérapeutique de cette méthode car les textes anglais ou français s'y rapportant sont tous écrits dans le cadre de la discussion théorique compétence/performance signalée plus haut[8] et non dans une perspective thérapeutique. Notons, sans adhérer aux présupposés théoriques qui la sous-tendent, que la méthode est intéressante et utilisée en fait intuitivement (et de manière beaucoup moins systématique) par la plupart des cliniciens empiriques. En fait, cette méthode sous-tend le volet lexical de la démarche rééducative de Von Stockert exposée plus haut. L'intérêt de la procédure de Weigl est de considérer le lexique comme un tout structuré et de suggérer d'utiliser cette organisation sémantique (quelle que soit la manière précise dont on se la représente) dans le travail thérapeutique. De cette manière, on garantit non la ré-acquisition d'un mot isolé lié à un seul référent, mais la réacquisition du mot et des liaisons plus ou moins fortes et contrastées qu'il entretient avec l'ensemble du système sémantique auquel il appartient.

Cela étant, il reste à se demander, comme les auteurs le suggèrent, si la technique de déblocage n'agit qu'au niveau sémantique, dans quelle mesure elle peut résoudre tous les problèmes de rééducation et si les déblocages temporaires réussis résistent au temps. C'est en fait la thérapie suggérée par Von Stockert qui devrait (en partie au moins) répondre à ces questions.

Quelques autres recherches

A côté du programme thérapeutique de Von Stockert applicable à tous et de l'effet de déblocage temporaire, on trouve, ici et là, quelques travaux aux ambitions plus modestes qui examinent l'efficacité de l'une ou l'autre méthode particulière pour la rééducation de troubles plus limités. Ces recherches sont souvent trop récentes et appliquées à trop peu de patients pour qu'il soit possible de conclure avec certitude du bien-fondé de l'approche théorique et de l'efficacité des méthodes proposées. Parmi ces recherches, on mentionnera brièvement le travail de Hatfield et Weddel (1976) sur la rééducation des troubles de l'écriture chez les aphasiques globaux (9 patients, mais la recherche publiée ne porte que sur 5 cas). Cette étude comporte l'administration et la comparaison de trois approches thérapeutiques différentes : globale, visuo-kinesthésique et analytique-auditive. Le programme visuo-kinesthésique est inspiré de travaux réalisés chez l'enfant qui insistent, dans l'apprentissage de l'écriture, sur la nécessité d'établir des patterns moteurs et visuels. Ce type de programme propose d'abord la vision de l'objet et du mot correspondant, sa copie par le patient et, dans un deuxième temps, l'écriture du mot en l'absence de modèle écrit (copie de mémoire). Le programme analytique-auditif est directement inspiré des procédures mises au point par Luria, avec une insistance sur les phonèmes pauvrement contrastés (ex. : p, b; t,d; etc.). Quant au programme de stimulation globale, il consiste à utiliser des images simples accompagnées de légendes : le patient lit les légendes avec l'aide du thérapeute qui s'assure de la compréhension correcte des mots écrits et les émet plusieurs fois à voix haute. Ensuite, ce patient doit sélectionner certains mots-clés et les copier. Ces mots-clés sont fréquemment répétés dans différents contextes. Après cette exposition «globale», le patient est invité à écrire, sans modèle, les mots-clés. Dans tous les cas, une ligne de base pré- et post-thérapeutique est administrée. Le nombre peu élevé de cas et des différences mineures introduites dans les divers programmes ne permettent cependant aucune conclusion définitive quant à l'efficacité de chacune des méthodes, ni à propos des sujets aphasiques les plus aptes à en bénéficier[9].

Dans le même contexte d'études limitées, on signalera aussi le travail de Beyn et Shokkor-Troskaya (1966) sur la rééducation des agrammatiques (discuté à la page 49) et qui consiste à mettre en place une thérapie préventive. Les travaux de Wiegel-Crump et Koenigsknecht (1973) et de Seron et al. (1979) sur la rééducation du manque du mot tentent de justifier au plan thérapeutique l'hypothèse selon laquelle le manque du mot n'est pas la perte d'un mot mais un désordre des conditions d'accessibilité au lexique, et qui, dans ce but, comparent des rééducations extensives (où on travaille sur un lexique large afin de le reconstruire pièce par pièce) et des rééducations sélectives (où le lexique travaillé comporte peu de mots, mais où l'accent est mis sur les stratégies d'accès à la mémoire lexicale). Ces travaux sont intéressants car 1°) ils comportent une ou plusieurs hypothèses théoriques sur la nature des troubles; 2°) ils comparent le plus souvent la méthode suggérée par l'hypothèse formulée à une autre méthode dérivée d'autres hypothèses; 3°) ils établissent des lignes de base pré- et post-traitement; 4°) ils tâchent de rééduquer un trouble relativement précis, ce qui simplifie quelque peu l'interprétation des résultats. Leur limite essentielle tient le plus souvent au petit nombre de sujets examinés et au fait que les patients rééduqués ont souvent une sémiologie assez différente les uns des autres.

On signalera également l'existence de recherches directement reliées aux théories de la grammaire générative (Chomsky, 1957, 1965). Naeser (1974) notamment propose et administre un programme thérapeutique à 4 sujets aphasiques présentant de bons scores en expression orale (plus de 8) et en compréhension auditive (plus de 10) au PICA. Le programme a pour objectif la rééducation des « performances » verbales au niveau syntaxique. Celle-ci porte sur le réapprentissage de 3 types de phrases de base (basic sentences types) présentées au tableau 1.

	Type	Position 1	2	3
1.	Verbe être	S.N. C'	V. est	S.N. une maison
2.	Verbe transitif	la femme	ouvre	la porte
3.	Verbe intransitif	les soldats	marchent	∅

Tableau 1

La thérapie dure 1/2 heure par séance à raison de 3 séances par semaine, pendant environ quatre semaines. Trois étapes successives sont appliquées:

Etape 1
Phrases de type 1. Elles sont enseignées au moyen d'images, le thérapeute demandant au patient « qu'est-ce que c'est »?;
Etape 2
Phrases de type 2. Cette étape ne débute que lorsque tous les noms de l'étape 1 sont acquis. Des images représentant différentes actions sont alors présentées et le patient est invité à décrire ce qui se passe;
Etape 3
Phrases de type 3. D'autres images impliquant des énoncés intransitifs sont présentés et le patient doit à nouveau décrire ce qui se passe.

Au terme de cette thérapie, les 4 sujets montrent au post-test et au PICA des progrès évidents dans la production des trois types de phrases. Cette recherche ne comporte pas de groupe contrôle, le bien-fondé de la méthode reste donc entièrement à démontrer. Nous avons présenté cette étude pour indiquer que l'appel à des hypothèses théoriques ne se fait pas d'office dans le cadre aphasiologique proprement dit (il n'y a pas ici de réflexion sur l'existence des désordres syntaxiques particuliers dans le cadre de tel ou tel type d'aphasie). Ici, l'inspiration théorique porte sur la construction hiérarchisée d'exercices suggérés par la grammaire générative.

La thérapie mélodique (« Melodic Therapy »)

On sait, en clinique courante, que certains patients aphasiques peu fluents peuvent encore tantôt réciter une prière, tantôt chanter une comptine enfantine. Ces faits ont donné naissance, il y a quelques années, à des thérapies axées sur le chant. Nous ne connaissons pas les résultats auxquels auraient pu conduire ces méthodes qui sont aujourd'hui largement tombées en désuétude[10]. La melodic therapy dont il sera question ici n'est pas à confondre avec ces méthodes: elle est d'apparition récente et d'origine américaine (Albert et al., 1973; Sparks et al., 1974; Sparks et Holland, 1976).

La thérapie par la mélodie part cependant du même constat: le patient aphasique est parfois capable d'émettre mieux un mot s'il a été, par le passé, fréquemment inclus dans un chant. De plus, comme le notent Sparks et al. (1974), de nombreuses recherches neuropsychologiques montrent un rôle de l'hémisphère droit dans la réception et l'émission de musique et nombre de travaux récents chez le sujet normal (utilisant notamment la technique de l'écoute dichotique) semblent indiquer un rôle hémisphérique droit dans le décodage du contour mélodique de la phrase (voir pour une revue critique Gates et Bradshaw, 1977). Il semblait donc logique d'utiliser ces capacités hémisphériques droites pour venir au secours des difficultés de fonc-

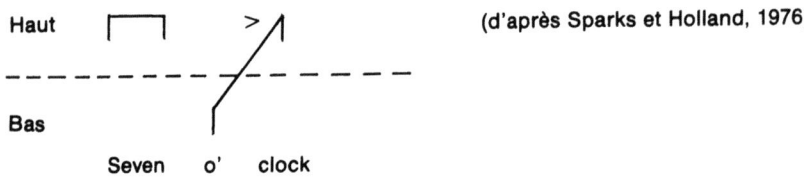

(d'après Sparks et Holland, 1976)

tionnement rencontrées par l'hémisphère gauche. Cette interprétation générale est cependant contestée par certains; mais, même s'il n'est pas démontré qu'il se produise, dans ce type de thérapie, une intervention hémisphérique droite, l'intérêt suscité par la Thérapie Mélodique est manifeste et sa description détaillée nécessaire[11]. Dans sa présentation originale (c'est-à-dire en langue anglaise), la thérapie mélodique consiste en une accentuation du contour mélodique de phrases appartenant à la langue naturelle. Sont explicitement exagérés: la ligne mélodique, le rythme et l'accent. Par exemple, la phrase anglaise «seven o'clock» sera représentée selon le schéma repris ci-dessus.

Dans ce schéma, les barres verticales représentent les syllabes non muettes, les barres horizontales joignent les unités formant un tout, la petite flèche indique l'existence de l'accent, enfin la hauteur de ton est marquée par la position haut ou bas des barres verticales[12].

La méthode consiste à faire émettre la phrase sur un rythme ralenti en accentuant les différences de hauteur et en marquant exagérément l'accent. Cependant, différentes procédures additives, comme la visualisation du contour intonatoire et un accompagnement gestuel, sont introduites dans la thérapie pour la rendre plus efficace. De plus, des exercices de complexité progressivement croissante seront proposés au patient. Voici un résumé d'une partie de la procédure telle qu'elle vient d'être récemment publiée (Sparks et Holland, 1976).

- *Procédure détaillée*

Niveau 1

Ce niveau est non linguistique. Le thérapeute muse devant le patient un pattern mélodique de deux ou trois notes seulement. Par exemple (do, do,> fa) en accentuant une des notes. En même temps, il frappe avec sa main la table au même rythme et en marquant par un coup plus fort les notes accentuées. Ensuite, il recommence en mobilisant la main du patient qui est invité à muser à l'unisson avec le thérapeute. Ensuite, après plusieurs répétitions, le patient doit émettre seul et avec l'accompagnement gestuel adéquat, ce premier pattern mélodique. Plusieurs patterns sont ainsi travaillés.

Niveau 2
Ce niveau comporte 5 étapes successives dont voici le détail :
- étape 1 :
Le thérapeute muse un pattern mélodique comme au niveau 1. Cette présentation non verbale d'une mélodie, d'un rythme et d'un accent est toujours accompagnée d'une mobilisation motrice de l'avant-bras du patient. Elle est ensuite répétée par le thérapeute, qui utilise cette fois les mots d'une phrase simple épousant le pattern mélodique appris.
Durant cette étape, aucun accompagnement verbal du patient n'est autorisé.
- étape 2 :
Le thérapeute émet à nouveau la phrase mais le patient est cette fois invité à émettre à l'unisson avec le thérapeute. La cadence et l'accent sont toujours marqués manuellement ; autant de répétitions que nécessaire sont permises.
- étape 3 :
Elle est analogue à la précédente, mais le thérapeute estompe progressivement l'accompagnement verbal, de telle sorte que le sujet se trouve être le seul émetteur de la phrase.
- étape 4 :
Ici, le thérapeute émet la phrase et le patient n'est plus autorisé à l'accompagner. Sitôt la phrase complètement émise, le patient est invité à la reproduire seul à son tour. Les accompagnements gestuels restent présents.
- étape 5
Le thérapeute invite le patient, au moyen d'une question émise avec accentuation mélodique, à répéter à nouveau la phrase. Cette étape est introduite pour éviter les réponses répétitives et pour augmenter les capacités de recherche d'un contour intonatoire par le patient. Le patient continue ici à produire un accompagnement gestuel.
Le programme se poursuit ensuite avec la même précision. Au cours du *niveau 3* (4 étapes), la complexification de la tâche s'accentue progressivement par l'introduction de délais dans les exercices de répétition, un estompage progressif du rôle de l'examinateur, la présentation de questions qui demandent comme réponse une partie seulement du contour mélodique appris. Le *niveau 4* (5 étapes) est centré sur le retour à la prosodie normale du langage naturel, par un estompagne des diverses accentuations introduites au début de la thérapie. A chaque étape du programme, un critère de réponses à atteindre est établi pour passer à l'étape suivante[13].
Comme on le voit (et la présence d'un auteur comme Holland l'at-

teste), on se trouve en présence d'une méthode thérapeutique extrêmement précise et obéissant aux lois générales de la programmation progressive des exercices. En ce qui concerne les populations intéressées, il semble que ce soit surtout les aphasiques antérieurs qui en bénéficient. L'étude de Sparks et al. (1974) rapporte les succès obtenus auprès de 9 patients sélectionnés sur la base des critères suivants : 1) expression orale gravement atteinte et meilleure préservation de la compréhension orale; 2) avoir déjà subi, avant le traitement par la thérapie mélodique, un traitement antérieur; 3) aucun progrès depuis au moins six mois dans le traitement antérieur.

Les résultats sont divisés en trois catégories : récupération excellente, modérée ou nulle. Les quatre patients qui semblent récupérer le plus ont commencé la thérapie avec un jargon limité et stéréotypé. Ce jargon, bien que limité, est décrit comme clairement articulé et traversé par divers patterns mélodiques. Les patients avec récupération modérée commencent aussi le traitement avec une absence complète de langage compréhensible mais, à la différence du premier groupe, ne présentent pas de stéréotypies verbales. Enfin, les patients du groupe qui ne manifeste aucun progrès présentent un tableau analogue à celui du groupe à progrès modérés mais semblent d'une part peu motivés, d'autre part présentent de meilleures performances en répétition orale. Les auteurs concluent de ces faits que les patients les plus susceptibles de bénéficier de ce type de thérapie doivent présenter les traits suivants :

1. avoir une compréhension verbale supérieure à l'expression orale, ceci au moins pour être capables d'autocritiquer, voire autocorriger leurs erreurs;
2. avoir une bonne stabilité émotionnelle et être capables d'attention pendant une durée suffisante;
3. présenter une expression orale sévèrement altérée;
4. ne pas avoir de bons scores en répétition orale;
5. présenter quelques stéréotypes bien articulés.

Par ailleurs, ces auteurs ont pu démontrer l'effet de leur technique sur d'autres conduites langagières que l'expression orale, notamment en lecture et en compréhension auditive. Mais ils ne prétendent pas que ces progrès soient dus à la thérapie mélodique. Ces conclusions concernant les indications précises de la méthode doivent, bien sûr, être considérées avec prudence, vu la taille de l'échantillon. Un fait par contre difficilement contestable, est l'intérêt (voire l'engouement!) suscité par la méthode qui est à présent pratiquée en France (notamment à la Salpêtrière chez F. Lhermitte), en Suisse (à Lausanne, dans le service de G. Assal), au Canada (Montréal, chez R. Lecours) et, bien sûr, dans différents pays anglo-saxons.

L'adaptation de la technique de Sparks à la langue française ne va cependant pas sans poser de délicats problèmes[14]. Il ne semble pas qu'en français on puisse établir avec une aussi bonne fiabilité le patron mélodique d'un énoncé. C'est ce qu'ont bien vu Van Eeckout et Allichon (1978) qui proposent une modification de la technique originale, et ont suggéré, lors d'une présentation de la méthode et de certains de ses résultats à la Société de Neuropsychologie de Langue Française, le choix de mélodies simples arbitraires plutôt que la sélection difficile de mélodies propres au langage[15].

Conclusions

Pour certains, l'efficacité de la méthode n'est plus à discuter et les seules questions qui restent ouvertes concernent le type de malades susceptibles d'en profiter. Bien qu'il nous paraisse que la méthode soit efficace, il faut cependant admettre qu'on manque encore aujourd'hui de preuves suffisantes. En effet, même si dans les expériences originales réalisées à Boston on a choisi des patients ne manifestant plus aucun progrès depuis au moins 6 mois, le fait que la thérapie mélodique ait provoqué des progrès peut être simplement lié au caractère minutieusement programmé des exercices et non aux aspects originaux de la méthode. En effet, à Boston comme à la Salpétrière, on est passé de méthodes cliniques relativement traditionnelles à une méthode programmée. Une démonstration définitive du bien-fondé de la méthode est donc encore à apporter. Il suffirait en fait de confronter les résultats obtenus par deux groupes de patients comparables, l'un subissant une méthode de rééducation programmée non mélodique, l'autre une thérapie mélodique. Une autre question reste ouverte, celle du rôle respectif des différentes composantes de la méthode : est-ce l'accentuation de la ligne mélodique, le ralentissement des émissions, le contrôle visuel des patrons mélodiques ou l'accompagnement gestuel qui jouent le rôle principal, ou la conjugaison de tous ces facteurs est-elle indispensable au succès? Par ailleurs, le profil sémiologique qui garantit le mieux les chances de succès est encore l'objet de discussions entre les thérapeutes pratiquant la Thérapie Mélodique. On doit s'attendre, d'ici quelques années, à une clarification de cette question dès qu'on aura une expérience suffisante de la méthode.

Les thérapies non verbales de l'aphasie

Très peu d'auteurs recommandent encore aujourd'hui la mise au point de systèmes gestuels de communication pour les patients aphasiques. Il n'empêche que certains réclament la prise en compte, dans la thérapie, des aspects non verbaux de la communication (voir par ex. Chester et Egolf, 1974; Honeygosky, 1976). Au niveau de la recherche en neuropsychologie, divers travaux se sont penchés sur l'état de la communication non verbale des aphasiques (pour une revue, voir Feyereisen et Seron, sous presse) et le moins qu'on puisse en dire est que les choses sont loin d'être claires. Les difficultés d'interprétation des faits à notre disposition sont extrêmement nombreuses; elles se rapportent tout à la fois à des imprécisions conceptuelles (définition de la communication non verbale et hypothèses quant à ses rapports à la communication verbale) et à des problèmes méthodologiques (enregistrement, classification et mesure des aspects non verbaux de la communication). Il se pourrait par ailleurs que toute étude des capacités de communication non verbale doive, en neuropsychologie, distinguer le plan expressif du plan réceptif, et tenir compte des différentes formes d'aphasie. Ces indécisions théoriques n'empêchent pas que le problème des paramètres non verbaux de la communication doive être posé dans le cadre de la rééducation des patients aphasiques. Chester et Egolf, dans un plaidoyer en faveur d'une prise en compte des aspects non verbaux de la communication dans la thérapie, développent cinq arguments principaux que nous reprenons brièvement:

1. Les procédés non verbaux interviennent quotidiennement dans toutes les situations d'interaction entre personnes. De plus, la communication non verbale est importante dans la transmission des affects (selon Mehrabian, 1968, 93 % des affects seraient transmis au moyen de signaux non verbaux);
2. Malgré une thérapie verbale intensive, beaucoup de patients ne récupèrent pas leurs habiletés langagières antérieures. S'assurer un bon système de communication non verbale pourrait donc améliorer leurs capacités générales de communiquer;
3. Dans la mesure où la communication non verbale précède la communication verbale à la fois au niveau phylogénétique et au niveau ontogénétique, cette communication doit reposer sur des structures nerveuses plus résistantes à l'atteinte cérébrale;
4. La communication non verbale étant adaptée pour la transmission des affects, sa prise en compte joue un rôle primordial pour l'équilibre psychoaffectif du patient;
5. L'utilisation et le réapprentissage de moyens non verbaux de communication devraient faciliter la réacquisition des habiletés linguistiques: d'une part ils en constituent une sorte de prérequis, d'autre part ils peuvent soutenir un message linguistique déficient.

Ces arguments ne manquent pas de poids, de même que les observations de ces auteurs qui indiquent que les personnes en interaction avec les malades délivrent un nombre important de messages non-verbaux négatifs signifiant, le plus souvent, la lassitude et la rupture de communication. Nous avons nous-mêmes souligné plus haut (cf.

page 61) la nécessité de prendre en considération, dans la rééducation, des variables telles que la position spatiale du thérapeute, sa mimique, sa gestualité, sa prosodie, ses postures, etc. Une fois reconnue l'importance de ces variables, il reste cependant à mettre au point des procédés thérapeutiques et à en mesurer l'efficacité. Un des obstacles les plus sérieux que l'on risque de rencontrer ici tient au caractère habituellement inconscient de la communication non verbale: la mise au point de procédés thérapeutiques ne pourra donc se faire utilement que par un entraînement intensif des thérapeutes. Par ailleurs, si ce sont les patients que l'on désire entraîner à la communication non verbale, il va falloir définir avec précision le niveau auquel on désire travailler: va-t-on, comme dans les techniques de Premack exposées plus haut, promouvoir un système de remplacement de l'activité langagière, ou va-t-on se contenter d'accentuer le registre gestuel, mimique, postural et prosodique existant du patient? Dans le premier cas, on a en vue la construction d'un nouveau code plus ou moins relié au langage naturel, dans le second on augmente simplement la valeur des signaux non verbaux plus ou moins intégrés à l'activité langagière naturelle. Il n'existe à notre connaissance aucun travail précis en ce qui concerne la seconde orientation de recherche.

Par contre, en ce qui concerne la création de systèmes de communication de remplacement, on dispose des travaux déjà cités et s'inspirant de la technique de Premack, mais aussi d'une recherche récente de Skelly et al. (1974) utilisant un langage gestuel (American Indian Sign Language). Ces auteurs ont montré que l'apprentissage de ce langage gestuel, d'une part améliore les capacités de communication des patients aphasiques, d'autre part a un effet bénéfique sur leurs productions orales. Les 6 patients ayant reçu cette rééducation présentaient tous, outre une aphasie, une importante apraxie buccolinguofaciale et 5 d'entre eux semblaient avoir accompli d'évidents progrès. La question, à nos yeux centrale et insuffisamment abordée dans ce travail, est l'état des praxies idéomotrices et idéatoires avant le traitement (un score est attribué pour les activités gestuelles avant le traitement, mais il est issu du PICA, ce qui ne permet pas d'obtenir une sémiologie précise). On peut en effet suggérer que la mise au point de thérapies gestuelles non verbales dépend non seulement de la présence ou de l'absence d'hémiplégie[16] mais aussi de l'état de la gestualité intentionnelle. Ce travail, intéressant sous l'angle thérapeutique, est peu informatif à ce sujet et des études plus précises sont donc à entreprendre.

Valeur théorique des rééducations neurolinguistiques

La question que nous allons rapidement aborder dans ce dernier paragraphe peut se résumer comme suit : « dans quelle mesure les succès ou échecs obtenus au terme d'une thérapie conduisent-ils à confirmer ou à infirmer la théorie qui était à l'origine de la rééducation » ? Cette question n'est pas propre à la neuropsychologie rééducative et, par exemple dans le champ de l'intervention psychothérapeutique, de nombreux débats théoriques sont concernés par les mêmes problèmes de validation théorique.

Une première question concerne la nature des liaisons entre la théorie et les pratiques thérapeutiques. Certains cadres théoriques extrêmement généraux (par exemple le modèle de Luria ou la théorie de la grammaire générative) engendrent des pratiques thérapeutiques insuffisamment sélectives : ces pratiques peuvent être, sans difficulté, réinterprétées dans des cadres théoriques différents voire opposés. Ces pratiques n'ont guère de pouvoir discriminatif, elles ne permettent ni n'obligent à opérer un choix entre des interprétations différentes ou contradictoires. La plupart des rééducations pratiquées en neuropsychologie sont de cette nature et, de ce fait, bien peu d'entre elles ont un quelconque pouvoir d'enrichissement théorique. Par ailleurs, même dans les cas (rares en neuropsychologie) où les liaisons entre le cadre de référence théorique et les méthodes thérapeutiques sont plus étroites, les problèmes interprétatifs restent délicats. Dans de nombreux cas, le succès d'une thérapie relève moins des présupposés théoriques qui lui ont donné naissance que du caractère soigneusement organisé des procédures administrées. La plupart des thérapies nouvelles comme la thérapie mélodique ou les systèmes de communication non verbale de type Premack doivent sans doute tout autant leur succès au caractère parfaitement programmé des exercices proposés, qu'à la nature de ces exercices. Or, c'est bien la nature des exercices et non leur programmation qui peut servir de contrôle à l'hypothèse théorique de départ ! Il en va de même en cas d'échec d'une thérapie : l'échec d'un programme rééducatif ne signifie pas nécessairement que la théorie de référence est fausse. Un échec peut signifier différentes choses sans rapport les unes avec les autres. Ainsi, un programme peut être inefficace parce que les hypothèses de départ sont fausses, mais aussi parce qu'elles sont incomplètes. De même, un échec peut autant résulter d'erreurs de procédures relativement mineures (gradation mal ajustée des exercices, durées trop courtes de l'expérience, etc.) que de l'apparition de faits étrangers à la thérapie mais la parasitant (complication cérébrale, apparition d'un syndrome dépressif, etc.). Il existe donc de multiples éléments d'indécision dans l'appréciation d'un résultat thérapeutique, et cela qu'il soit positif ou négatif. La seule manière de lever ces équivoques nous paraît être de maintenir présente dans la démarche thérapeutique une attitude scientifique qui consiste ici à procéder en permanence à l'analyse de toutes les variables en jeu, afin d'identifier leur rôle respectif dans le procès thérapeutique et de tenter de dégager la nature de leurs interactions. Seule, cette position de recherche permet d'éviter le pragmatisme et l'éclectisme qui consistent à recommander l'utilisation intuitive de programmes ou recettes toute faites au nom d'une expérience thérapeutique nulle part validée.

Notes

[1] L'apparition récente du traitement de la maladie de Parkinson par la dopamine est un contre-exemple célèbre à notre thèse. Mais il fait figure d'exception et, à ce titre, confirme notre argumentation générale.

[2] L'ensemble des pratiques thérapeutiques de l'école soviétique pourrait s'inscrire dans ce chapitre mais, comme nous l'avons signalé lors de l'examen détaillé de cette école, elle ne s'est pas mise dans une position méthodologique suffisamment forte que pour être en mesure de confirmer ou d'infirmer les présupposés théoriques à l'origine des méthodes rééducatives.

[3] On voit se profiler en filigranne la distinction compétence/performance. En exagérant quelque peu les propos de Von Stockert, on peut suggérer que sa démarche thérapeutique postule une compétence linguistique intacte (les intuitions du sujet, sa connaissance de la langue) et une atteinte, chez l'aphasique, des systèmes de performance (moyens d'actualisation de la compétence sous-jacente).

[4] On trouve ici le «deblocking effect» de Weigl (cf. p. 159).

[5] A ce stade, le patient n'est pas invité à nommer les images, mais s'il le fait spontanément le thérapeute ne le décourage pas, il se borne à corriger les erreurs d'émission. De la même manière, le thérapeute corrige les erreurs de classement.

[6] Ces exemples sont inventés par nous, leur pertinence dépend donc de notre compréhension adéquate (ou non) de la procédure présentée sur des exemples en langue allemande.

[7] On regrettera cependant qu'aucun détail concernant la complexification grammaticale des phrases travaillées ne soit présenté. L'auteur indique cependant l'utilisation de phrases déclaratives, de commandes et de questions.

[8] Mais il existe vraisemblablement des textes en allemand se rapportant à l'utilité thérapeutique de la technique.

[9] En ce qui concerne la rééducation de l'écriture, on consultera également le travail de Seron et al. (1980) qui analyse l'efficacité d'un programme automatisé sur écran de télévision avec correction différentielle et automatique des erreurs. On consultera aussi les travaux de Pizzamiglio et Roberts (1967) et de Schwartz et al. (1974), ce dernier travail analysant l'effet relatif de variables telles que l'écriture de l'alphabet, l'écriture en copie versus l'écriture dictée, l'influence de la mise du mot dans un contexte et l'influence de la répétition orale.

[10] Cependant il existe encore, semble-t-il, certains centres français qui pratiquent de telles méthodes, dont l'inefficacité a été dénoncée à maintes reprises.

[11] Cette présentation pèche un peu par simplification et Sparks, que nous avions rencontré à Paris en 1977 lors d'un séminaire consacré à la thérapie mélodique, était beaucoup moins affirmatif sur la mise en action de procédures propres à l'hémisphère droit dans ce type de thérapie; voir aussi à ce sujet la discussion critique de Berlin (1976).

[12] Ce pattern prosodique de l'anglais parlé au Nord des Etats-Unis d'Amérique semble relativement facile à établir; comme on le verra plus loin, il n'en va pas de même en français.

[13] Le lecteur intéressé par le détail de la méthode consultera Sparks et Holland (1976).

[14] Nous avons personnellement assisté au séminaire de Melodic Therapy organisé à Paris où, à l'occasion d'exercices pratiques, on tentait avec Sparks d'établir le pattern mélodique de phrases émises en français; le résultat obtenu n'était guère convaincant, de grandes disparités existant entre les participants.

[15] On consultera également la publication récente de Van Eeckout et al. (1979) qui porte sur 6 patients francophones rééduqués au moyen d'une thérapie mélodique adaptée au français. Comme modifications intéressantes proposées, on notera l'inclusion dans la thérapie de patients présentant des troubles graves de la compréhension et une plus grande souplesse dans les contraintes méthodologiques: par exemple, l'adaptation de la mélodie à la tessiture du malade et l'utilisation des inflexions comme procédé de correction des erreurs. On regrettera cependant la présentation parcellaire des données sémiologiques et pathologiques.

[16] Dans ce travail la plupart des patients sont hémiplégiques, mais les auteurs ont élaboré un système simplifié de communication où les messages sont transmis au moyen d'une seule main.

Chapitre 9
La rééducation des autres troubles neuropsychologiques

Introduction

Si les troubles du langage sont parmi les plus fréquents après une atteinte cérébrale et si leur caractère invalidant est des plus manifestes, ils ne représentent qu'une partie des perturbations comportementales consécutives aux lésions du Système Nerveux Central. Aucune raison théorique ne justifie le fait que cet ouvrage ait eu pour thème principal la rééducation des troubles du langage; seules les contingences historiques font que ce n'est qu'à leur propos qu'il existe aujourd'hui un ensemble suffisant de pratiques rééducatives. Depuis quelques années cependant, on assiste au développement d'une neuropsychologie rééducative tous azimuts où sont pris en compte non seulement les troubles du langage, mais aussi ceux de la perception, de la mémoire, des activités intellectuelles, de l'attention et de la motivation. Bien qu'initié voilà plus de 30 ans par les thérapeutes soviétiques (Luria, 1963; Luria et al., 1969), ce courant rééducatif plus large n'a provoqué de l'intérêt aux Etats-Unis que depuis une dizaine d'années environ et il fait aujourd'hui seulement une modeste apparition en Europe Occidentale.

Cette renaissance d'un courant rééducatif plus large nous paraît constituer un fait capital au sein des pratiques thérapeutiques, mais ce fait risque aussi d'éloigner les travaux rééducatifs des tendances actuellement dominantes dans la recherche neuropsychologique. On peut en effet, considérer que l'évolution des travaux scientifiques en neuropsychologie conduit à l'analyse de plus en plus sophistiquée de segments limités du comportement. Alors qu'il y a quelques années encore les grands cliniciens s'essayaient à construire de vastes systèmes théoriques sur l'ensemble des perturbations consécutives aux atteintes du Système Nerveux Central, la recherche contemporaine est devenue plus sélective, elle a renoncé aux grandes synthèses aussi brillantes qu'incontrôlables et a ajusté ses ambitions théoriques aux problèmes qu'elle était en mesure de traiter sur le plan méthodologique. Cette évolution n'est cependant pas sans danger: la neuropsychologie, occupée à engendrer d'inombrables micromodèles, peut perdre de vue l'objectif légitime des grands cliniciens, comprendre le caractère intégré du comportement.

Au niveau thérapeutique, les problèmes se posent autrement: le patient est d'emblée présent dans sa totalité, son problème n'est jamais *qu'un* problème de langage. Même dans les cas, rares, où les troubles présentent un caractère bien circonscrit, ils déterminent sur l'ensemble du comportement des perturbations secondaires plus ou moins importantes. Il suffit de rappeler ici que le langage, par exemple, intervient entre autres choses dans les activités mnésiques, les processus intellectuels, les actes moteurs orientés et les mécanismes de prise d'information. Ces interrelations entre les différentes dimensions de notre répertoire comportemental correspondent à ce que Luria décrivait sous le terme de « relations intersystémiques ». Une thérapie a donc peu de chance d'être efficace si elle n'intervient que sur un domaine limité du comportement en négligeant la présence de troubles associés. Ce qu'il faut envisager, c'est l'ensemble des troubles présentés par le patient et nous sommes convaincus qu'aujourd'hui encore beaucoup de thérapies du langage sont inefficaces parce que, par exemple, le thérapeute a négligé l'existence simultanée d'un désordre mnésique, d'un déficit attentionnel ou de perturbations visuospatiales. Mais l'inconvénient majeur qui surgit, dès qu'on a reconnu le caractère multidimensionnel des thérapies, consiste en ce que certains réclament alors la mise en place de thérapies globales au sein desquelles on rééduque pêle-mêle et dans une remarquable confusion tous les troubles apparents. Ces thérapies globales ne permettent plus aucune analyse de ce qui fut cause de succès ou d'échec. A nos yeux, la complexité de thérapies plus larges ne doit pas faire oublier les objectifs d'analyse et de rigueur qui permettent seuls de mesurer l'efficacité de la démarche entreprise. Dans un premier temps, la meilleure manière d'y voir un peu plus clair reste sans doute l'examen de démarches thérapeutiques consacrées à des troubles non langagiers mais rééduqués de manière sélective.

La mise au point de thérapies non langagières soulève deux types de problèmes. Les premiers sont spécifiques aux troubles considérés (mémoire, praxie, gnosie, activité intellectuelle ...), les seconds sont aspécifiques, ils renvoient aux variables neurologiques, psychologiques et sociologiques dont le rôle a déjà été discuté à propos de l'aphasie. Ces problèmes généraux doivent cependant être réexaminés sans a priori pour chaque type de troubles. Ce serait en effet, une erreur de transposer sans plus ce qui semble établi pour les désordres des conduites langagières à d'autres déficits. Car, s'il est probable que des variables comme l'étendue de la lésion, l'âge du patient, la localisation de l'atteinte, l'environnement post-lésionnel ... ont aussi leur influence sur la récupération des conduites non langagières, rien ne permet d'affirmer qu'elles jouent un rôle causal identique, ni que la récupération des conduites non langagières suit une trajectoire analogue et s'installe au même rythme. Il se pourrait bien au contraire, comme le suggèrent certains travaux récents (Teuber, 1975; Mandleberg et Brooks, 1975; Lezak, 1979 ...), que chaque fonction récupère à un rythme propre. Ce constat sur les différences pouvant exister entre les diverses conduites altérées par une lésion cérébrale doit cependant être accueilli avec prudence, car les comparaisons sont bien délicates à établir. En effet, il est aujourd'hui quasi impossible de prétendre que les moyens mis en œuvre pour mesurer les déficits sont comparables. Nous avons déjà signalé la difficulté qu'il y a à comparer différentes échelles de sévérité de l'aphasie, mais il semble encore bien plus hasardeux de prétendre comparer les mesures utilisées dans différents domaines du comportement. Quand, par exemple, Lezak (1979) montre que la récupération de certaines composantes de l'activité mnésique peut en post-lésionnel s'étendre sur une période de 3 ans ou que Mandleberg et Brooks (1975) montrent que les progrès à la WAIS, partie non verbale, peuvent s'étendre sur 3 ans alors que la récupération à la partie verbale de l'épreuve semble plus courte (1 an environ), il s'en faut de beaucoup pour qu'on puisse, par exemple, prétendre avoir là des indications précises quant à des gradients temporels de récupération différents. Les différences obtenues peuvent ne refléter que des différences de sensibilité des épreuves utilisées. Les examens de l'aphasie qui ont conduit à émettre l'hypothèse d'une récupération spontanée de 6 mois sont simples et réussis correctement par tout sujet normal de niveau socio-culturel moyen. Les examens de la mémoire et de l'intelligence qui font appel à des tests standardisés sont des épreuves d'efficience beaucoup plus sensibles à des variables telles que la fatigue ou le manque de concentration. Et lorsque Mandleberg et Brooks (1975) décrivent une plus grande et plus rapide récupération à la partie verbale de la Weschler Adult Intelligence Scale, comparée à la partie non verbale, on peut, par exemple suggérer que la partie verbale de l'épreuve est peu sensible aux contraintes temporelles (à l'exception du sub-test arithmétique) alors qu'à la partie non verbale, dans quasi tous les sub-tests, la vitesse à laquelle une réponse est fournie intervient dans la cotation. Là où on serait tenté d'établir un gradient différentiel de récupération entre intelligence verbale et intelligence non-verbale, il n'y a donc peut-être qu'une mesure différentielle de rapidité de réaction. Ces faits et quelques autres indiquent, d'une part, que tout le travail d'analyse effectué dans le contexte de l'aphasie est à reprendre séparément pour chaque trouble et, d'autre part, qu'il reste encore beaucoup de données à recueillir avant d'avoir une vision claire des différentes modalités de récupération des troubles neuropsychologiques.

Munis de ces remarques préliminaires, nous aborderons quelques travaux ayant eu pour objet la revalidation de l'héminégligence visuelle, des déficits mnésiques et des troubles attentionnels.

Rééducation de l'héminégligence

Dans le domaine des mécanismes de prise d'information, quelques recherches sont consacrées à la rééducation de l'héminégligence visuelle. L'agnosie spatiale unilatérale, ou héminégligence, résulte habituellement de lésions hémisphériques droites postérieures (Hécaen et Albert, 1978) mais semble aussi survenir dans le cadre d'atteintes frontales droites (Weinstein et Friedland, 1977, Vanderlinden et al., sous presse). Sans nous étendre sur les travaux expérimentaux qui tentent d'élucider les mécanismes sous-jacents à ce trouble (voir, pour une revue, Weinstein et Friedland, 1977), nous rappellerons qu'une des manifestations les plus spectaculaires de ce syndrome consiste en une absence, diminution ou perturbation de l'exploration visuelle de la partie gauche de l'espace, ceci sans troubles oculomoteurs périphériques évidents ou déficit hémianopsique [1].

La présence d'une héminégligence visuelle a évidemment des conséquences non négligeables sur le devenir du patient, notamment sur la revalidation motrice mise en place pour traiter l'hémiplégie ou l'hémiparésie souvent associées à ce trouble. Comme le soulignent Diller et Weinberg (1972) au terme d'une analyse corrélative, les sujets qui présentent, à divers tests neuropsychologiques, des comportements d'héminégligence sont aussi ceux qui présentent un haut risque d'accidents dans l'environnement rééducatif ergo- et physiothérapeutique. A ce risque d'accidents s'ajoutent les difficultés qu'il y a à conduire, avec ces patients, une revalidation motrice et fonctionnelle efficace. En effet, la non prise en cause de l'hémiespace gauche, parfois accompagnée d'une héminégligence corporelle, place, bien sûr, en porte-à-faux la plupart des exercices proposés, dans la mesure où la revalidation motrice inclut une activation bilatérale de la motricité et s'appuie, en outre, sur des coordinations visuo-motrices bilatérales. En outre, Diller et al. (1974) signalent que les patients héminégligents sont souvent considérés, par les ergothérapeutes, comme peu motivés ou inattentifs. Il arrive même qu'ils soient écartés de la thérapie pour instabilité psychologique, inattention ou troubles de la concentration. Par ailleurs, la persistance de comportements d'héminégligence constitue un handicap gravement invalidant pour la reprise d'une activité professionnelle normale. On a en effet montré que ce type de trouble spatio-visuel constitue un handicap dans les conduites de toilette corporelle, l'habillage, la lecture de l'heure, les activités de lecture ou d'écriture, le calcul écrit; bref, sont handicapées toutes les activités quotidiennes, professionnelles et de loisirs impliquant une réactivité normale à des stimulations visuelles bilatérales. Comme le notent Weisbroth et al. (1971), ces troubles visuels suffisent à empêcher une reprise d'activité professionnelle, et cela même lorsque le handicap hémiplégique a été correctement surmonté.

La rééducation

Il n'existe pas à ce jour de principes thérapeutiques fermement établis pour la rééducation de l'héminégligence; on relève en fait, très peu de travaux sur ce problème : une recherche ancienne de Seron et Tissot en 1971 et un ensemble de travaux récents et plus importants de l'équipe de Diller à New-York (Diller et al., 1974; Diller et Weinberg, 1977). Le travail de ces chercheurs s'inspire très nettement des principes de la Modification du Comportement; on en trouve l'illustration dans le découpage de leur démarche thérapeutique en quatre points principaux :
- analyse et évaluation avant le traitement, au moyen de nombreux tests visuels et non visuels, des comportements déficitaires des patients porteurs d'une hémiplégie gauche;
- mise au point et administration systématique de programmes thérapeutiques;
- évaluation objective des effets de la thérapie par la constitution d'un groupe contrôle de patients similaires mais non rééduqués;
- réadministration des pré-tests afin d'évaluer l'effet des apprentissages et de mesurer leur transfert à d'autres situations.

Examinons rapidement chacun de ces points :

1. L'évaluation prétraitement, proposée par Diller et ses collaborateurs, comporte une série de mesures comportementales précises conduisant à un score chiffré et se rapportant, d'une part, à des conduites en liaison directe avec l'héminégligence, d'autre part, à des conduites déficitaires en cas de lésions hémisphériques mais non directement dépendantes de l'héminégligence. Sans entrer dans le détail de la batterie pré-rééducation, on notera qu'elle comporte des tests visuels (lecture, calcul, découpage de lignes en leur milieu, dénombrement de personnages sur une grande image, etc.) et non visuels, comme la répétition immédiate de chiffres à rebours ou encore la localisation par le sujet du point dorsal central de son corps dans l'axe latéral. Sont ensuite administrées les épreuves qui seront directement mises au centre du traitement et qui constitueront la *ligne de base* avant le traitement. Ainsi, par exemple, le traitement comportera des exercices de barrages de chiffres, dont la performance pré-traitement sera soigneusement enregistrée (nombre de chiffres correctement barrés, position spatiale des barrages, temps d'exécution, etc.).

2. *Programmes*. Nous ne développerons la méthodologie des auteurs que sur une des techniques rééducatives utilisées, le barrage de chiffres, afin d'illustrer la liaison entre les pratiques thérapeutiques et l'observation pré-traitement des déficits.

L'observation pré-traitement du comportement des sujets au test de barrage de chiffres permet aux auteurs de dégager quatre caractéristiques déficitaires principales chez les hémiplégiques gauches :
- l'omission plus fréquente des lettres-cibles situées dans l'hémiespace gauche ;
- la négligence des lettres, plus importante si les lettres sont proches les unes des autres ;
- l'exploration visuelle des sujets est désorganisée et ne commence pas en début de ligne ;
- les sujets avec lésion hémisphérique droite (hémiplégie gauche) procèdent de manière précipitée, ils vont plus vite que les sujets avec lésions hémisphériques gauches mais aussi que les normaux.

Les objectifs de la thérapie vont être définis en prenant pour base ces observations : garantir une exploration visuelle bilatérale, assurer son début à l'extrême gauche de la feuille, rendre indifférent l'écart intersignes et ralentir l'activité afin qu'elle perde son caractère précité.

Pour garantir le démarrage de l'exploration visuelle à l'extrême gauche de la feuille, un trait vertical sera tracé au début de chaque ligne et le patient aura toujours à découvrir ce trait avant de commencer l'activité de barrage. Cette instruction sera répétée avant le début de chaque ligne. L'ancrage proposé est donc visuo-verbal. De plus, le thérapeute surveille le patient afin qu'il ne saute pas de ligne et que son exploration garde un caractère continu.

Pour assurer le ralentissement de l'activité exploratoire, les auteurs, après avoir constaté l'inefficacité des recommandations verbales, demandent au sujet de lire à voix haute toutes les lettres ou chiffres à barrer ; l'activité verbale du patient ralentit de la sorte l'activité exploratoire. Une procédure d'estompage de l'autorégulation verbale est ensuite proposée : dans un deuxième temps, le sujet ne doit plus lire qu'à voix silencieuse, ensuite il ne doit plus procéder qu'à une lecture inaudible.

Le contenu des exercices porte sur:
- le barrage simple d'un chiffre;
- le barrage de chiffres plus rapprochés dans l'espace;
- le barrage simultané de deux signes;
- le barrage conditionnel d'un signe seulement s'il est précédé d'un signe défini à l'avance (exemple: ne barrer 8 que s'il est précédé de 4).

Dans l'administration du programme, le principe habituel en Modification du Comportement, du critère de réponse est appliqué: on ne franchit une étape que si l'étape précédente ne donne lieu qu'à un petit nombre, défini à l'avance, d'erreurs.

Deux autres exercices sont conjointement mis en place: l'un de poursuite de cibles mobiles se déplaçant sur un écran dans l'axe horizontal de la droite vers la gauche ou de la gauche vers la droite à des vitesses et à des excentricités variables, l'autre de recherche de stimuli visuels colorés présentés d'abord au centre du champ visuel, ensuite dans le champ visuel déficitaire (gauche) et enfin simultanément dans les deux champs visuels, avec rapport du stimulus gauche avant le droit. Les séances thérapeutiques durent environ 40 minutes, à raison d'une séance par jour pendant deux semaines de 5 jours (soit 10 séances en tout). On notera par ailleurs, et ce point nous paraît important, que toute thérapie débute par un entretien avec le patient dont l'objectif est, primo, de lui faire admettre (si nécessaire) l'existence de ses troubles et, secundo, de lui expliquer le contenu et l'objectif de la thérapie. Ce programme a été appliqué à un groupe expérimental de 15 sujets hémiplégiques gauches et à un groupe contrôle de 16 sujets hémiplégiques gauches également [2]. Les deux groupes sont, statistiquement comparables en ce qui concerne la gravité des troubles, les étiologies, l'âge et le niveau socioculturel. De plus, pendant toute la durée du traitement, le groupe contrôle reçoit des séances d'ergothérapie occupationnelle.

3. Réadministration des pré-tests. Au terme de la thérapie, les auteurs réadministrent la batterie des 14 pré-tests (dont 4 supposés non sensibles à l'héminégligence), afin de mesurer l'existence ou non des progrès. En gros, les résultats se laissent résumer comme suit: les patients les plus gravement héminégligents (qui sont ici aussi ceux qui ont un déficit sévère à une épreuve clinique d'appréciation du champ visuel) font des progrès à quasi tous les post-tests administrés, pour autant qu'ils impliquent une exploration oculaire, tandis que le groupe contrôle reste inchangé. De plus, certaines épreuves non directement visuelles mais sensibles aux atteintes hémisphériques droites sont améliorées également: c'est le cas, par exemple, de l'épreuve de l'identification du centre dorsal du corps sur base d'informations somesthésiques. Enfin, l'effet du traitement ne se produit pas aux tests non sensibles à l'héminégligence. Par ailleurs, les auteurs analysent les retombées du traitement sur la situation ergothérapique quotidienne. Six juges sont invités à distinguer en aveugle les patients des deux groupes. Le jugement est fait sur base des rapports journaliers des séances d'ergothérapie. Sont pris en compte : 1) l'attitude et l'humeur, 2) l'attention, 3) le degré d'assistance dans les soins personnels, 4) l'efficacité dans les tâches de coordination visuomanuelle et 5) l'hémi-inattention. Au terme de l'évaluation, les six juges discriminent correctement les sujets : seuls, les sujets expérimentaux manifestent des progrès, du moins s'ils étaient gravement héminégligents.

Cette recherche semble donc démontrer que la rééducation de l'héminégligence est possible, qu'elle se transfère à d'autres tâches que celles travaillées au cours des exercices rééducatifs et qu'il en résulte une amélioration comportementale en ergothérapie.

Ce travail, dont nous soulignons encore les qualités, n'est cependant pas sans limite : l'absence, par exemple, d'examen neurophysiologique et ophtalmologique détaillé ne nous renseigne pas avec assez de précision sur l'importance et la nature des hémianopsies accompagnant les explorations visuelles asymétriques, ni sur l'état de l'oculomotricité des patients (saccade, fixation, etc.). Ces faits sont d'autant plus importants que ce sont les patients jugés cliniquement hémianopsiques sévères qui récupèrent le mieux. De même, l'absence complète de donnée neuroanatomique (à l'exception des étiologies) ne permet guère de décider de l'importance des lésions ni même du caractère cortical, sous-cortical ou mixte des atteintes cérébrales responsables des troubles. Eu égard aux objectifs pragmatiques des auteurs, ces limitations sont cependant sans grande importance bien que, en regard d'une tentative de compréhension théorique de ce qui est en jeu dans leur thérapie, elles aient un caractère crucial. Et on ne peut accepter sans plus le présupposé théorique à l'origine du travail, qui fait du déficit visuel de l'exploration le facteur causal de l'héminégligence. Par ailleurs, on notera, comme question importante soulevée par ce travail, le fait que la rééducation de l'exploration visuelle a un effet sur la perception subjective du centre du corps. Si ce fait se trouvait confirmé par d'autres recherches, il tendrait à valider l'hypothèse multimodale des déficits. D'autre part, en ce qui concerne les procédures mises en jeu dans la thérapie, il nous paraît utile de souligner que les aides apportées sont le plus souvent visuo-verbales, en ce sens que les divers procédés d'ancrage sont certes visuels, mais leur existence est verbalisée et rappelée verbalement en cours de thérapie. Cela correspond aussi aux observations, bien que limitées à un cas, faites par Seron et Tissot (1973).

Rééducation des activités mnésiques

Il est extrêmement rare qu'une lésion cérébrale, même mineure, n'ait aucun retentissement sur l'efficience mnésique d'un sujet. Toujours présents dans le cadre des lésions traumatiques, les déficits mnésiques ont été et continuent à être investigués par les chercheurs en neuropsychologie. Ces travaux ont porté tout à la fois sur la différenciation interhémisphérique des processus de mémorisation [différents, selon certains, en fonction du type de matériel (verbal/non verbal) présenté, pour d'autres en fonction de la modalité de présentation du matériel (visuel/auditif)], sur les différentes phases de l'activité mnésique (mémoire immédiate, à moyen, et à long terme) et sur les modes de recouvrement soumis à l'analyse (évocation, reconnaissance). De même, on s'est interrogé sur la nature des oublis selon qu'ils concernent les souvenirs fixés avant l'atteinte cérébrale ou qu'ils se rapportent aux événements survenant après cette atteinte (amnésie rétrograde versus amnésie antérograde). L'étude des processus mnésiques est par ailleurs compliquée par le fait que les activités de mémorisation sont sensibles à des facteurs généraux tels que l'attention, la fatigue et la concentration; de plus, il est souvent cliniquement très difficile de départager, dans un trouble mnésique, ce qui relève d'un défaut de prise d'information ou de traitement de cette information, de ce qui relève de déficits liés au stockage ou au recouvrement des informations. Enfin, si la plupart des tests neuropsychologiques de la mémoire en usage clinique courant peuvent indiquer l'existence d'une diminution de l'efficience mnésique (c'est-à-dire l'existence d'un score inférieur à celui attendu chez une population de sujets normaux), bien peu d'entre eux sont à même de nous indiquer à quel niveau se situent les perturbations [3]. Les programmes thérapeutiques à mettre en place doivent tenir compte des différentes formes que peuvent revêtir les troubles de la mémoire et des données issues de l'approche expérimentale de ces différents troubles. On peut en gros distinguer les désordres mnésiques aspécifiques et les troubles spécifiques de la mémoire.

Le syndrome amnésique

Les désordres aspécifiques de la mémoire se rencontrent dans le syndrome de Korsakoff, lors d'atteintes chirurgicales bilatérales des régions cortico-sous-corticales temporales, lors de traumatismes crâniens, dans certaines atteintes infectieuses ou dégénératives et, de manière plus fugitive, lors d'un ictus amnésique, après un électrochoc ou une anesthésie. Bien que chacun de ces syndromes amnésiques présente certaines particularités, les points communs l'emportent largement. On observe principalement un déficit de la mémoire récente (le patient fixe difficilement de nouvelles informations), une préservation de la mémoire immédiate (objectivée dans des épreuves de répétition de chiffres), et une capacité normale à se remémorer les faits anciens. On observe en outre, une amnésie antérograde résultant du déficit de la mémoire récente, et une amnésie rétrograde d'étendue variable qui peut récupérer progressivement. Ces déficits mnésiques ne sont cependant pas absolus : on a pu montrer que, dans certaines conditions, on peut augmenter la capacité de rétention de ces patients ou, en les aidant au moment du rappel, mettre en évidence l'existence de faits mémorisés mais non spontanément rapportés. Warrington et Weiskrantz (1971) ont, par exemple, montré que les patients amnésiques sont, comme les normaux, sensibles à diverses manipulations visant à organiser l'activité de prise d'information et, dans un autre travail, ces auteurs ont mis en évidence l'effet facilitateur d'indices pour le rappel du matériel proposé (Warrington et Weiskrantz, 1970). D'autres recherches ont démontré l'effet positif de rappels répétés sur la rétention de matériels verbaux divers (Talland, 1965; Cermak et al., 1971) et de différents indices (situationnels et spécifiques) fournis au patient (Gardner et al., 1973). On sait en outre que ces patients n'ont pas perdu toutes leurs capacités d'apprentissage, notamment les activités d'apprentissage visuomotrices (Corkin, 1968).

Ces travaux, et quelques autres non cités, indiquent donc que les patients amnésiques n'ont pas perdu toute capacité de mémorisation, et certains des procédés mis en oeuvre pour définir les capacités résiduelles des sujets amnésiques devraient inspirer les thérapeutes dans leurs approches rééducatives.

A notre connaissance, les tentatives de rééducation de patients présentant un syndrome amnésique aspécifique sévère sont extrêmement rares. Le seul travail intéressant que nous ayons rencontré est celui de Jaffe et Katz (1975) et il ne concerne qu'un seul cas. Ces auteurs s'appuient sur la thèse de Warrington et Weiskrantz (1970) pour qui le trouble essentiel est plus un déficit d'accès à l'information qu'un déficit de consolidation de l'information. Le but de la rééducation sera donc de fournir au patient des indices susceptibles de favoriser le recouvrement de l'information. Le patient soumis à l'expérience est un homme de 52 ans présentant un syndrome de Korsakoff d'étiologie alcoolique, et de sémiologie classique. La procédure de rééducation utilise le paradigme ABABA ..., où le sujet est son propre contrôle. On présente au patient une liste de 25 mots à mémoriser. Les mots appartiennent à 5 catégories sémantiques différentes (5 mots par catégorie) et sont mélangés au hasard. La rétention est mesurée en condition d'évocation et de reconnaissance forcée à choix multiple (le sujet doit, parmi 25 lignes de 3 mots, indiquer celui des 3

mots qui appartient à la liste mémorisée). La liste est alors présentée dans 4 conditions:
1. *en ligne de base*: sans intervention de l'examinateur;
2. *avec un indiçage au rappel*: l'examinateur donne, au moment du rappel (évocation libre seulement), les 5 catégories sémantiques;
3. *avec un indiçage au moment de la fixation*: l'examinateur donne, au moment où la liste est présentée, les 5 catégories sémantiques;
4. *avec un indiçage au rappel et à la fixation*: on couple ici les conditions 2 et 3.

Le schéma expérimental inclut la réadministration de la ligne de base entre les conditions indiquées; on a donc le décours temporel repris au schéma suivant:

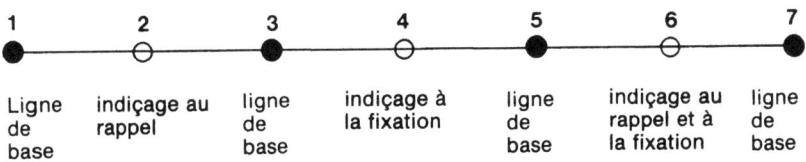

L'analyse des résultats montre l'absence d'effet de l'indiçage isolé au rappel ou à la fixation: seul, l'indiçage fourni simultanément au rappel et à la fixation semble efficace. Dans cette condition, l'évocation libre atteint un score comparable à celui de la reconnaissance forcée (± 14 mots). Il semble cependant que le sujet (malgré les 3 indiçages successivement proposés) n'utilise pas spontanément des procédés d'indiçage puisqu'à la dernière ligne de base (7 sur le schéma), les mots dont il se souvient sont peu nombreux et rapportés sans tenir compte des catégories sémantiques présentées auparavant. Les auteurs signalent cependant avoir réussi, par des procédures analogues, à apprendre à ce patient le nom de deux personnes du staff hospitalier et la localisation de son armoire. Le problème thérapeutique soulevé par cette recherche semble donc d'apprendre au patient à générer par lui-même des procédés d'organisation. On se gardera bien sûr d'étendre sans plus les conclusions de ce travail limité à un cas mais qui présente l'avantage d'être un cas de syndrome de Korsakoff sévère.

Les désordres spécifiques de la mémoire

A côté des troubles mnésiques de caractère général, on rencontre des désordres de la mémoire limités à certains types de matériel présenté. Ces troubles liés au caractère verbal ou non verbal du matériel semblent indépendants de la modalité de présentation des stimuli et sont mis en évidence dans différentes situations: reconnaissance, évocation ou à l'intérieur d'épreuves d'apprentissage. Ces faits ont été principalement mis en évidence par Milner et ses collaborateurs (Milner, 1968) lors de lobectomies temporales droites et gauches impliquant ou non les structures hippocampiques. Il reste cependant certaines incertitudes quant au caractère non pertinent de la modalité de présentation des stimuli, et certaines recherches semblent plutôt en faveur d'un rôle hémisphérique gauche dans la rétention de matériels présentés par voie auditive et d'un rôle hémisphérique droit dans la rétention de matériels présentés par voie visuelle.

Cette asymétrie des désordres mnésiques liée au caractère unilatéral de la lésion a inspiré diverses approches thérapeutiques, principalement dans le cadre de lésions hémisphériques gauches. L'idée de départ est simple: il s'agit toujours d'utiliser la mémoire visuelle comme soutien de la mémoire verbale déficitaire. A l'origine de ce courant thérapeutique, on trouve le travail clinique de Patten (1972). Mais, pour bien saisir la démarche de cet auteur, il nous faut remonter plus haut dans le temps et aller puiser dans l'Antiquité grecque ou les écrits consacrés à des cas exceptionnels de mémoire prodigieuse (Yates, 1966; Luria, 1970) les astuces mnémoniques qui sont à la base de ce travail rééducatif. En effet, à l'époque où les textes écrits étaient rares et où leur élaboration prenait beaucoup de temps, les personnes appelées à retenir de longues suites d'informations (par exemple un discours à prononcer) utilisaient divers procédés destinés à faciliter la mémorisation: ce sont les procédés mnémotechniques, qui ont donc une assez longue tradition historique. Parmi ces procédés de mémorisation, il en est qui reposent sur l'imagerie visuelle: dans tous les cas, il s'agit d'associer la donnée à fixer (chiffre, nom propre, ...) à une image mentale susceptible d'en favoriser la remémoration. Supposons, en reprenant un exemple de Patten, que l'on doive retenir, et dans l'ordre, une liste de 7 éléments à acheter dans un grand magasin: pain, carottes, oeufs, nourriture pour chien, journal, bacon et déodorant. Le procédé recommandé consiste à associer, à chaque élément de la liste, une image où il se trouve relié à l'élément juste suivant. De la sorte, on retiendra la liste des mots dans l'ordre. Voici les images suggérées par Patten, mais chacun peut évidemment en proposer d'autres:

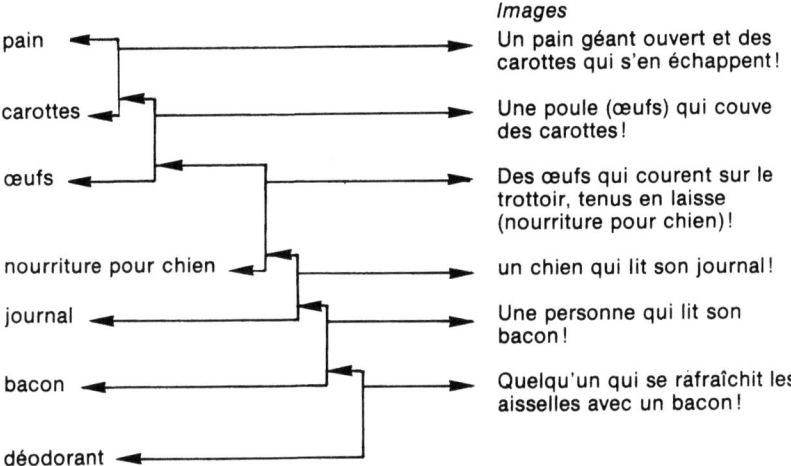

Ces procédés d'association visuelle ne sont efficaces que si on prend *effectivement* le temps de visualiser mentalement la scène. De plus, les images formées doivent présenter un caractère insolite, voire ridicule; enfin, il est important qu'elles n'interfèrent pas entre elles (c'est-à-dire que deux associations visuelles ne soient pas, par exemple, trop proches d'un point de vue sémantique ou morphologique).

Un procédé de même veine, mais applicable à une très grande variété de situations (voir Yates, 1966), est le cardex mental: il s'agit d'associer, à la suite des nombres entiers, une image-pivot. Soit, en suivant à nouveau un autre exemple proposé par Patten, la suite des 10 premiers nombres et de l'image qui leur est associée:

Nombres	Mot-pivot	Image-pivot
1	Thé	une tasse de thé
2	Noé	un vieil homme et des animaux dans une arche
3	Maman	Ma mère
4	Rye	Une bouteille de Rye
5	Loi	Un policier
6	Chaussure	Une chaussure
7	Vache	Quelqu'un qui trait une vache
8	Lierre	Un mur de collège couvert de lierre
9	Pois	Une gousse remplie de petits pois
10	Orteil	Un gros orteil

Une fois acquises, ces associations vont servir à retenir différentes choses: soit par exemple la liste: 1, radio, 2, airplane; 3, lampe; 4, cigarette; 5, image; 6, téléphone, 7, chaise, 8, cheval, 9, diamant.

On retiendra le premier élément en se représentant quelqu'un buvant une radio (association 1 - tasse de thé - radio), puis un vieil homme et l'un ou l'autre animal dans la cabine d'un dirigeable (association 2 - Noé - dirigeable), le visage de la mère avec une ampoule allumée dans la bouche et ainsi de suite ... Les principes de bases restent les mêmes : visualiser mentalement l'association et accentuer son caractère insolite.

Ces quelques notations anecdotiques peuvent paraître déplacées dans un ouvrage qui se veut scientifique. On notera cependant que ces procédés ont été utilisés jadis avec profit (cf. Yates, 1966), que l'analyse détaillée des conduites de mémorisation des cas de mémoire prodigieuse montrent l'utilisation d'associations visuelles et intersensorielles de ce type (Luria, 1970), enfin que des contrôles expérimentaux réalisés chez des sujets normaux ont démontré, d'une part, l'efficacité de procédures visuelles analogues (Paivio, 1969; Bower, 1970; Atwood, 1971), d'autre part l'importance considérable de nos capacités de stockage visuel (Shepard, 1967; Nickerson, 1968; Haber, 1970).

Patten, au moyen de procédés de ce type (essentiellement le cardex mental), présente la rééducation de quatre cas qui ont bénéficié d'un tel apprentissage. On notera que ces quatre malades présentent tous une atteinte cérébrale gauche et qu'ils ont, en pré-test, une bonne préservation de leur efficience mnésique visuelle. Si les quatres patients font des progrès notables, le compte rendu de la rééducation est présenté sur un mode clinique et il ne permet pas une appréciation suffisamment claire des progrès. Enfin, l'auteur signale, mais sans plus de détail, que parmi d'autres cas rééduqués trois se sont montrés insensibles à la méthode : il s'agissait d'une démence présénile d'Alzheimer, d'une tumeur du troisième ventricule et d'une rupture d'anévrysme de la communicante antérieure. Ces trois cas avaient en commun une absence de nosognosie vis-à-vis de leur déficit mnésique, une absence de motivation à récupérer, un déficit de la mémoire immédiate et des difficultés à créer de l'imagerie visuelle.

Jones (1974) a repris le problème de l'aide apportée par l'imagerie visuelle d'une manière plus systématique et sur un nombre plus important de cas. Cet auteur analyse l'effet de trois conditions différentes de présentation d'une liste de dix paires de mots. Dans la première condition (C.I.), la liste est présentée sans instruction particulière; dans la deuxième condition (C.II.) une autre liste est présentée mais cette fois l'examinateur fournit au patient un support visuel et lui apprend la méthode de l'imagerie; dans la troisième condition, le patient est invité à créer lui-même ses propres représentations imagées. La rétention est examinée lors d'une évocation immédiate et lors d'une évocation différée de deux heures; dans les deux cas, on fournit le premier mot de la paire et le sujet doit évoquer le second. Ce protocole expérimental a été administré à des sujets normaux, 36 patients ayant subi une lobectomie temporale gauche (18 cas) ou droite (18 cas) et deux patients (le célèbre H.M. et un autre sujet) avec lésions temporales bilatérales profondes. En condition d'évocation immédiate, à l'exception des deux patients avec lésions bilatérales, les trois groupes (normaux, lésions gauches ou lésions droites) bénéficient de l'aide apportée (condition II) et sont capables, à leur tour, d'engendrer efficacement un processus d'imagerie visuelle (condition III). De plus, bien que les performances soient moins bonnes en condition d'évocation différée, les patients avec lésions gauches retiennent mieux les listes apprises en utilisant l'imagerie visuelle (conditions II et III). On peut donc conclure, non seulement que ces sujets apprennent plus de mots en s'aidant de l'imagerie visuelle, mais aussi que cet apprentissage est plus résistant à l'oubli [4].

Cette dernière conclusion doit cependant être nuancée: dans un travail récent, Lewinsohn et al. (1977) obtiennent des résultats quelque peu différents. Ces auteurs ont examiné l'effet de l'imagerie visuelle, d'une part dans une épreuve de mots associés, d'autre part dans une épreuve d'appariement de visages et de noms. L'intérêt de ce travail est qu'il mesure la rétention 30 minutes mais aussi une semaine plus tard. D'une manière générale, l'effet de l'imagerie visuelle est peu net en ce qui concerne l'appariement face-visage et l'effet de l'imagerie visuelle s'estompe pour les deux activités de mémorisation lors du rappel différé d'une semaine. L'utilité thérapeutique de telles méthodes est donc encore entièrement à démontrer. On notera cependant que le travail de Lewinsohn et al. (1977) est très imprécis en ce qui concerne la localisation et l'extension des lésions, l'inefficacité partielle de la méthode peut donc être due à ces variables lésionnelles non rapportées (par exemple le caractère uni ou bilatéral des lésions) et le principal mérite de cette recherche se limite à soulever un problème thérapeutique capital. Il n'est en effet pas très important d'augmenter l'efficacité de la mémoire sur des périodes brèves. Si la plupart des recherches rééducatives ont examiné la rétention différée de 30 minutes à 2 heures au plus, c'est parce qu'elles ont été créées en connexion étroite avec la recherche neuropsychologique qui s'est aussi, le plus souvent, cantonnée dans l'analyse de la rétention sur des délais relativement courts. Mais, comme l'enseigne la clinique courante, les plaintes des sujets se rapportent à des difficultés de rétention pour des délais plus longs et concernent des réapprentissages que les patients voudraient définitifs: tel patient est pharmacien et veut réapprendre le nom et l'emplacement des médicaments dans son officine, un autre est conducteur de taxi et doit pouvoir, sans consulter sans arrêt son plan, s'orienter dans une ville en fonction des adresses qui lui sont communiquées. Il est donc évident, d'un point de vue thérapeutique, que les recherches devront s'orienter vers le contrôle du bien fondé de ces stratégies et d'autres sur des délais beaucoup plus longs.

Certaines observations cliniques et un début de pratique rééducative menée à l'Université de Louvain [5] sur les troubles de la mémoire après atteinte cérébrale nous conduisent par ailleurs à émettre certains commentaires additifs [6].

La sensibilité des examens de mémoire

Beaucoup de patients se présentent aux examens neuropsychologiques avec, comme plainte essentielle, des « trous de mémoire » entraînant par exemple des difficultés professionnelles liées à des oublis, une crainte de s'engager dans des discussions sur un film vu à la télévision, sur un événement politique ou sportif, par peur de manquer au bon moment des informations nécessaires, ou encore de la gêne à ne pas se rappeler le nom d'une personne rencontrée quelques jours plus tôt. Dans un nombre non négligeable de cas, ces plaintes ne se traduisent guère par des scores anormaux lors de l'administration de tests standardisés de mémoire (15 mots de Rey, Weschler-Mémoire, Benton, Figure complexe de Rey, etc.); dans d'autres cas, il existe un léger déficit d'efficience mnésique aux tests mais sans commune mesure avec l'étendue des plaintes. Une solution commode (et souvent pratiquée dans le contexte des expertises médico-légales) consiste à parler d'un « syndrome subjectif ». Une anamnèse détaillée des problèmes mnésiques concrètement rencontrés nous semble plutôt indiquer que les conditions dans lesquelles on teste la mémoire dans l'institution et les conditions quotidiennes dans lesquelles surviennent l'activité de fixation et l'oubli, sont en fait très différentes et sans doute responsables des disparités observées. En effet, lors de l'examen neuropsychologique, les conditions de fixation sont rendues optimales (le local est silencieux, le téléphone est décroché ...); seuls, peut-être, les étudiants en période d'examens se mettent dans des situations analogues de calme et de concentration. Dans la vie quotidienne, les choses se passent autrement et nombreux sont les patients qui décrivent la survenue d'oublis en relation avec des informations qui leur ont été délivrées alors qu'ils sont occupés à faire autre chose (par exemple: le sujet est au bureau, il accomplit une activité professionnelle quelconque; c'est à ce moment qu'un rendez-vous lui est communiqué par téléphone, ou que quelqu'un ouvre la porte et lui communique une information). Ces informations sont donc délivrées *pendant que* le patient est occupé à une autre tâche qui ne peut être interrompue qu'un court instant.

De plus, beaucoup de patients signalent des oscillations de leur efficacité mnésique en fonction de leur état général de fatigue et nous avons, à plusieurs reprises, observé qu'une épreuve aussi exigeante que les 15 mots de Rey pouvait être à peu près correctement réussie en début d'examen mais ratée après deux ou trois heures de testing.

Les conséquences thérapeutiques

Les problèmes cliniques ne renvoient donc pas qu'à des stratégies d'indiçages ou d'organisation de l'information, mais également aux divers contextes de réception des messages et à l'état de fatigue général du sujet. Différentes stratégies sont alors à mettre au point; dans un cas de double traumatisme crânien fermé et sans séquelles neurologiques, survenus à 6 mois d'intervalle chez un jeune homme de 33 ans, nous avons mis au point des exercices de rétention d'informations délivrées au cours d'un travail. En gros, le schéma suivant fut appliqué :
- le patient est invité à s'adonner à une activité exigeant de sa part un effort de concentration (en l'occurence ici il réparait pour son plaisir de vieilles horloges). Pendant qu'il travaille, un enregistreur à cassettes délivre de la musique et un « top » sonore annonce l'arrivée d'une information (codée en longueur et en complexité).

Dans un premier temps, le patient peut interrompre son activité pendant la durée du message et se le répéter pendant 2-3 minutes; ensuite, il doit reprendre son travail immédiatement après la délivrance de l'information; dans un troisième temps, il est invité à poursuivre son activité tout en faisant attention au message. En outre, les informations sont délivrées d'abord en fin de bande sonore (à 5 minutes de la fin) ensuite et progressivement (de 5 en 5 minutes) au début de la bande. Dans un deuxième temps, deux informations sont délivrées à des moments différents. Après chaque bande (de 60 minutes) le patient doit écrire ce qu'il a retenu. Toutes les semaines, on analyse avec lui la qualité de la rétention et la nature des oublis. Ce programme peut donc être résumé par le tableau suivant :

Tableau I

progression de la conduite d'écoute	progression temporelle	programme des informations
1. arrêt au moment de la délivrance de l'information et mémorisation 2-3'	1. information délivrée 5' avant la fin de la bande	1. une information simple
2. arrêt au moment de la délivrance de l'information; reprise immédiate de l'activité	2. déplacement progressif vers le centre et le début de la bande	2. deux informations à des moments différents
3. maintien de l'activité pendant la délivrance de l'information		

La réalisation de programmes de ce type, la mise au point de procédures d'auto-évaluation de la fatigabilité ainsi que le développement de techniques de relaxation sont souvent utiles à de tels patients mais, ici aussi, seuls les résultats de travaux en cours nous permettront d'être plus précis. On notera enfin que dans les cas de déficits mnésiques légers, il suffit souvent d'aider le patient à s'organiser : un agenda, parfois deux, permettent de noter beaucoup de choses et d'éviter des oublis regrettables. La plupart des personnes âgées développent d'ailleurs des stratégies de ce type.

Le problème de la motivation

Une autre difficulté, souvent rencontrée quand on propose des rééducations de la mémoire dans un contexte éloigné des activités quotidiennes, est le maintien d'une motivation suffisante. On peut certes développer, au cours des séances thérapeutiques, des exercices s'inspirant des techniques d'indiçage telles que celles développées plus haut. Mais les patients déclarent alors assez rapidement qu'ils ne sont plus à l'école et qu'ils ne voient guère l'utilité d'apprendre des listes de paires associées. On néglige souvent le fait, en neuropsychologie de la mémoire et de l'apprentissage, que les données expérimentales issues de travaux réalisés chez l'animal se font au moyen de renforcements alimentaires ou de stimulations diverses, en liaison étroite avec des variables physiologiques fondamentales (éviter la douleur, se nourrir quand on est en état de déprivation). Il est, chez l'homme, difficile de préciser, en ce qui concerne les activités mnésiques, le rôle de ces facteurs motivationnels. Quelques points anecdotiques en soulignent cependant l'importance : on a pu montrer qu'un patient amnésique, incapable de reconnaître un médecin qui le visitait tous les jours, a un jour présenté une réaction de peur devant ce médecin parce que celui-ci l'avait piqué avec une aiguille la veille ... Dans une institution gériatrique nous avons vu une démente complètement désorientée capable de localiser les toilettes, sans doute parce que son incontinence était pour elle une source de gêne sociale importante. Ces faits mériteraient des investigations complémentaires et, s'ils se trouvaient confirmés par d'autres observations plus rigoureuses, il faudrait orienter davantage les thérapies sur les plaintes quotidiennes du patient et moins sur des exercices abstraits, peut-être plus facilement quantifiables, mais moins propices à un apport rééducatif. A nouveau, nous ne pensons pas que cette extension de la thérapie aux situations de la vie quotidienne rende ipso facto tout contrôle expérimental impossible.

Rééducation des troubles de l'attention

L'attention est un des concepts les plus difficiles à cerner en psychologie : d'une part, il appartient au vocabulaire de la neurophysiologie où il reçoit une traduction électro-encéphalographique (les niveaux d'attention ou de vigilance) d'autre part, au niveau comportemental, l'attention se mesure dans des épreuves de poursuite de cibles, dans l'étude des temps de réaction simples ou complexes, etc. En clinique courante, il est souvent bien difficile de se mettre d'accord sur un vocabulaire descriptif commun : ceci provient sans doute du fait qu'on mêle fréquemment des paramètres relatifs à la réactivité du patient et au contenu ou à la nature de ses réactions. Les premiers sont, de plus, extrêmement difficiles à opérationaliser au cours d'un examen : ils sont tantôt de nature négative (le patient ne fait pas attention à ce qu'on lui dit, à ce qu'on lui montre, à ce qu'il accomplit lui-même ...), tantôt de nature positive : le patient fait attention mais à des stimulations irrelevantes (on lui parle et il écoute un bruit extérieur, etc.), on dira qu'il est distrait. A ce problème de définition de la réactivité, il s'en ajoute d'autres, relatifs à la forme prise par les réactions du patient. Un patient peut, par exemple, être attentif à une question mais y répondre de manière incohérente (on dira qu'il est confus), bien observer un geste à reproduire sur invitation mais s'engager ensuite dans une activité tout à fait différente. A ces difficultés d'observation et de vocabulaire s'ajoutent les problèmes liés à l'observation en continu de la réactivité : un patient peut être attentif à un moment et pas à un autre (on parlera de fluctuations de l'attention) ou n'être capable d'attention que quand il n'est pas fatigué. Enfin, les analyses objectives, comme les méthodes de poursuite de cibles ou de temps de réaction sont, d'une part, peu habituelles dans la pratique courante en neuropsychologie et, d'autre part, soulèvent dès qu'il y a des troubles instrumentaux associés (agnosie, apraxie, aphasie) des problèmes délicats d'interprétation (par exemple : le patient peut ne pas réagir dans les délais à un signal parce qu'il n'y a pas prêté attention mais aussi parce qu'il a mal discriminé la nature du stimulus, etc.) [7]. Enfin, quand au niveau théorique on postule l'existence d'une hiérarchie dans les niveaux d'attention (par exemple: éveil modéré, légère obnubilation, attention fluctuante, attention normale, concentration parfaite, etc.), on utilise des étiquettes qui ne font qu'indiquer des repères dans ce qui se présente avant tout comme un continuum.

Ces indécisions conceptuelles et ce flou du vocabulaire clinique courant ne modifient en rien l'importance du problème, considéré sous l'angle thérapeutique: beaucoup de patients ne peuvent bénéficier d'une thérapie spécifique de langage ou de la mémoire ou s'intégrer normalement dans une revalidation kinésithérapique parce qu'ils présentent des troubles de l'attention. Avec raison, les rééducateurs de la Salpêtrière proposent un certain nombre d'exercices préalables non langagiers avec les grands aphasiques pour leur apprendre à écouter, à regarder le thérapeute, à se taire un moment (on dit qu'il faut d'abord canaliser le patient!) à se concentrer un moment sur une tâche, etc. L'installation de comportements simples de ce type semble bien constituer une sorte de prérequis général à toute entreprise thérapeutique.

Dans le but d'améliorer les conduites attentionnelles de leurs patients hémiplégiques, Diller et ses collaborateurs ont mis au point un ensemble ingénieux de techniques coordonnées entre elles pour constituer un programme rééducatif. Ce programme consiste en l'administration successive de cinq épreuves d'apprentissage de conduites d'attention, supposées de difficulté croissante (le O.R.M.: Orientation Remedial Module). Décrivons succinctement les épreuves utilisées par ces auteurs (Ben-Yishay et al. 1979).

1. Le Temps de Réaction Visuel Simple (TRV)

Cette épreuve ne fait pas partie du programme expérimental, elle constitue simplement une ligne de base prétraitement: il s'agit d'un temps de réaction simple visuel classique.

2. Temps de Réaction Conditionné (ATR: Attention Reaction Conditionner)

Il s'agit toujours d'un temps de Réaction Visuel Simple, mais le sujet est informé, à chaque essai, de la vélocité de sa réaction. Cette information est transmise par l'intermédiaire de 8 lampes colorées disposées sur un tableau et le nombre de lampes qui s'allument est fonction de la vitesse de réaction. Par exemple, dans le sous-programme « lent », une réponse donnée entre 450 et 550 msec, allume 8 lampes, une réponse donnée entre 550 et 650 msec. n'en allume que 7 et ainsi de suite. Dans le sous-programme « rapide », une réponse avant 200 msec, allume 8 lampes, et une réponse entre 200 et 300 msec. en allume 7. Après chaque essai, le sujet est invité à compter le nombre de lampes allumées et il est encouragé à en allumer le plus grand nombre possible.

Le programme commence en condition rapide ou en condition lente, selon les résultats obtenus à la ligne de base. Le passage d'une condition à une autre est régi par un critère de réponse à atteindre (figure 8).

Figure 8. Temps de Réaction conditionné (d'après Ben-Yishay et al., 1979)

3. *Apprentissage de l'arrêt d'une aiguille sur le zéro (ZAC : Zeroing Accuracy Conditionner)*

Dans cette épreuve, le sujet se trouve placé devant une sorte d'horloge munie d'une grande aiguille. Dès qu'il appuie sur un bouton, l'aiguille se met en mouvement et le sujet est invité à relâcher sa pression pour que l'aiguille s'arrête sur le zéro. Les contraintes mécaniques du système font que l'aiguille ne s'arrête qu'un peu après le relâchement du bouton. Ce retard est directement proportionnel à la vitesse imprimée à l'aiguille. Le sujet doit donc anticiper et relâcher sa pression un peu avant l'arrivée de l'aiguille au zéro. Toute réponse est mesurée en termes d'écart par rapport au zéro. Le système comporte différentes vitesses (de 1 à 28 secondes par tour) et l'aiguille peut se déplacer dans les deux directions (figure 9).

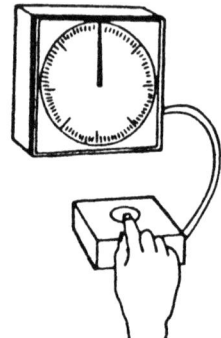

Figure 9. Matériel pour l'apprentissage de l'arrêt de l'aiguille sur le zéro.
(D'après Ben- Yishay et al. 1979)

Nous présenterons plus rapidement les épreuves suivantes [8] : il y a ensuite une épreuve 4 de Discrimination Visuelle Conditionnée (VDC) qui exige de percevoir et de discriminer des signaux colorés ou chiffrés présentés à gauche, à droite ou simultanément, à des degrés variables d'excentricité. L'épreuve 5 consiste à faire estimer des intervalles de temps sur un chronomètre placé hors de la vue du sujet ; après chaque estimation, l'examen du chronomètre renseigne le sujet sur sa performance. Enfin, la dernière épreuve consiste à conditionner la production de structures rythmiques à l'unisson avec un producteur automatique de sons ; le contrôle de la performance se fait par l'affichage électronique du rythme à reproduire et du rythme émis par le sujet. Selon les auteurs, une certaine gradation existe entre ces épreuves qui iraient de la plus simple à la plus compliquée.

Plusieurs cas de rééducation sont présentés (au chapitre 4 de cette monographie — Diller et al., 1979) et ce système de rééducation semble avoir une bonne efficacité. On notera cependant, au niveau théorique, que les différentes épreuves proposées font appel à des conduites très différentes, tantôt contrôlées par des événements visuels, tantôt autogénérées par le sujet, tantôt contrôlées par des événements auditifs. Il est bien difficile de garantir que la hiérarchie proposée correspond vraiment, comme le suggèrent les auteurs, à des niveaux différents d'attention (puisque la présentation des mêmes épreuves mais dans un ordre différent n'a pas été réalisée). D'un point de vue thérapeutique, ce travail est cependant très intéressant car, d'une part, il a l'avantage de proposer diverses tâches d'attention et de les soumettre à une procédure de renforcement différentiel, d'autre part les cas ayant subi avec succès ce type de traitement sont ensuite insérés dans des programmes thérapeutiques beaucoup plus larges qu'ils n'étaient pas capables de suivre auparavant. Enfin, au niveau neuropsychologique, les cas traités sont surtout des traumatismes crâniens sévères (il y a aussi un cas d'intoxication au monoxyde de carbone et un cas d'électrocution). Ce type de traitement n'est donc pas reliable à une étiologie particulière ou à un siège lésionnel défini. La démarche des auteurs est, en fait, surtout basée sur l'observation de la sémiologie, et la présence de déficits attentionnels graves semble constituer, à ce stade, la seule indication thérapeutique précise. Autant nous avons regretté, en ce qui concerne les travaux de ces mêmes auteurs sur l'héminégligence et sur la rééducation des aphasiques (voir p. 180), l'absence d'information plus précise sur la nature des troubles visuels et aphasiques présentés, autant ici ce reproche nous paraît superflu. Les troubles attentionnels suite à des lésions traumatiques sévères du système nerveux central présentent sans doute, pour une part au moins, un caractère relativement général et une procédure polymorphe de ce type nous paraît parfaitement adaptée. Il reste bien sûr, et les auteurs américains sont conscients de cela, à contrôler si au delà de ces troubles généraux de l'attention il n'existe pas des déficits de l'attention plus spécifique liés à une atteinte focale plus importante (comme par exemple une héminégligence).

Conclusion et commentaire des travaux de Diller et al.

En présentant brièvement ces quelques travaux consacrés à la rééducation de trois types de troubles non langagiers, nous n'avons bien sûr pas épuisé le sujet de la rééducation neuropsychologique. L'équipe de Diller aux Etats-Unis présente d'autres méthodes destinées, par exemple, à rééduquer les activités constructives (Ben-Yishay et al., 1978c), la coordination main-oeil (Ben-Yishay et al., 1978b), le raisonnement verbal abstrait (Ben-Yishay et al., 1978a), etc. Toutes ces procédures mériteraient attention, commentaires et critiques, mais leur présentation détaillée dépasserait le cadre de ce petit ouvrage. Plus important nous paraît le fait que l'équipe de Diller propose des schémas détaillés de rééducation prenant en compte l'ensemble des problèmes présentés par les patients, avec le plus souvent un effort considérable de contrôle des réapprentissages effectués. Nous ne serions pas étonnés que ces travaux soient à l'origine d'un très vaste mouvement rééducatif aux Etats-Unis. Sur le plan théorique, l'inconvénient majeur de ces recherches est en fait de concerner une population d'hémiplégiques gauches ou droits souvent polytraumatisés et présentant des lésions cortico-sous-corticales plus ou moins importantes. Cette population n'est pas idéale pour comprendre les raisons qui conduisent une thérapie au succès où à

l'échec. Mais le travail méthodologique fait sur les procédures de rééducation et la généralisation des méthodes de la Modification du Comportement nous paraissent, chez ces auteurs, tout-à-fait remarquables. Enfin, on ne peut quitter Diller sans présenter, même brièvement, le modèle général qu'il a proposé concernant la rééducation neuropsychologique (Diller, 1976). Ce modèle se décompose de la manière suivante :
- Identifier le comportement déficitaire que l'on désire rééduquer (1);
- Sélectionner une tâche dans laquelle ce comportement intervient (2);
- Analyser et modifier la tâche en fonction des stimuli (3) et des réponses impliquées (4);
- Repérer les activités quotidiennes en relation avec le comportement déficitaire (5);
- Examiner d'autres conduites afin de déterminer leur relation avec la conduite déficitaire (6);
- Tenir compte des corrélats neurologiques (7);
- Enfin, entamer le traitement (8).

Résumé du modèle de remédiation de Diller et al.

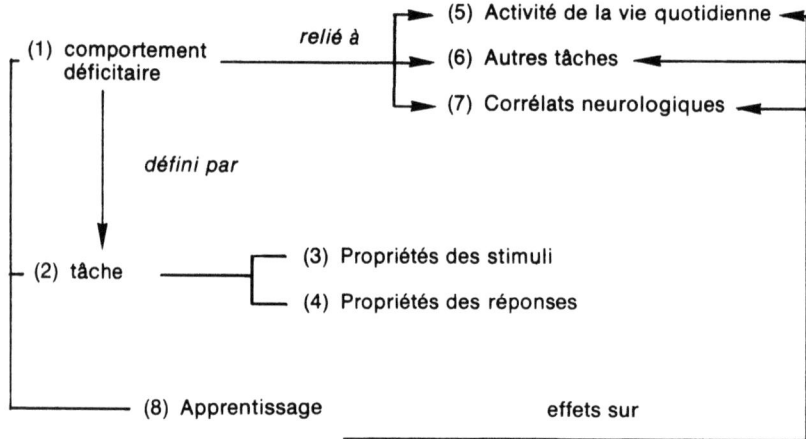

Dans un deuxième temps, l'auteur précise davantage ce qu'il entend par les propriétés des Stimuli et des Réponses, qui peuvent être manipulées durant l'apprentissage.

La nomenclature du côté des stimuli reprend des paramètres tels que : 1. la vitesse de présentation, 2. le caractère isolé ou simultané, 3. la densité du contexte, 4. l'orientation, 5. la localisation dans l'espace, 6. l'intensité, 7. la nature du matériel, 8. la modalité sensorielle, 9. le contexte sensoriel, 10, le caractère bi ou tri-dimensionnel, 11. les ancrages proposés, 12. la nature concrète ou abstraite des stimuli, etc.; on a encore la couleur, la taille, le caractère de familiarité et d'autres dimensions. Cette liste non exhaustive des manipulations possibles doit, bien sûr, être élaborée en connexion avec les variations comportementales observées en clinique et en recherche neuropsychologique. Quant aux variations concernant les propriétés des réponses, elles peuvent selon les auteurs porter sur la vitesse, la durée, le feedback, la nature des erreurs (omission ou réponses inadéquates), la fréquence et l'initiation.

Le lecteur retrouvera organisés, dans ce tableau, beaucoup des thèmes abordés dans cet ouvrage : la nécessité de tenir compte des variables neurologiques (7), d'examiner les effets du trouble dans la vie quotidienne du patient (5) et de mesurer les transferts d'apprentissage (effet de 8 sur 5). Pour le reste, à divers endroits aussi, nous avons insisté sur la nécessité d'élaborer, au sein des procédures d'apprentissage, une hiérarchie des conduites à émettre (et, pour une part au moins, cette hiérarchie doit tenir compte des paramètres repris dans la rubrique « propriétés des réponses ») et des contextes d'émission des conduites et moyens de facilitation (c'est le point 3 du modèle de Diller).

Ce sur quoi ce modèle n'insiste peut-être pas assez à nos yeux, c'est l'émission d'hypothèses théoriques préalables à la démarche rééducative. Diller et ses collaborateurs, en behavioristes conséquents (c'est-à-dire pragmatiques et efficaces), analysent plusieurs conduites déficitaires; un traitement (après divers tâtonnements) est ensuite élaboré qui porte sur une ou plusieurs de ces conduites déficitaires, au terme duquel on réanalyse l'ensemble des conduites déficitaires de sorte qu'on peut mesurer l'effet direct de l'apprentissage et son effet sur d'autres activités quotidiennes non rééduquées. L'inventivité de cette équipe de recherche, comme sa capacité à traiter conjointement ou en succession plusieurs déficits différents, est incontestablement à l'origine des succès qu'elle a déjà enregistrés. Et, sur le plan thérapeutique, beaucoup de centres ont intérêt à s'inspirer de leurs travaux. On est cependant en droit de se demander si, par endroits, il n'y aurait pas intérêt à compléter cette démarche par la comparaison de procédures rééducatives différentes. Cette comparaison aurait l'avantage de nous permettre de choisir, parmi divers programmes, les plus efficaces en fonction de la pathologie présentée. Il y a cependant peu de chances (au moins pour ce qui concerne les populations traitées par ces auteurs) pour qu'une telle démarche comparative soit utile, car les patients soumis à de tels programmes présentent des tableaux pathologiques difficilement systématisables sur le plan neurologique et leur sémiologie est le plus souvent composite. Nous pensons quant à nous que c'est dans le contexte de troubles plus délimités, tels qu'ils s'en produit lors d'atteintes focales du système nerveux central, que l'éclairage réciproque entre la neuropsychologie fondamentale et la neuropsychologie rééducative aura la plus de pertinence. Il n'en reste pas moins vrai que tous les patients sont candidats à une rééducation et pas seulement ceux qui sont susceptibles de nous aider à mieux comprendre les raisons de nos réussites ou de nos insuccès [9].

Notes

[1] On notera cependant qu'une hémianopsie est souvent présente mais qu'elle ne rend pas compte du trouble. Par ailleurs, le caractère visuel de ce trouble est contesté par certains qui insistent sur la nature multimodale du déficit (Heilman et Watson, 1977) ou d'autres qui en accentuent le côté représentatif (Bisiach et Luzzati, 1978).

[2] L'expérience contient aussi un groupe de 10 hémiplégiques droits, également divisé en un groupe expérimental et un groupe contrôle, dont nous ne commenterons pas les résultats.

[3] Il n'est pas possible, dans ce petit ouvrage, de présenter même succinctement l'ensemble des troubles mnésiques consécutifs à une lésion cérébrale. Pour plus d'informations le lecteur se rapportera à la revue d'ensemble du problème dans l'ouvrage de Hécaen et Albert (1978).

[4] Un paradoxe dans ce travail est cependant l'amélioration des performances des sujets avec lésions hémisphériques droites. Ce groupe semble profiter aussi de l'imagerie visuelle, alors que certains fait expérimentaux indiquent au contraire que les patients avec lésions hémisphériques droites sont en difficulté dans la rétention d'un matériel visuel et ont alors recours à des procédés d'indiçage verbaux. Ce résultat inattendu peut être dû à un effet de plafond, ces patients étant dès la condition I (c'est-à-dire sans aide) supérieurs aux sujets normaux.

[5] En collaboration avec D. Rectem et H. Lepoivre.

[6] Le lecteur se souviendra qu'il ne s'agit ici que d'impressions ou de questions suscitées par une observation, minutieuse certes, mais non contrôlée. Dans notre classification, nos commentaires sont donc de nature empirique.

[7] On lira à ce sujet le travail de Diller et Weinberg (1972) qui montre que différents tests d'attention sont ou non touchés selon que la lésion cérébrale est gauche ou droite.

[8] Le lecteur désireux d'en savoir plus consultera Diller et al. (1979) où tous les détails techniques sont présentés.

[9] On notera par ailleurs l'importance prise par la Modification du Comportement dans l'extension du champ des applications thérapeutiques (voir pour une évaluation prospective de ce courant Horton, 1979). La création récente aux Etats-Unis d'une société scientifique visant au développement des thérapies comportementales dans le domaine de l'intervention neuropsychologique témoigne de la vitalité de ce mouvement (Behavioral Neuropsychology Special Interest Group of the Association for the Advancement of Behavior Therapy).

Chapitre 10
Conclusion générale

Au terme de cet ouvrage, une première conclusion s'impose: la rééducation neuropsychologique, d'une part, existe comme pratique quotidienne dans un nombre croissant de centres, d'autre part, s'oriente vers une démarche de plus en plus expérimentale. Il s'en faut de beaucoup, cependant, pour que ces pratiques éparses constituent aujourd'hui un tout coordonné. Les faits bien établis sont peu nombreux et la réflexion théorique largement insuffisante. La coexistence de plusieurs écoles révèle des différences d'appréciation, à la fois dans l'abord des faits pathologiques et dans les stratégies rééducatives jugées pertinentes. Ces écoles sont aujourd'hui difficilement comparables; elles se sont développées à l'écart les unes des autres sans confronter ni leurs hypothèses de travail ni les résultats obtenus. De plus, la précision des travaux est extrêmement variable, non seulement d'une école thérapeutique à une autre, mais souvent aussi d'une recherche à une autre au sein d'une même école. Les vertus de chaque école thérapeutique tiennent donc plus à l'insistance mise sur tel ou tel aspect de la thérapie qu'aux résultats tangibles dont elles peuvent se prévaloir. Rappelons brièvement les points spécifiques à chaque école qui nous paraissent importants.

L'école empirique continue, à juste titre, de souligner le caractère individuel de toute thérapie; elle insiste de ce fait sur l'adaptation orientée de chaque étape de la thérapie aux progrès réellement accomplis par le patient. Cette individualisation de la thérapie a, certes, l'avantage d'être concrète et de ne pas proposer des méthodes rigides applicables à de larges populations de malades. Mais, en n'ayant pas développé les méthodes de la psychologie scientifique adaptées à l'étude de cas uniques (les « intra-subject designs »), cette école ne parvient pas à dépasser un empirisme basé sur des notions théoriques trop générales s'appuyant sur les seules intuitions du thérapeute. Il n'empêche que les ouvrages de méthodes, publiés par les auteurs appartenant à ces écoles, fourmillent de suggestions intéressantes et que, dans bien des cas, les schémas rééducatifs proposés ne sont pas sans pertinence. Il reste donc à soumettre toutes ces suggestions à l'épreuve des faits dans de bonnes conditions.

L'école soviétique de Luria est peut-être moins originale par la nature des exercices suggérés que par la cohérence théorique de la démarche proposée. Outre les liaisons étroites existant entre la classification et la conception des différents syndromes aphasiques et les pratiques thérapeutiques mises en place, on relève le rôle particulier attribué au langage comme régulateur de l'action et le développement de pratiques thérapeutiques prenant en compte l'ensemble des troubles neuropsychologiques. On regrettera cependant le caractère illustratif des démonstrations visant à prouver le bien-fondé des méthodes, de même que l'absence généralisée de contre-épreuve. Par ailleurs, l'indissociation fréquente entre ce qui revient à l'hypothèse et ce qui appartient à la démonstration nous a conduit à réclamer, pour cette école, les mêmes contrôles expérimentaux que pour l'école empirique.

L'école operante se distingue des précédentes, d'une part par le recours explicite aux théories du conditionnement operant, d'autre part par un souci de contrôle et de rigueur dans la conduite de la thérapie. Nous avons indiqué la naïveté de certains travaux originaux qui ont importé, sans adaptation suffisante au champ neuropsychologique, des méthodes dont les succès dans d'autres domaines de l'apprentissage semblaient évidents (exemple : les méthodes de l'enseignement programmé). Nous avons ensuite souligné la progressive adaptation de ces méthodes aux cas individuels, aux thérapies de groupe et à l'apprentissage de codes non verbaux plus ou moins artificiels. Nous pensons que l'essentiel de la méthodologie développée par ce courant thérapeutique peut, sans difficulté, sortir du cadre strict original pour devenir la trame de toute entreprise rééducative. Ce mouvement d'extension méthodologique, qui n'en est qu'à ses origines (exemple : la thérapie mélodique), nous parait en effet à même de définir dans quelles conditions générales une entreprise thérapeutique est ou n'est pas efficace. Dans ce sens, cette école devrait perdre une partie de sa spécificité, et ne conserver comme trait distinctif que la référence à la théorie du conditionnement operant.

L'école sociothérapeutique se signale, d'une part par une analyse globale du milieu du patient, d'autre part par une réflexion d'ensemble sur le problème du transfert des apprentissages. Cette école, qui conduit en quelque sorte à désenclaver la rééducation, n'a pas à ce jour beaucoup de travaux rééducatifs convaincants à son actif. Il n'empêche que les problèmes qu'elle soulève, à défaut de résoudre, sont d'une pertinence que personne ne contestera. En ce qui concerne les activités langagières, l'occasion à saisir pour les thérapeutes engagés dans ce courant est, sans doute, l'apparition d'une psycholinguistique pragmatique. Le courant sociothérapeutique pourrait trouver là le cadre théorique et les méthodes qui lui font aujourd'hui singulièrement défaut.

L'école neurolinguistique apparaît, à certains égards, comme un complément naturel à l'école opérante. Là où la première propose une analyse des désordres sous-jacents aux conditions manifestes, la seconde fournit des méthodes thérapeutiques et une réflexion serrée sur les mécanismes susceptibles de modifier le comportement. L'époque où, au sein de la psycholinguistique, les auteurs soucieux de décrire la structure des comportements et ceux désireux d'en comprendre le fonctionnement s'excommuniait mutuellement, est aujourd'hui dépassée. L'école de neurolinguistique devrait, par une meilleure compréhension des troubles et de leur «désorganisation-organisée», fournir des hypothèses quant aux choix de stratégies rééducatives; l'école de la Modification du Comportement devrait, elle, aider à la mise en place de méthodes et de procédures efficaces.

A côté de ces cinq principaux courants [1], nous avons souligné l'émergence de pratiques rééducatives plus larges englobant l'ensemble du répertoire comportemental. Cette évolution récente des pratiques thérapeutiques rejoint tardivement une préoccupation qui a toujours été présente chez les thérapeutes soviétiques. Ces derniers apparaissent ainsi comme de véritables précurseurs. Cet élargissement des préoccupations thérapeutiques est non seulement réjouissant sur le plan strictement humain, mais nous paraît en outre simplement logique. En effet, le regard de plus en plus analytique porté par la recherche neuropsychologique sur des aspects particuliers et spécifiques de la conduite ne doit pas faire oublier que l'organisme est un tout intégré ou, en reprenant la formule de Luria, on aurait tort d'oublier qu'il y a une organisation intersystémique du comportement.

Par ailleurs, nous voudrions, en terminant cet ouvrage, revenir à une des questions soulevées à son origine : la rééducation neuropsychologique est-elle utile ? Il nous semble que la réponse est à présent évidente et qu'elle peut se formuler comme suit : « dans certains cas et sous certaines conditions, quelques recherches (une dizaine tout au plus) ont été en mesure de prouver, avec une sécurité suffisante le bien-fondé (à court terme) d'entreprises thérapeutiques ». Ce bien maigre constat ne devrait entraîner ni découragement ni pessimisme excessif, mais au contraire pousser les thérapeutes à mieux cerner les facteurs d'incertitude qui empêchent souvent de conclure à l'efficacité d'une thérapie. Tout au long de cet ouvrage, nous avons tenté de cerner ces facteurs; ils nous ont paru renvoyer à deux types de contraintes, les unes méthodologiques rencontrées dans les imperfections des paradigmes expérimentaux mis en place, les autres neuropsychologiques liées aux très nombreuses variables interférentes (lésionnelles, psychologiques et sociologiques). Nous pensons qu'aucun de ces facteurs d'incertitude ne constitue un obstacle infranchissable, mais que la première étape à accomplir était d'en prendre la mesure et d'en souligner l'importance. Pour le reste, la rééducation neuropsychologique sera ce que sera l'imagination et la persévérance des thérapeutes à venir.

Note

[1] Qui bien sûr, ne recouvrent pas *toutes* les pratiques thérapeutiques mais, nous semble-t-il, les principales d'entre elles.

Bibliographie

ALAJOUANINE, Th., LHERMITTE, F., Acquired aphasia in children, *Brain*, 1965, 88, 653-662.
ALBERT, M.L., OBLER, L.D., *The bilingual brain*, New York: Academic Press, 1978.
ALBERT, M.L., SPARKS, R., HELM, N., Melodic intonation therapy for aphasia, *Archives of Neurology*, 1973, 29, 130-131.
ARGYLE, M., *Bodily communication*, Londres: Methuen et Co, Ltd, 1975.
ARONSON, M., SHATIN, L., COOK, J.C., Socio-psychotherapeutic approach to the treatment of aphasics patients. *Journal of Speech and Hearing Disorders*, 1956, 21, 352-364.
ARTES, R., HOOPS, R., Problems of aphasic and non-aphasic stroke patients as identified and evaluated by patients' wives, *In* Lebrun, Y., Hoops, R., (Eds.), *Recovery in aphasics*, Amsterdam, Swets & Zeitlinger, B V., 1976.
ASSAL, G., CAMPICHE, R., Aphasie et troubles du langage chez l'enfant après contusion cérébrale, *Neurochirurgie*, 1973, 19, 399-406.
ATWOOD, G., An experimental study of visual imagination and memory, *Cognitive Psychology*, 1971, 2, 290-299.
BALES, R.F., A set of categories for the analysis of small group interaction. *American Sociological Review*, 1950, 15, 257-263.
BARDACH, J.L., Group sessions with wives of aphasic patients, *International Journal of Group Psychotherapy*, 1969, 19, 361-365.
BASSO, A., FAGLIONI, P., VIGNOLO, L.A., Etude contrôlée de la rééducation du langage dans l'aphasie: comparaison entre aphasiques traités et non traités, *La Revue Neurologique*, 1975, 131, 9, 607-614.
BENSON, D.F., Psychiatric aspects of aphasia, *British Journal of Psychiatry*, 1973, 123, 555-566.
BENSON, D.F., GESCHWIND, N., The aphasias and related disturbances. In Baker, A., Baker, L., (Eds.), *Clinical Neurology (Vol. 1)* New York: Harper & Row, 1971.
BENSON, D.F., BLUMER, D., *Psychiatric aspects of neurologic disease*, New York: Grune & Stratton, 1975.
BEN-YISHAY, Y., PIASETSKY, E., DILLER, L., A modular approach to training (verbal) abstract thinking in brain injured people, *In*, *Working approaches to remediation on cognitive deficits in brain damaged*, Supplement to 6th Annual Workshop for Rehabilitation Professionals, 1978a.

BEN-YISHAY, Y., GORDON, W., DILLER, L., GERTSTMAN, L., A modular approach to training in eye-hand coordination with dexterity in brain injured people, *In Working approache to remediation on cognitive deficits in brain damaged*, Supplement to 6th Annual Workshop for Rehabilitation Professionals, 1978 b.
BEN-YISHAY, Y., DILLER, L., GORDON, W., GERTSMAN, L., A modular approach to training in cognitive perceptual integration (constructional skills) in brain injured people, *In Working Approaches to remediation on cognitive deficits in brain damaged*, Supplement to 6th Annual Workshop for Rehabilitation Professionals, 1978c.
BERLIN, C., On melodic intonation therapy for aphasia, *Journal of Speech and Hearing Disorders*, 1976, *41*, 298-300.
BERMAN, M., PEELE, I.M., Self-generated cues: a method for aiding aphasic and apractic patients. *Journal of Speech and Hearing Disorders*, 1967, *32*, 372-376.
BEYN, E.S., SHOKKOR-TROTSKAYA, M.K., The preventive method of speech rehabilitation in aphasia, *Cortex*, 1966, *2*, 96-108.
BIRDWHISTELL, R.L., *Kinesics and context*, Philadelphia: University of Pennsylvania Press, 1970.
BISIACH, E., LUZZATTI, C., Unilateral neglect of representational space, *Cortex*, 1978, *14*, 129-133.
BLOOM, L.M., A rationale for group-treatment of aphasic patients, *Journal of Speech and Hearing Disorders*, 1962, *27*, 11-16.
BOLLER, F., KIM, Y., MACK, J.L., Auditory comprehension in aphasia, *In* Whitaker, H., Whitaker, H.A., *Studies in Neurolinguistics (Vol. 3)*, New York: Academic Press,.1977.
BOLLINGER, R.L., STOUT, C.E., Response-contingent small-step treatment: performances based communication intervention, *Journal of Speech and Hearing Disorders*, 1976, *41*, 40-51.
BOWER, G.H., Analysis of amnemonic device, *American Scientist*, 1970, *68*, 496-510.
BROOKSHIRE, R., Visual discrimination and response reversal learning by aphasic subjects, *Journal of Speech and Hearing Research*, 1968, *11*, 677-692.
BROOKSHIRE, R., Probability learning by aphasic subjects, *Journal of Speech and Hearing Research*, 1969, *12*, 857-864.
BROOKSHIRE, R.H., Effect of delay of reinforcement on probability learning by aphasic subjects, *Journal of Speech and Hearing Research*, 1971, *14*, 92-105.
BROOKSHIRE, R.H., NICHOLAS, L.S., KRUEGER, K.M., REDMON, K.J., The clinical interaction analysis system: a system for observational recording of aphasia treatment, *Journal of Speech and Hearing Disorders*, 1978, *43*, 419-436.
BUTFIELD, E., ZANGWILL, O.L., Reeducation in aphasia: a review of 70 cases, *Journal of Neurology Neurosurgery and Psychiatry*, 1946, *9*, 75-79.
BUXBAUM, J., Nurturance as a factor in wives'judgement of severity of spouse's aphasia, *Journal of Consulting Psychology*, 1967, June.
CARAMAZZA, A., ZURIF, E.B., *Language acquisition and language breakdown parallels and divergencies*, Baltimore: The Johns Hopkins University Press, 1978.
CERMAK, L.S., BUTTERS, N., GOODGLASS, H., The extent of memory loss in Korsakoff patients, *Neuropsychologia*, 1971, *9*, 307-315.
CHESTER, L.S., EGOLF, D.B., Non verbal communication and aphasia therapy, *Rehabilitation Litterature*, 1974, *35*, 231-233.
CHOMSKY, N., *Syntactic structures*, The Hague: Mouton, 1957.
CHOMSKY, N., *Aspects of the theory of syntax*, Cambridge, Massachusset, M.I.T., 1965.
COLLIGNON, R., HECAEN, H., ANGERLERGUES, R., A propos de douze cas d'aphasie d'enfant, *Acta Neurologica et Psychiatrica Belgica*, 1968, *68*, 245-277.
CORKIN, S., Acquisition of motor skill after bilateral medial temporal-lobe excision, *Neuropsychologia*, 1968, *3*, 255-265.
CUTTING, J., Study of anosognosia, *Journal of Neurology, Neurosurgery, and Psychiatry*, 1978, *41*, 548-555.
DABUL, B., BOLLIER, B., Therapeutic approaches to apraxia, *Journal of Speech and Hearing Disorders*, 1976, *41*, 268-273.
DARLEY, F.L., The efficacy of language rehabilitation, *Journal of Speech and Hearing Disorders*, 1972, *37*, 3-21.

DENNIS, M., KOHN, B., Comprehension of syntax in infantile hemiplegics after cerebral hemidecortication: left hemisphere superiority, *Brain and Language*, 1976, *3*, 404-433.
DENNIS, M., WHITAKER, H.A., Language acquisition following hemidecortication: linguistic superiority of the left over the right hemisphere, *Brain and Language*, 1976, *3*, 404-433.
DEROUESNE, J., SERON, X., LHERMITTE, F., Rééducation de patients atteints de lésions frontales, *Revue Neurologique*, 1975, *131*, 677-689.
DILLER, L., A model for cognitive retraining in rehabilitation, *The Clinical Psychologist*, 1976, *29*, 13-15.
DILLER, L., WEINBERG, M.A., Evidence for accident-prone in hemiplegic patients, *Archives of Physical Medicine and Rehabilitation*, 1970, *51*, 358-362.
DILLER, L., WEINBERG, J., Differential aspects of attention in brain-damaged persons, *Perceptual and Motor Skills*, 1972, *35*, 71-81.
DILLER, L., WEINBERG, J., Hemi-inattention in rehabilitation: the evolution of a rationale remediation program, *In*, Weinstein, E.A., Friedland, R.P., (Eds.), *Advances in neurology*, New York: Raven Press, 1977.
DILLER, L., BEN-YISHAY, Y., GERSTMAN, L.J., GOODKIN, R., GORDON, W., WEINBERG, J., Studies in cognition and rehabilitation in hemiplegia, *Rehabilitation Monograph*, 1974, n° 50, New York University Medical Center.
DURIEU, C., *La rééducation des aphasiques*, Bruxelles: Dessart, 1969.
EISENSON, J., Pronostic factors related to language rehabilitation in aphasic patients, *Journal of Speech and Hearing Disorders*, 1949, *14*, 262-264.
EISENSON, J., *Adult aphasia, Assessment and treatment*, Englewood Cliffs, Prentice Hall, 1973.
FARMER, A., Self-correctional strategies in the conversational speech of aphasic and non aphasic brain damaged adults, *Cortex*, 1977, *13*, 327-334.
FILBY, Y., EDWARDS, A., An application of automated teaching methods to test and teach form discrimination in aphasics, *Journal of Programmed Instruction*, 1963, *2*, 25-33.
FINGER, S., Environmental attenuation of brain-lesion symptoms, *In*, Finger, S. (Ed.), *Recovery from brain damage, Research and theory*, New York: Plenum Press, 1978.
FINGER, S., WALBRAN, B., STEIN, D.G., Brain damage and behavioral recovery: serial lesion phenomena, *Brain Research*, 1973, *63*, 1-18.
FROMKIN, U., KRASHEN, S., CURTISS, S., RIGLER, D., RIGLER, M., The development of language in Genie: a case of language acquisition beyond the «critical period», *Brain and Language*, 1974, *1*, 81-107.
GARDNER, H., BOLLER, F., MOREINES, J., BUTTERS, N., Retrieving information from Korsakoff patients, *Cortex*, 1973, *9*, 165-176.
GARDNER, H., ZURIF, E.B., BERRY, Th., BAKER, E., Visual communication in aphasia, *Neuropsychologia*, 1976, *14*, 275-292.
GATES, A., BRADSHAW, J.L., The role of the cerebral hemispheres in music, *Brain and language*, 1977, 4, 403-431.
GESCHWIND, N., *Selected papers on language and the brain (Boston studies in Philosophy of Sciences, 16)*. Dordrecht: D. Reidel, 1974.
GLASS, A.V., GAZZANIGA, M.S., PREMACK, P., Artificial language training in global aphasics, *Neuropsychologia*, 1973, *11*, 95-103.
GLONING, I., GLONING, K., HAUB, G., QUARTEMBER, R., Comparison of verbal behavior in righthanded and non righthanded patients with anatomically verified lesion in one hemisphere, *Cortex*, 1969, *5*, 43-52.
GLONING, K., TRAPPL, R., WOLF-DIETER, H., QUATEMBER, R., Prognosis and speech therapy in aphasia, *In*, Lebrun Y., Hoops, R., *Recovery in aphasics*, Amsterdam: Swets et Zeitlinger, 1976.
GODA, S., Spontaneous speech. A primary source of therapy material, *Journal of Speech and Hearing Disorders*, 1962, *27*, 190-192.
GODFREY, C., DOUGLASS, E., The recovery process in aphasia, *Canadian Medical Association Journal*, 1959, *80*, 618-624.
GOLDMAN, P.S., An alternative to developmental plasticity: heterology of CNS structures in infants and adults, *In*, Stein, D.G., Rosen, J.J., Butters, N. (Eds.), *Plasticity and recovery of function in the central nervous system*, New York: Academic Press, 1974.

GOLDSTEIN, K., *The organism*, New York: American Book Company, 1939.
GOODGLASS, H., QUADSAFEL, F.A., Language laterality and left-handed aphasics, *Brain*, 1954, 77, 521-548.
GOODGLASS, H., KAPLAN, E., *The assessment of aphasia and related disorders*, Philadelphia: Lea and Febiger, 1972.
GOODKIN, R., Case studies in behavioral research in rehabilitation, *Perceptual and Motor Skills*, 1966, 23, 171-182.
GOODKIN, R., Use of concurrent response categories in evaluating talking behavior in aphasic patients, *Perceptual and Motor Skills*, 1968, 26, 1034-1040.
GOODKIN, R., Changes in word production, sentence production and relevance in an aphasic through verbal conditioning, *Behavior Research Therapy*, 1969, 7, 93-102.
GREEN, E., BOLLER, F., Features of auditory comprehension in serverely impaired aphasics, *Cortex*, 1974, 10, 133-145.
GROSS, C.G., A comparison of the effects of partial and total lesions on test performance by monkeys, *Journal of Comparative Physiological Psychology*, 1963, 56, 41-47.
GUTTMAN, E., Aphasia in children, *Brain*, 1942, 65, 205-219.
HABER, R.N., How we remember what we see, *Scientific American*, 1970, 222, 104-112.
HATFIELD, F., WEDDEL, R., Re-training in writing in severe aphasia, *In*, Lebrun, Y., Hoops, R. (Eds.), *Recovery in aphasics*, Amsterdam: Swets et Zeitlinger, 1976.
HECAEN, H., Mental symptoms associated with tumors of the frontal lobe, *In*, Warren, J.M., Akert, K. (Eds.), *The frontal granular cortex and behavior*, New York: McGraw Hill, 1964.
HECAEN, H., Acquired aphasia in children and the ontogenesis of hemispheric functional specialization, *Brain and Language*, 1976, 3, 114-134.
HECAEN, H., ALBERT, M.L., *Human neuropsychology*, New York: John Wiley & Sons, 1978.
HECAEN, H., ANGERLERGUES, R., Localization of symptoms in aphasia, *In*, de Reuck, A.V.S. O'Connor, M. (Eds.), *Disorders of Language*, London: Churchill, 1964.
HECAEN, H., SAUGUET, J., Cerebral dominance in left-handed subjects, *Cortex*, 1971, 7, 19-48.
HEILMAN, K.M., WATSON, R.T., Mechanisms underlying the unilateral neglect syndrome, *In*, Weinstein, E.A., Friedland, R.P. (Eds.), *Advances in Neurology*, Vol. 18, New York: Raven Press, 1977.
HEILMAN, K.M., SAFRAN, A., GESCHWIND, N., Closed head trauma and aphasia, *Journal of Neurology, Neurosurgery and Psychiatry*, 1971, 34, 265-269.
HELMICK, J.W., WATAMORI, R.S., PALMER, J.M., Spouses' understanding of the communication disabilities of aphasic patients, *Journal of Speech and Hearing Disorders*, 1977, 42, 307-311.
HOLLAND, A.L., Some applications of behavioral principles to clinical speech problems, *Journal of Speech and Hearing Disorders*, 1967, 32, 11-18.
HOLLAND, A.L., Case studies in aphasia rehabilitation using programmed instruction, *Journal of Speech and Hearing Disorders*, 1970, 35, 377-389.
HOLLAND, A.L., Comment on « Spouses' understanding of the communication disabilities of aphasic patients », *Journal of Speech and Hearing Disorders*, 1977, 42, 307-311.
HOLLAND, A.L., HARRIS, A., Aphasia rehabilitation using programmed instruction: an intensive case history, *In*, Sloane, H., MacAulay, B. (Eds.), *Operant procedures in remedial speech and language training*, Boston: Houghton Mifflin Company, 1968.
HONEYGOSKY, R.A., Theoretic and therapeutic consideration of nonverbal language in the rehabilitation of the stroke patient with aphasia, *XVIth Int. Congr. Logopedics and Phoniatrics*, Interlaken, 1976, 195-200.
HORTON, A., McA, Behavioral Neuropsychology: Rationale and Research, *Clinical Neuropsychology*, 1979, 1, 20-24.
JACKSON, H.H., *Selected writtings*, Edited by James Taylor, Londres: Hodder et Stoughton.
JAFFE, P.G., KATZ, A.N., Attenuating anterograde amnesia in Korsakoff's psychosis, *Journal of Abnormal Psychology*, 1976, 84, 559-562.

JOHNSON, D., ALMLI, C.R., Age, brain damage, and performance, In, Finger, S., *Recovery from brain damage, research and theory*, New York: Plenum Press, 1978.
JONES, M.K., Imagery as a mnemonic aid after left temporal lebectomy: contrast between material specific and generalized memory disorders, *Neuropsychologia,*, 1974, *12*, 21-30.
KERTESZ, A., HARLOCK, W., COATES, R., Computer Tomographic Localization, Lesion Size, and Prognosis in Aphasia and Nonverbal impairement, *Brain and Language*, 1979, *8*, 34-50.
KINSBOURNE, M., The ontogeny of cerebral dominance, In, Rieber, R.W., *The Neuropsychology of language*, New York: Plenum Press, 1976.
KINSELLA, G., DUFFY, F., The spouse of the aphasic patient, In, Lebrun, Y., Hoops, R. (Eds.), *The management of aphasia*, Amsterdam: Swets & Zeitlinger, 1978.
KOHLMEYER, K., Aphasia due to focal disorders of cerebral circulation: some aspects of localization and of spontaneous recovery, In, Lebrun, Y., Hoops, R. (Eds.), *Recovery in aphasics*. Amsterdam: Swets & Zeitlinger, 1976.
KOHN, B., DENNIS, M., Patterns of hemispheric specialization after hemidecortication for infantile hemiplegia, In, Kinsbourne, M., Smith,' W.L. (Eds.), *Hemispheric disconnection and cerebral function*, Springfield, III, Charles C. Thomas, 1974.
KRASHEN, S., Lateralization language learning and the critical period. Some new evidence, *Language Learning*, 1973, *23*, 63-74.
KUSHNER, H., HUBBARD, D.J., KNOX, A.W., Effects of punishment on learning by aphasic subjects, *Perceptual and Motor Skills*, 1973, *36*, 283-292.
LAKE, D.A., BRYDEN, M.P., Handedness and sex differences in hemispheric asymetry, *Brain and Language*, 1976, *3*, 266-282.
LAMBERT, J.L., *Introduction à l'arriération mentale*, Bruxelles: Mardaga éditeur, 1978.
LANDSELL, H., Verbal and non-verbal factors in right hemispheric speech, *Journal of Comparative Physiological Psychology*, 1969, *69*, 734-738.
LANGE-COSAK, H., TEPFER, G., *Das Hirntrauma im Kindes und Jugendalter*, Berlin: Springer, 1973.
LA POINTE, L.L., Base-10 programmed stimulation: task specification, scoring, and plotting performance in aphasia therapy, *Journal of Speech and Hearing Disorders*, 1977, *42*, 90-105.
LA POINTE, L.L., Aphasia therapy: some principles and strategies for treatment, In, Johns, D.F., (Ed.), *Clinical management of neurogenic communicative disorders*, Boston: Little, Brown and Company, 1978.
LA POINTE, L.L., JOHNS, D.F., Some phonemic characteristics in apraxia of speech, *Journal of Communicative Disorders*, 1975, *8*, 259-265.
LASHLEY, K.S., *Brain mechanisms and intelligence*, Chicago: the University of Chicago Press, 1928.
LEBRUN, Y., BUYSSENS, E., HENNEAUX, J., Phonetic aspects of anarthria, *Cortex*, 1973, *9*, 126-
LECOURS, A.R., LHERMITTE, F., *L'aphasie*, Paris: Flammarion, 1979.
LENNEBERG, E.H., *Biological foundations of language*, New York: John Wiley and Sons, 1967.
LESSER, R., *Linguistic investigations of aphasia*, Londres: Edward Arnold, 1978.
LEWINSOHN, P.M., DANAHER, B.G., KIKEL, S., Imagery as a mnemoic aid for brain-injured persons, *Journal of Consulting and Clinical Psychology*, 1977, *5*, 717-723.
LEZAK, M.D., *Neuropsychological assessment*, New York: Oxford University Press, 1976.
LEZAK, M.D., Living with the characterologically altered brain injured patient, *Journal of Clinical Psychiatry*, 1978, *39*, 592-598.
LEZAK, M.D., Recovery of memory and learning functions following traumatic brain injury, *Cortex*, 1979, *15*, 63-72.
LHERMITTE, F., DUCARNE, B., *La rééducation des aphasiques*, Journées Médicales de Beaujon, Paris: Flammarion, 1962.
LHERMITTE, F., DUCARNE, B., La rééducation des aphasiques, *La Revue du Praticien*, 1965, *15*, 2345-2363.

LOVAAS, O.I., BERBERICH, J.P., PERLOFF, B.F., SCHAEFFER, B., Acquisition of imitative speech by schizophrenic children, *Science*, 1966, *151*, 705-707.
LOVE, R.J., WEBB, W.G., The efficacity of cueing techniques in Broca's aphasia, *Journal of Speech and Hearing Disorders*, 1977, *42*, 170-178.
LURIA, A.R., *Restoration of function after brain injury*, New York; McMillan, 1963.
LURIA, A.R., *Une prodigieuse mémoire, édude psycho-biographique*, Neuchâtel: Delachaux et Niestlé, 1970.
LURIA, A.R., *Traumatic Aphasia*, The Hague: Mouton, 1970.
LURIA, A.R., *The working brain, an introduction to neuropsychology*, Londres: Allen Lane The Penguin Press, 1973.
LURIA, A.R., TSVETKOVA, L.S., The programming of constructive activity in local brain injuries, *Neuropsychologia*, 1964, *2*, 95-107.
LURIA, A.R., TSVETKOVA, L.S., *Les troubles de la résolution des problèmes*, Paris: Gauthier-Villars, 1966.
LURIA, A.R., NAYDIN, V.L., TSVETKOVA, L.S., VINARSKAYA, E.N., Restoration of higher cortical function following local brain damage, *In*, Vinken, P.J., Bruyn, G.W. (Eds.), *Handbook of clinical neurology III*, Amsterdam: North Holland Publishing Company, 1969.
MALONE, R.L., Expressed attitudes of families of aphasics, *Journal of Speech and Hearing Disorders*, 1969, *34*, 146-151.
MALONE, R.L., Expressed attitude of families of aphasics, *In*, Stubbin, J. (Ed.), *Social and psychological aspects of disability: a handbook for practitioners*, Baltimore: University Park Press, 1977.
MANDLEBERG, I.A., BROOKS, D.N., Cognitive recovery after servere head injury. I. Serial testing on the Wechsler Adult Intelligence Scale, *Journal of Neurology, Neurosurgery, and Psychiatry*, 1975, *38*, 1121-1126.
MARKS, M., TAYLOR, M., RUSK, H., Rehabilitation of the aphasic patient: a survey of three years' experience in a rehabilitation setting, *Neurology*, 1957, *7*, 837-843.
MARSHALL, R.C., Word retrieval strategies of adult aphasics in conversational speech, *In*, Brookshire, R.H. (Ed.), *Clinical aphasiology*, Minneapolis: BRK Publishers, 1975.
MARTIN, A.D., Aphasia testing: a second look at the porch index of communicative ability, *Journal of Speech and Hearing Disorders*, 1977, *42*, 547-562.
MEHRABIAN, A., Communication without words, *Psychology Today*, 1968, *2*, 52-55.
MERRIL, E.G., WALL, P.D., Factors forming the edge of a receptive field: the presence of relative ineffective afferent terminals, *Journal of Physiology* (London), 1972, *226*, 825-846.
MESSERLI, P., TISSOT, A., RODRIGUEZ, J., Recovery from aphasia, some factors of prognosis, *In*, Lebrun, Y., Hoops, R. (Eds.), *Recovery in aphasics*, Amsterdam: Swets & Zeitlinger, 1976.
MILNER, B., Disorders of memory after brain lesion in man. Preface: material-specific and generalized memory loss, *Neuropsychologia*, 1968, *6*, 175-179.
MILNER, B., Hemispheric specialization: scope and limits, *In*, Schmitt, F.O., Worden, F.G. (Eds.), *The neurosciences, third program*, Cambridge: the M.I.T. Press, 1974.
MISHKIN, M., Effects on small frontal lesions on delayed alternation in monkeys, *Journal of Neurophysiology*, 1957, *20*, 615-622.
MOFFET, A., ETTLINGER, G., MORTON, H.B., PIERCY, M., Tactile discrimination performance in the monkey, the effect of ablation of various subdivision of posterior parietal cortex, *Cortex*, 1967, *3*, 59-96.
MOHR, J.P., PESSIN, M.S., FINKELSTEIN, S., FUNKENSTEIN, H.H., DUNCAN, G.W., DAVIS, K.R., Broca Aphasia: Pathologic and Clinical, *Neurology*, 1979, *28*, 311-324.
MONAKOV, von, C., *Die Lokalisation im Grosshirn und der Abbau der Funktion durch corticale Herde*, Wiesbaden, 1914.
MONSEL, Y., *Investigation préalable à l'élaboration d'une échelle fonctionnelle du comportement verbal pour patients aphasiques*. Liège: mémoire de Licence, non publié, 1977.
MOORE, R.Y., BJORKLUND, A., STEVENI, U., Plastic changes in the adrenergic innervation of the rat septal area in response to denervation, *Brain Research*, 1971, *33*, 13-35.

MUNCK, H., *Ueber die functionen der Grosshirnrinde*, Gesammelte Mitteilungen aus den Jahren 1877-1880, Berlin: August Hiershwald, 1881.
NAESER, M.A., A structured approach teaching. Aphasic Basic sentence types. *British Journal of Disorders of Communication*, 1974, 70-76.
NEWCOMBE, F., *Missile wounds of the brain: a study of psychological deficits*, London: Oxford University Press, 1969.
NEWCOMBE, F., Discussion, In Lebrun, Y, Hoops, R., *Recovery in aphasics*, Amsterdam: Swets & Zeitlinger, 1976.
NICKERSON, R.S., A note on long-term recognition memory for pictorial material, *Psychonomic Science*, 1968, *11*, 58.
OBLER, L.K., ALBERT, M.L., GOODGLASS, H., BENSON, D.F., Aphasia type and aging. *Brain and Language*, 1978, *6*, 318-322.
OJEMAN, G.A., WHITAKER, H.A., The bilingual brain, *Archives of Neurology*, 1978, *35*, 409-412.
PAIVIO, A., Mental imagery in learning and memory, *Psychological Review*, 1969, *76*, 241-263.
PARADIS, M., Bilingualism and aphasia, *In*, Whitaker, H., Whitaker, H. (Eds.), *Studies in neurolinguistics, (vol. 3)*, New York: Academic Press, 1977.
PATTEN, B.M., The ancient art of memory, *Archives of Neurology*, 172, *26*, 25-31.
PENFIELD, W., ROBERTS, L., *Langage et mécanismes cérébraux*, Paris: Presses Universitaires de France, 1963.
PIZZAMIGLIO, L., ROBERTS, M., Writing in aphasia: a learning study, *Cortex*, 1967, *3*, 250-257.
PORCH, B.E., *The porch index of communicative ability. Volume 1. Theory and development*, Palo Alto, Californie: Consulting Psychologist, 1967.
PORCH, B.E., Multidimensional scoring in aphasia testing, *Journal of Speech and Hearing Research*, 1971, *14*, 776-792.
PORCH, B.E., *The porch index of communicative ability. Volume 2. Revised Edition: Administration and scoring*, Palo Alto, California: Consulting Psychologist, 1973.
PREMACK, D., Language in chimpanzee, *Science*, 1971, *172*, 808-822.
RAISMAN, G., Neuronal plasticity in the septal nuclei of the adult rat, *Brain Research*, 1969, *14*, 25-48.
RECTEM, D., BRUYER, R., SERON, X., DIERYK-STROOT, M., Apprentissage d'un code visuel arbitraire et son transfert au code écrit chez des aphasiques globaux, (à paraître).
REY, A., *Arriération mentale et premiers exercices rééducatifs*, Neuchâtel: Delachaux et Niestlé, 1953.
RICHELLE, M., *Le conditionnement operant*, Neuchâtel: Delachaux et Niestlé, 1972.
RONDAL, J.A., *Langage et éducation*, Bruxelles: Mardaga Editeur, 1978.
ROSENBECK, J.C., Treating apraxia of speech, *In*, Johns, D.F. (Ed.), *Clinical Management of neurogenic communicative disorders*, Boston: Little, Brown and Company, 1978.
ROSENBERG, B., The performance of aphasics on automated visuo-perceptual discrimination, training, and transfer tasks, *Journal of Speech and Hearing Research*, 1965, *8*, 165-181.
ROSENBERG, B., EDWARDS, A., The performance of aphasics on three automated perceptual discrimination programs, *Journal of Speech and Hearing Research*, 1964, *7*, 295-298.
ROSENBERG, B., EDWARDS, A., An automated multiple response alternative training program for use with aphasics, *Journal of Speech and Hearing Research*, 1965, *8*, 415-419.
ROSENZWEIG, M.R., BENNETT, E.L., Effects of differential environments on brain weights and enzymatic activities in gerbils rats and mice, *Developmental Psychobiology*, 1970, *2*, 87-95.
ROSENZWEIG, M.R., BENNETT, E.L., Enriched environments: facts, factors and fantasies. *In*, Petrinovich, L., McCaugh, J.L. (Eds.), *Knowing, thinking, and believing*, New York: Plenum Press, 1976.
SARNO, M., *The functional communicative profile, manual of directions*, Rehabilitation Monograph 42, New York: Institute of Rehabilitation Medicine, 1969.
SARNO, M., The status of research in recovery from aphasia, *In*, Lebrun Y., Hoops, R., *Recovery in Aphasics*, Amsterdam: Swets & Zeitlinger, 1976.

SARNO, M., LEVITA, E., Natural course of recovery in servere aphasia, *Archives of Physical Medicine and Rehabilitation*, 1971, *52*, 175-179.
SARNO, M., SILVERMAN, M., SANDS, E., Speech therapy and language recovery in severe aphasia, *Journal of Speech and Hearing Research*, 1970, *13*, 607-623.
SCHEFLEN, A.E., *Communicational structure: analysis of psychotherapy transaction*, Bloomington: Indiana University Press, 1973.
SCHUELL, H.M., *Aphasia theory and therapy, selected lectures and papers of Hildred Schuell*, Edited with an introductory chapter by Sies, L.F., Baltimore: University Park Press, 1974.
SCHUELL, H.M., CARROLL, U., STREET, B.S., Clinical treatment of aphasia, *Journal of Speech and Hearing Disorders*, 1955, *20*, 43-53.
SCHWARTZ, L.S., NEMEROFF, S., REISS, M., An investigation of writing therapy for the adult aphasic: the word level, *Cortex*, 1974, *10*, 278-283.
SERON, X., L'aphasie de l'enfant, quelques questions sans réponses, *Enfance*, 1977, *2(4)*, 149-170.
SERON, X., Rééducation fonctionnelle et transfert des apprentissages. Pour une approche sociolinguistique de la rééducation des aphasiques, *Le Langage et l'Homme*, 1978, *37*, 3-10.
SERON, X., Behavior Modification et neuropsychologie rééducative, position du problème, *Journal de Thérapie Comportementale de Langue Française*, 1979, *1*, 5-14.
SERON, X., Children's acquired aphasia: is the initial equipotentiality theory still tenable?, *In*, Lebrun, Y., Zangwill, O.L. (Eds.), Amsterdam: Swets & Zeitlinger, à paraître.
SERON, X., TISSOT, R., Essai de rééducation d'une agnosie spatiale unilatérale gauche, *Acta Psychiatrica Belgica*, 1973, *73*, 448-457.
SERON, X., VAN DER LINDEN, M., Vers une neuropsychologie des conduites émotionnelles? *L'Année Psychologique*, 1979, *79*, 229-252.
SERON, X., DELOCHE, G., MOULARD, G., Computer treatment of writting disorders, *Journal of Speech and Hearing Disorders*, 1980, *45*, 45-58.
SERON, X., LAMBERT, J.L., VAN DER LINDEN, M., *La modification du comportement, théorie, pratique, éthique*, Bruxelles: Mardaga, 1977.
SERON, X., VAN DER LINDEN, M., VAN DER KAA, M.A., The operant school of aphasia, rehabilitation, *In*, Lebrun, Y., Hoops, R. (Eds.), *The management of aphasia*, Amsterdam: Swets & Zeitlinger, 1978.
SERON, X., DELOCHE, G., BASTARD, V., CHASSIN, G., HERMAND, N., Word-findings difficulties and learning transfer in aphasic patients, *Cortex*, 1979, *15*, 149-155.
SHEPARD, R., Recognition memory for words, sentences, and pictures, *Journal of Verbal Learning and Verbal Behavior*, 1967, *6*, 156-163.
SIDMAN, M., *Tactics of scientific research*, New York: Basic Books, 1960.
SKELLY, M., SCHINSKY, L., SMITH, R.W., FUST, R.S., American indian sign (amerind) as a facilitator of verbalization of the oral verbal apraxic, *Journal of Speech and Hearing Disorders*, 1974, *39*, 445-456.
SKINNER, B.F., *Verbal behavior*, New York: Appleton-Century Crofts, 1957.
SMITH, M., Operant conditioning of syntax in aphasia, *Neuropsychologia*, 1974, *12*, 403-405.
SPARKS, R.W., HOLLAND, L., Method: melodic intonation therapy for aphasia, *Journal of Speech and Hearing Disorders*, 1976, *41*, 287-197.
SPARKS, R.W., HELM, N., ALBERT, M., Aphasia rehabilitation resulting from melodic intonation therapy, *Cortex*, 1974, *10*, 303-316.
STEIN, D.G., Some variables influencing recovery of function after central nervous system lesions in the rat, *In*, Stein, G., Rosen, J.J., Butters, N., *Plasticity and recovery of function in the central nervous system*, New York: Academic Press Inc., 1974.
SUBIRANA, A., Handedness and cerebral dominance, *In*, Vinken, P.J., Bruyn, G.W., (Eds.), *Handbook of clinical neurology, IV*, Amsterdam: North Holland Publishing Co., 1969.
TALLAND, G., *Deranged memory*, New York: Academic Press, 1965.
TAYLOR, M., A measurement of functional communication in aphasia, *Archives of Physical Medicine and Rehabilitation*, 1965, *46*, 101-107.

TEUBER, H.L., Recovery of function after brain injury in man, *In*, Ciba Foundation Symposium n° 34, *Symposium on the outcome of severe damage to the central nervous system*, Amsterdam: Elsevier, 1975.
TSVETKOVA, L.S., Basic principles of a theory of reeducation of brain injured patients, *The Journal of Special Education*, 1972, *6*, 135-144.
VAN DER LINDEN, M., SERON, X., GILLET, J., BREDART, S., Héminégligence par lésion frontale droite, à propos de trois observations (à paraître).
VAN DONGEN, H.R., LOONEN, M.C.B., Neurological factors related to prognosis of acquired aphasia in childhood, *In*, Lebrun, Y., Hoops, R., (Eds.), *Recovery in aphasics*, Amsterdam: Swets & Zeitlinger, 1976.
VAN EECHOUT, P., ALLICHON, J., Rééducation par la mélodie de sujets atteints d'aphasie, *La Rééducation Orthophonique*, 1978, *16*, 25-32.
VAN EECKOUT, P., MEILLET-HABERER, C., PILLON, B., Apport de la mélodie et du rythme dans quelques cas de réductions sévères du langage, *Rééducation Orthophonique*, 1979, *1*, 20-24.
VIGNOLO, L.A., Evolution of aphasia and language rehabilitation: a retrospective exploratory study, *Cortex*, 1964, *1*, 344-367.
VIOLON, A., DE MOL, J., Etude neuropsychologique de l'évolution à court terme des traumatisés crâniens, *Acta Psychiatrica Belgica*, 1974, *74*, 176-232.
VON STOCKERT, T.R., A standardized program for aphasia therapy, *In*, Lebrun, Y., Hoops, R., *The management of aphasia*, Amsterdam: Swets & Zeitlinger, 1978.
VYGOTSKY, L.S., *Thought and language*, Cambridge: M.I.T. Press, 1962.
WALL, P.D., EGGER, M.D., Formation of new connections in adult rat brains after partial deafferentation, *Nature*, 1971, *232*, 542-545.
WARRINGTON, E.K., WEISKRANTZ, L., Amnesic syndrome: consolidation or retrieval. *Nature*, 1970, *228*, 628-630.
WARRINGTON, E.K., WEISKRANTZ, L., Organisational aspects of memory in amnestic patients, *Neuropsychologia*, 1971, *9*, 67-74.
WEIGL, E., A neuropsychological contribution to the problem of semantics, *In*, Bierwisch, M., Heidolph, E.E., (Eds.), *Progress in linguistics*, The Hague: Morton, 1970.
WEIGL, E., BIERWISCH, M., Neuropsychology and linguistics: topic of common research, *Foundations of Language*, 1970, *6*, 1-18.
WEIGL, E., BIERWISCH, M., Neuropsychologie et neurolinguistique, Thèmes de recherche commune, *In*, Kremin, H., Dubois-Charlier, F. (Eds.), Les troubles de la lecture, *Langages*, 1976, *44*, 1-19.
WEINSTEIN, E.A., FRIEDLAND, R.P. (Eds.), *Advances in neurology, Vol. 18*, New York: Raven Press, 1977.
WEINSTEIN, E.A., LYERLY, O.G., Personality factors in jargon aphasia, *Cortex*, 1976, *12*, 122-133.
WEINSTEIN, E.A., COLE, M., MITCHELL, M.S., LYERLY, O.G., Anosognosia and aphasia, *Archives of Neurology*, 1964, *10*, 376-386.
WEISBROTH, S., ESIBIL, N., ZUGER, R., Factors in the vocational success of hemiplegic patients, *Archives of Physical Medicine and Rehabilitation*, 1971, *52*, 441-447.
WEISENBURG, T., McBRYDE K., *Aphasia: A clinical and psychological study*, New York: Commonwealth Fund, 1935.
WEPMAN, J.M., *Recovery from aphasia*, New York: The Ronald Press Company, 1951.
WEPMAN, J.M., The relationship between self-correction and recovery from aphasia, *Journal of Speech and Hearing Disorders*, 1958, *23*, 302-305.
WHITNEY, H., *Developing aphasic use of compensatory strategies*, Paper presented to the annual convention of the American Speech and Hearing Association Washington, D.C., 1975.
WIEGEL-CRUMP, C., KOENIGSKNECHT, R.A., Tapping the lexical score of the adult aphasic: analysis of the improvement made in word retrieval skills, *Cortex*, 1973, *9*, 410-418.
YATES, F.A., *The art of memory*, Chicago: University of Chicago Press, 1966.

Table des matières

PREFACE	7
INTRODUCTION	11
PREMIERE PARTIE. AVANT LA REEDUCATION	15
CHAPITRE 1. ATTEINTE CEREBRALE ET RECUPERATION FONCTIONNELLE	17
Introduction	17
Modèles théoriques de la récupération spontanée	18
Les variables pré-, per- et post-lésionnelles	23
- L'âge	23
- Les variables environnementales	28
- Le sexe	31
- Rôle de la latéralité	31
- Le mode d'installation de la lésion	32
- Le type de lésion	33
- La localisation et l'étendue de la lésion	34
- Les variables sémiologiques	36
Influence de la gravité du trouble	37
La nature des troubles	40
Conclusions générales et limites temporelles de la récupération	40
CHAPITRE 2. RECUPERATION «SPONTANEE» OU «REEDUCATION»?	45
Préambule	45
Comparaison groupe rééduqué — groupe non rééduqué	46
Comparaison de deux méthodes différentes ou paradigme inter-groupes	48
Comparaison de deux méthodes différentes appliquées en succession sur le même patient (paradigme temporel successif)	51
Le paradigme ABA et ABAB (technique du reversal)	52
CHAPITRE 3. L'EVALUATION PREREEDUCATION	57
Test de diagnostic et/ou test pré-rééducatif: le problème de la sensibilité des épreuves	59
Evaluation des conduites de communication: le PCF de Sarno	61
Les autres variables à évaluer	67
- La nosognosie	67
- La motivation	72
- Le milieu familial, professionnel et culturel du patient	73

DEUXIEME PARTIE LA REEDUCATION 77
CHAPITRE 4. L'ECOLE EMPIRIQUE 79
Principes généraux 80
La rééducation par stimulation auditive de Schuell 80
La rééducation globale des aphasiques selon Wepman 82
La rééducation sémiologique des aphasiques selon Lhermitte et Ducarne 83
Commentaire et critiques 85
CHAPITRE 5. L'ECOLE SOVIETIQUE : LURIA ET TSVETKOVA 89
La neuropsychologie de Luria : cadre théorique général 90
Principes rééducatifs généraux 91
- Restauration différenciée du système perturbé 92
- Utilisation des composantes fonctionnelles demeurées intactes 92
- Etalement dans le temps et gradation des difficultés 93
- Retour informatif sur l'échec et la réussite de l'action entreprise 94
Les pratiques rééducatives 95
- L'aphasie 95
- Les autres troubles neuropsychologiques 97
  Le langage comme réorganisateur de l'action 98
  La rééducation des patients atteints de lésions préfrontales 99
Commentaire et critique de l'école soviétique 101
CHAPITRE 6. L'ECOLE OPERANTE ET L'APPROCHE
EXPERIMENTALE 103
Introduction 103
Principes généraux 104
- Les événements conséquents 105
- Les événements antécédents 106
- La conduite émise (ou « réponse ») 107
La conduite d'une thérapie 107
- Le problème de la ligne de base 107
- Le traitement proprement dit 110
  La progression de la thérapie : la notion de critères à atteindre 110
  La manipulation des événements antécédents 113
    L'indiçage ou l'incitation 113
    L'estompage ou suppression progressive des aides 114
  La réponse 115
  Le shaping 117
  Les événements conséquents en aphasiologie, remarques critiques 118
Les applications 119
- Méthodes s'inspirant de l'enseignement programmé 119
- Elargissement aux situations de groupe 120
- L'apprentissage d'un code visuel arbitraire selon la technique de Premack . 121
  La recherche de Glass, Gazzaniga et Premack 121
  Prolongements et modifications 123
CHAPITRE 7. L'ORIENTATION SOCIOTHERAPEUTIQUE 127
Présentation générale 127
L'étude du milieu 136
- Les problèmes familiaux communs 137
- Les problèmes spécifiques du conjoint et des enfants 142
  Le conjoint 142
  Les enfants 144
- La prédominance de la dépression 144
Stratégies d'intervention 145
- Le droit à l'information 145
- Le conjoint et les proches comme acteurs dans le processus thérapeutique . 149
CHAPITRE 8. L'ECOLE NEUROLINGUISTIQUE 155
Présentation générale 155
La thérapie générale et receptive de von Stockert 156
L'effet de « déblocage » (deblocking effect) de Weigl 159

Quelques autres recherches 161
La thérapie Mélodique («Melodic Therapy») 163
Les thérapies non verbales de l'aphasie 167
Valeur théorique des rééducations neurolinguistiques 170

CHAPITRE 9. LA REEDUCATION DES AUTRES TROUBLES NEUROPSYCHOLOGIQUES 173

Introduction 173
Rééducation de l'héminégligence 176
Rééducation des activités mnésiques 181
- Le syndrome amnésique 181
- Les désordres spécifiques de la mémoire 183
- La sensibilité des examens de mémoire 188
- Les conséquences thérapeutiques 189
- Le problème de la motivation 190
Rééducation des troubles de l'attention 191
Conclusion et commentaire des travaux de Diller et al. 195

CHAPITRE 10. CONCLUSION GENERALE 199

BIBLIOGRAPHIE 202

TABLE DES MATIERES 213

PSYCHOLOGIE ET SCIENCES HUMAINES
collection publiée sous la direction de MARC RICHELLE

1. Dr Paul Chauchard
   LA MAITRISE DE SOI, 8e éd.
5. François Duyckaerts
   LA FORMATION DU LIEN SEXUEL, 9e éd.
7. Paul-A. Osterrieth
   FAIRE DES ADULTES, 14e éd.
9. Daniel Widlöcher
   L'INTERPRETATION DES DESSINS D'ENFANTS. 9e éd.
11. Berthe Reymond-Rivier
    LE DEVELOPPEMENT SOCIAL DE L'ENFANT ET DE L'ADOLESCENT, 8e éd.
12. Maurice Dongier
    NEVROSES ET TROUBLES PSYCHOSOMATIQUES, 7e éd.
15. Roger Mucchielli
    INTRODUCTION A LA PSYCHOLOGIE STRUCTURALE, 3e éd.
16. Claude Köhler
    JEUNES DEFICIENTS MENTAUX, 4e éd.
21. Dr P. Geissmann et Dr R. Durand
    LES METHODES DE RELAXATION. 3e éd.
22. H. T. Klinkhamer-Steketée
    PSYCHOTHERAPIE PAR LE JEU, 3e éd.
23. Louis Corman
    L'EXAMEN PSYCHOLOGIQUE D'UN ENFANT, 3e éd.
24. Marc Richelle
    POURQUOI LES PSYCHOLOGUES?, 6e éd.
25. Lucien Israel
    LE MEDECIN FACE AU MALADE. 4e éd.*
26. Francine Robaye-Geelen
    L'ENFANT AU CERVEAU BLESSE, 2e éd.
27. B.F. Skinner
    LA REVOLUTION SCIENTIFIQUE DE L'ENSEIGNEMENT, 3e éd.
28. Colette Durieu
    LA REEDUCATION DES APHASIQUES
29. J.C. Ruwet
    ETHOLOGIE: BIOLOGIE DU COMPORTEMENT. 3e éd.
30. Eugénie De Keyser
    ART ET MESURE DE L'ESPACE
32. Ernest Natalis
    CARREFOURS PSYCHOPEDAGOGIQUES
33. E. Hartmann
    BIOLOGIE DU REVE
34. Georges Bastin
    DICTIONNAIRE DE LA PSYCHOLOGIE SEXUELLE
35. Louis Corman
    PSYCHO-PATHOLOGIE DE LA RIVALITE FRATERNELLE
36. Dr G. Varenne
    L'ABUS DES DROGUES
37. Christian Debuyst, Julienne Joos
    L'ENFANT ET L'ADOLESCENT VOLEURS
38. B.-F. Skinner
    L'ANALYSE EXPERIMENTALE DU COMPORTEMENT. 2e éd.
39. D.J. West
    HOMOSEXUALITE
40. R. Droz et M. Rahmy
    LIRE PIAGET, 3e éd.
41. José M.R. Delgado
    LE CONDITIONNEMENT DU CERVEAU ET LA LIBERTE DE L'ESPRIT
42. Denis Szabo, Denis Gagné, Alice Parizeau
    L'ADOLESCENT ET LA SOCIETE. 2e éd.
43. Pierre Oléron
    LANGAGE ET DEVELOPPEMENT MENTAL, 2e éd.
44. Roger Mucchielli
    ANALYSE EXISTENTIELLE ET PSYCHOTHERAPIE PHENOMENO-STRUCTURALE
45. Gertrud L. Wyatt
    LA RELATION MERE-ENFANT ET L'ACQUISITION DU LANGAGE, 2e éd.
46. Dr. Etienne De Greeff
    AMOUR ET CRIMES D'AMOUR
47. Louis Corman
    L'EDUCATION ECLAIREE PAR LA PSYCHANALYSE
48. Jean-Claude Benoit et Mario Berta
    L'ACTIVATION PSYCHOTHERAPIQUE
49. T. Ayllon et N. Azrin
    TRAITEMENT COMPORTEMENTAL EN INSTITUTION PSYCHIATRIQUE

50 G. Rucquoy
LA CONSULTATION CONJUGALE
51 R. Titone
LE BILINGUISME PRECOCE
52 G. Kellens
BANQUEROUTE ET BANQUEROUTIERS
53 François Duyckaerts
CONSCIENCE ET PRISE DE CONSCIENCE
54 Jacques Launay, Jacques Levine et Gilbert Maurey
LE REVE EVEILLE-DIRIGE ET L'INCONSCIENT
55 Alain Lieury
LA MEMOIRE
56 Louis Corman
NARCISSISME ET FRUSTRATION D'AMOUR
57 E. Hartmann
LES FONCTIONS DU SOMMEIL
58 Jean-Marie Paisse
L'UNIVERS SYMBOLIQUE DE L'ENFANT ARRIERE MENTAL
59 Jacques Van Rillaer
L'AGRESSIVITE HUMAINE
60 Georges Mounin
LINGUISTIQUE ET TRADUCTION
61 Jérôme Kagan
COMPRENDRE L'ENFANT
62 Michael S. Gazzaniga
LE CERVEAU DEDOUBLE
63 Paul Cazayus
L'APHASIE
64 X. Seron, J.L. Lambert, M. Van der Linden
LA MODIFICATION DU COMPORTEMENT
65 W. Huber
INTRODUCTION A LA PSYCHOLOGIE DE LA PERSONNALITE
66 Emile Meurice
PSYCHIATRIE ET VIE SOCIALE
67 J. Château, H. Gratiot-Alphandéry, R. Doron et P. Cazayus
LES GRANDES PSYCHOLOGIES MODERNES
68 P. Sifnéos
PSYCHOTHERAPIE BREVE ET CRISE EMOTIONNELLE
69 Marc Richelle
B.F. SKINNER OU LE PERIL BEHAVIORISTE
70 J.P. Bronckart
THEORIES DU LANGAGE
71 Anika Lemaire
JACQUES LACAN, 2ᵉ éd. revue et augmentée
72 J.L. Lambert
INTRODUCTION A L'ARRIERATION MENTALE
73 T.G.R. Bower
DEVELOPPEMENT PSYCHOLOGIQUE DE LA PREMIERE ENFANCE
74 J. Rondal
LANGAGE ET EDUCATION
75 Sheila Kitzinger
PREPARER A L'ACCOUCHEMENT
76 Ovide Fontaine
INTRODUCTION AUX THERAPIES COMPORTEMENTALES
77 Jacques-Philippe Leyens
PSYCHOLOGIE SOCIALE
78 Jean Rondal
VOTRE ENFANT APPREND A PARLER
79 Michel Legrand
LE TEST DE SZONDI
80 H.J. Eysenck
LA NEVROSE ET VOUS
81 Albert Demaret
ETHOLOGIE ET PSYCHIATRIE
82 Jean-Luc Lambert et Jean A. Rondal
LE MONGOLISME
83 Albert Bandura
L'APPRENTISSAGE SOCIAL